Prisonnier du désert

OLIVIER DUBOIS

Prisonnier du désert

711 jours aux mains d'Al-Qaïda

Michel Lafon

Éditions Michel Lafon, 2025
14, boulevard de la Madeleine – CS 62204
75373 Paris 08 Cedex

www.michel-lafon.fr

À ma famille, à mes proches
et à vous

Les défis rendent la vie intéressante ;
les surmonter lui donne un sens.

Joshua J. Marine

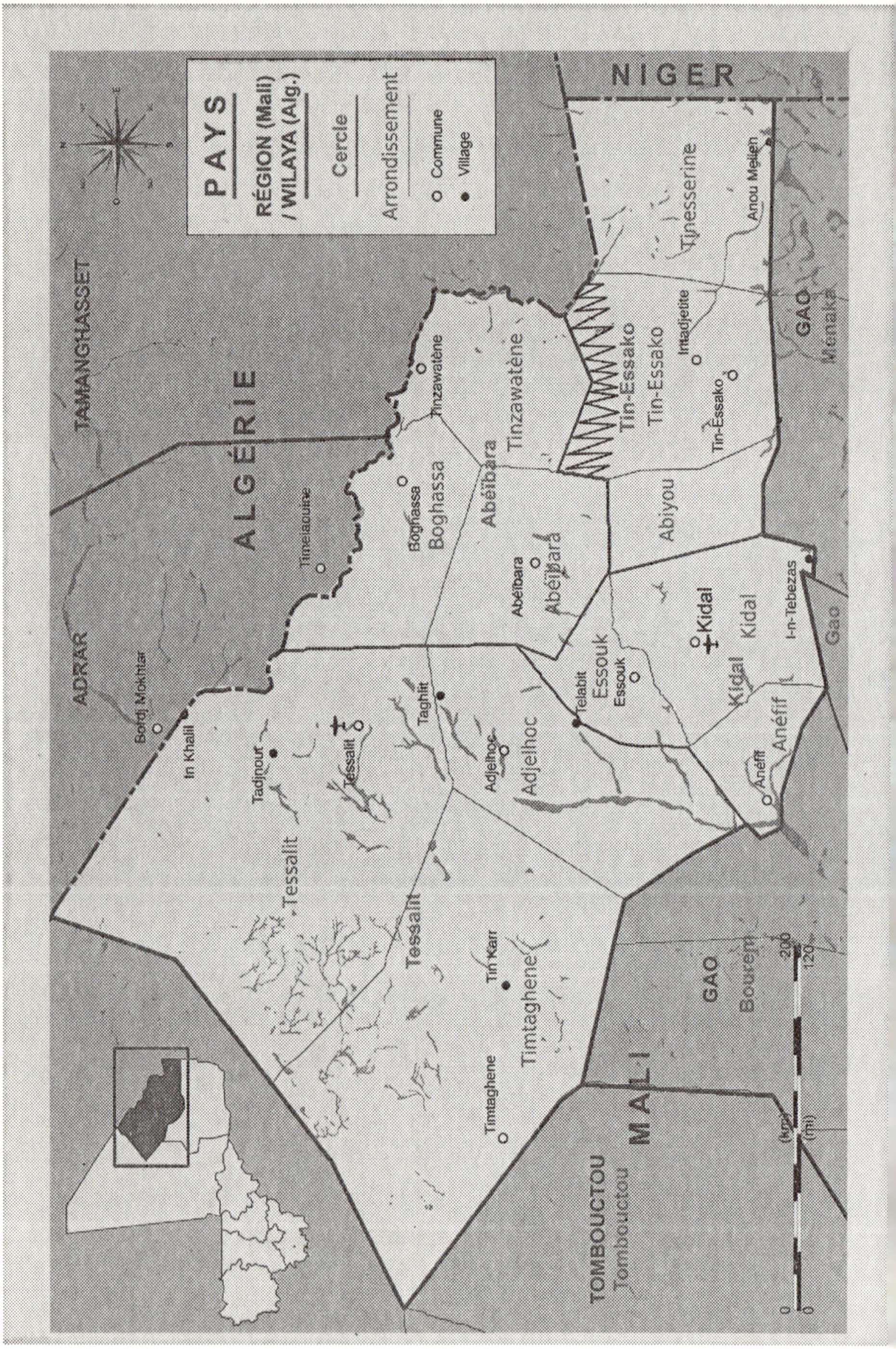

Région du Mali dans laquelle Olivier Dubois était maintenu captif, en hachurée, celle où il était détenu entre le 2 août 2021 et le 2 février 2022.

Sommaire

1

Parfum d'ambiance

Je schlingue ! Je le sais et ils le savent. Tassé entre mes gardes, les jambes compressées contre le tableau de bord dans l'espace confiné du pick-up, je me liquéfie dans mes odeurs. Je ne me suis pas lavé depuis cinq jours. Record atteint ! Après la tempête, nous avons souvent changé d'endroit et l'eau se fait rare dans les steppes arides que nous traversons. Le peu que nous avons sert principalement à étancher la soif, à la cuisine et à leurs ablutions. Le boubou que je porte, lavé cinq jours auparavant, a viré du beige clair au marron pâle. C'est un livre ouvert, maculé de taches, de crasse et de souillures, qui raconte en dégradé le périple de ces derniers jours. Je ne contrôle rien et certainement pas mon odeur. Dans cette nouvelle vie d'otage, la saleté, le manque d'hygiène quotidien sont une autre violence, un coup de bélier dans l'estime de soi qui ronge insidieusement ma résistance mentale.

Dans la fournaise du pick-up, je sombre, m'affaissant sur le tableau de bord. Le choc sourd de ma tête amorti par mon chèche me réveille. J'émerge dans l'opacité de mes lunettes scotchées de noir. Le véhicule file à vive allure sur la piste cahoteuse. Quelques minutes plus tard, je sombre à nouveau et retombe lourdement sur l'épaule du chauffeur qui me repousse.

– Mais, tu dors, là ?

– Oui… Désolé… Entre la vue, les conversations passionnantes et le confort, difficile de ne pas sombrer dans le sommeil.

Il laisse échapper un rire bref, surpris par l'insolence de la pique.

L'horloge du pick-up indique 14 heures. L'effort pour déchiffrer l'heure est intense ; je n'ose pas bouger trop la tête pour ne pas trahir le fait que je parviens à voir une petite partie de mon environnement. Le talkie grésille, le conducteur saisit le récepteur. Une conversation en tamacheq s'engage, couverte par le puissant vrombissement du V6 qui avale la piste dans un vacarme mécanique. Les mots s'évanouissent dans le bruit ambiant. Directement après l'échange, le Touareg effectue une embardée, et change de direction. Je suis stupéfait par sa capacité à se repérer dans ce paysage monotone.

– Pourquoi avoir tourné ? Dans le désert, tout se ressemble ; comment sais-tu où tu vas ?

– Je connais bien, c'est tout. Comme toi, à Paris : tu sais t'orienter dans ta ville, non ?

– Oui, mais il y a des panneaux, des rues, des bâtiments. Ici, il n'y a rien… Tu connais bien toute la région de Kidal et le nord du Mali ?

– Oui, toute la partie nord du pays, un peu le Niger et la Libye.

Sa réponse me laisse songeur, j'imagine la difficulté que j'aurais à me repérer dans les immenses territoires qu'il évoque.

Le véhicule ralentit, il gare le pick-up sous l'ombre d'un arbre touffu. Son compagnon saisit son fusil d'assaut kalachnikov.

– Nous avons quelque chose à faire ici. Tu vas t'asseoir de l'autre côté et regarder dans la direction opposée.

Un de ses comparses me tire sans ménagement, mais je me dégage fermement.

– Hé ! Doucement, je peux me débrouiller !

Je mets pied à terre d'un pas incertain.

– Je peux enlever mes lunettes ?

– Oui, mais fais-le rapidement et regarde dans cette direction.

Je sens la nervosité s'installer parmi eux. Au loin, un bruit de moteur se rapproche. Un véhicule arrive et s'arrête près de nous. Je jette un coup d'œil furtif et aperçois deux inconnus en boubou bleu qui en descendent. Ils ne semblent pas vouloir venir à notre rencontre. L'un fait un signe à notre chauffeur qui s'avance vers eux, tandis que je reste assis, malgré l'envie pressante de me dégourdir les jambes après avoir passé des heures dans le pick-up.

Mes gardiens ne me lâchent pas du regard, ils semblent indifférents à la rencontre qui se déroule. Une chose est sûre, nos visiteurs ne tiennent pas à ce que je les voie. Pourtant, ils ont le visage enturbanné, ne laissant apparaître dans leurs visières de tissu que des regards impénétrables.

L'attente est longue. Le chauffeur finit par revenir, discute brièvement avec son compagnon, qui, à ma grande surprise, prend ses affaires et part avec les deux inconnus. Je me réjouis, vu le gabarit moins massif de son remplaçant, d'avoir un peu plus d'espace sur mon siège dans le pick-up.

Au crépuscule, nous nous arrêtons à quelques dizaines de mètres d'une cabane sommaire, ressemblant à une yourte kirghize faite de bric et de broc qui se découpe dans l'obscurité naissante, au centre d'une vaste aire terreuse. Inhabitée, elle projette face à nous son ombre, sous la lumière de la Lune. Sa lourde porte en métal, rivetée de haut en bas de fil de fer pour en permettre l'ouverture et la fermeture, ne semble attendre que d'être poussée. Étrangement, alors que je m'apprête à pénétrer à l'intérieur, le chauffeur m'invite à m'installer dehors.

– En mission, nous ne dormons pas à couvert, c'est plus sûr, justifie-t-il laconiquement. J'étale ma natte non loin de la cabane, m'allonge, épuisé, et m'absorbe dans la voûte étoilée.

Au milieu de la nuit, je sursaute. Un motard apparaît, un Touareg élancé dont la voix étonnamment douce et presque efféminée résonne dans la nuit. Peut-être une femme a-t-elle rejoint mes geôliers ? Je retiens un instant ma respiration, intrigué, avant de chasser cette idée absurde de ma tête. Je passe la nuit sur une couche de terre fine et craquante qui cède comme une croûte à la moindre de mes contorsions.

Nous traçons la route, telle une ligne éphémère au travers des étendues désertiques qui s'étendent à perte de vue. Une monotonie écrasante m'enveloppe dans cette errance sans but ni repères. Les quelques brèches furtives entre les bandes de scotch noir qui opacifient mes lunettes révèlent un monde en mouvement aux contours flous. À un moment donné, sur ma droite, un campement se dévoile lentement. Il est grand, mais disparaît rapidement, tel un mirage perdu dans la chaleur oppressante. Je note machinalement cet éclat de réalité distordue, cette fine lueur d'espoir révélée par mes lunettes.

Puis, quelques dizaines de minutes plus tard, le paysage de solitude infinie se dissipe, laissant place à un large plateau sablonneux, parsemé de bosquets encaissés, dans une cuvette bordée de collines de sable et de pierre. Le moudjahidine dirige le véhicule vers un tunnel végétal d'une conception trop parfaite pour avoir été façonné uniquement par la nature. Des branches, des morceaux de plastique et de tôle se mêlent pour former un abri élaboré, invisible depuis le ciel. Je sens très rapidement que cet endroit est fiable. Je ne sais pas combien de temps nous allons y rester, mais les vivres et l'eau dans la benne à l'arrière du pick-up peuvent assurer notre subsistance pendant plus d'une semaine. Autour de nous, des ânes, calmes ou plus impétueux, se déplacent au loin, parfois en groupe. Le silence est ponctué par le braiment perçant de l'un d'eux. Les deux jeunes jihadistes mettent pied à terre et commencent à sortir les affaires du pick-up. Leur chef libère le volant et s'approche de moi.

– Tu vas pouvoir te laver, là-bas, sous les arbres, me dit-il en me tendant un bout de savon et un jerrican de 5 litres d'eau. La nouvelle me ravit. Je lui demande un miroir. Je ne me suis pas vu depuis mon enlèvement. Il déboîte l'un des rétroviseurs du pick-up et me le tend. Mon reflet me surprend totalement. Je suis face à un étranger. Ma moustache, que j'avais arrachée faute de rasoir, a repoussé par touffes sur ma lèvre supérieure. Mon front, ma bouche, mes joues, tout mon visage est souillé de sable, marqué par la fatigue et atteste des jours difficiles que j'ai traversés. J'ai les yeux rougis et cernés, ma peau rappelle la texture d'un vieux cuir terne, comme si le désert lui-même avait décidé de me marquer de sa présence.

– … et un rasoir ?

Il fouille dans son sac et me tend un antique rasoir de sûreté Gillette en métal à la lame vissée, un modèle d'un autre temps.

– Tiens, mais interdiction de te raser la barbe !

– Pourquoi ?

– C'est interdit, me répond-il sans plus d'explications malgré mon air perplexe.

Derrière la barrière d'arbres qu'il m'a désignée, je me dénude et entreprends de me laver. L'eau qui s'écoule de mon corps est marron, je me débarrasse de cette seconde peau de saleté, et je me sens revivre sous cette sensation d'hygiène. Puis, derrière un tronc d'arbre, je rectifie ma pilosité faciale, indifférent à l'interdit. L'un après l'autre, les jihadistes procèdent au rituel purificateur. Ils se rhabillent, puis vont s'allonger sur le sable, pour se sécher et se reposer, sans se soucier des fourmis qui y pullulent. Le chef m'invite à choisir un endroit alentour où je pourrais établir mon abri. Je balaie le terrain du regard et repère un arbre courbé, flanqué de deux autres, un rempart suffisant contre les assauts du soleil, que viendra compléter ma couverture tendue entre les branches. J'installe mes maigres affaires, ma natte, suspends ma gourde en « frigo ». Je suis content de mon choix. Puis je rejoins mes ravisseurs.

À mesure que je m'approche, j'aperçois notre chauffeur, assis sur le sable, l'oreille gauche collée à un poste radio, absorbé par les nouvelles d'un monde et d'une réalité dont je suis désormais éloigné.

Les autres membres du groupe, épuisés par nos déplacements incessants, sont toujours en train de se reposer. Soudain, le générique caractéristique du journal Afrique de RFI se fait entendre. La voix du présentateur énumère les titres des actualités d'une voix neutre. La distance à laquelle je me trouve ne me permet pas de percevoir distinctement ce qu'il dit. Sa voix marque une pause et prend un tour solennel alors qu'il développe le premier titre d'information. J'entends mon nom :

« *Olivier Dubois, journaliste indépendant, qui travaille notamment pour le journal français* Libération *et pour le magazine* Le Point, *était parti début avril à Gao, dans le nord du Mali, pour réaliser l'interview d'un cadre jihadiste du Groupe de soutien à l'islam et aux musulmans…* »

2

L'enlèvement

Abdallah Ag Albaka (3A) est une de ces ombres énigmatiques et insaisissables que l'on trouve dans le paysage jihadiste sahélien. Les informations sur ce quadragénaire, haut commandant du JNIM (Groupe de soutien à l'islam et aux musulmans), la branche sahélienne d'Al-Qaïda, sont aussi rares que précieuses. Issu d'une famille de notables touaregs Daoussak, il appartient à une lignée de marabouts dont l'influence s'étend jusqu'aux plus hautes sphères de la république malienne – certains membres de sa famille ont même siégé à l'Assemblée nationale.

Les rares descriptions de lui qui circulent évoquent un homme de taille moyenne et mince, arborant une fine moustache, une barbe, et des lunettes cerclées qui lui donnent davantage l'allure d'un intellectuel que d'un chef de guerre. Il a fait ses études en Libye, en arabe, et serait féru de droit islamique. Derrière le lettré se cache l'expert en informatique et en conception d'engins explosifs improvisés. Mais c'est surtout son rôle dans la guerre intestine qui oppose le JNIM à l'État islamique dans le Grand Sahara (EIGS) qui retient mon attention depuis plusieurs mois. Il est la tête de pont de l'organisation jihadiste dans la zone, sa katiba[1] a payé un lourd tribut dans les affrontements contre l'EIGS.

1. Une unité ou un camp de combattants islamistes.

Ce conflit meurtrier et peu médiatisé, dans les régions de Ménaka, Gao et du centre du pays, a pris de l'ampleur. Les affrontements entre les deux groupes jihadistes poussent des milliers de civils sur les routes de l'exode. C'est pour documenter cette réalité que Souleymane, mon fixeur et capteur d'ambiance dans la zone, a servi d'intermédiaire. J'avais initialement proposé à Abdallah Ag Albaka, via Souleymane, une interview à distance – une dizaine de questions, écrites ou audio, traduites en arabe. Ag Albaka avait décliné, insistant pour une rencontre en personne. J'avais alors exigé une lettre d'invitation officielle garantissant mon acheminement et mon retour en sécurité, que j'avais finalement obtenue après plusieurs semaines d'échanges. Dans ce métier, il y a parfois ce moment où l'on doit lâcher prise, faire un pas dans l'inconnu pour décrocher l'information qui compte. Cette fraction de seconde où l'on accepte de perdre le contrôle pour obtenir le sujet qui nous échappe. L'interview a été calée pour ce jeudi 8 avril 2021, 14 heures. Quarante-cinq minutes d'entretien pour questionner ce chef jihadiste, dans un appartement mis à disposition à Gao, par Hamada Ag Albaka, son frère.

Je sors de la chambre sur la pointe des pieds, Déborah et les enfants dorment encore. Bamako s'éveille déjà.

L'air est lourd, chargé de la poussière ocre soulevée par les premières motos et voitures. Je marche le long d'une avenue au bitume déjà tiède dans le tumulte matinal du quartier de Faladié.

Je hèle un taxi, direction l'aéroport international Modibo-Keïta. Le chauffeur me jette un regard dans le rétroviseur, probablement intrigué par ce noir qui parle comme un toubab, pressé de si bon matin. Le trajet se fait dans un silence ponctué par le ronronnement du moteur et les klaxons lointains. Je reste silencieux, perdu dans mes pensées, oscillant entre l'excitation du reportage à venir et une inquiétude sourde.

À l'aéroport, les formalités s'enchaînent. Passeport, visa, contrôle de sécurité. Tout semble normal jusqu'à ce que je me retrouve face à un agent en costume, qui s'attarde un peu trop longtemps sur ma destination. Son regard passe du document d'identité à mon visage, une lueur d'étonnement pointe dans ses yeux. « Vous voulez vraiment aller à Gao ? » Sa question résonne comme un avertissement mêlé d'incrédulité. Je choisis de l'ignorer. « Oui », dis-je, le plus naturellement du monde. Il me rend mon passeport d'un geste lent, presque réticent.

L'avion s'élance sur la piste et s'arrache à la terre. Sous nos ailes, le paysage se transforme progressivement, la végétation cédant la place aux étendues arides du désert. Mon téléphone vibre : un message de Déborah.

Nos échanges sur WhatsApp oscillent entre plaisanteries et tendresses voilées d'inquiétude. « *Fais attention à toi* », écrit-elle. Je réponds pour plaisanter : « *Si je me fais kidnapper, tu pourras toujours écrire un best-seller :* Où es-tu mon amour ?, *ça ferait un joli titre.* »

Nos émojis qui rient masquent mal une certaine appréhension.

À 11 heures, Gao m'accueille dans sa fournaise. Je foule le tarmac qui ondule sous la chaleur écrasante. Mon esprit est déjà focalisé sur l'interview à venir, laissant peu de place à la petite voix au fond de moi qui me murmure que cette journée pourrait bien être le point de bascule de toute ma vie.

*

* *

Le bus m'emmène jusqu'à la gare routière de Gao où Souleymane – mon fixeur depuis trois ans – m'attend. Son visage s'éclaire d'un soulagement visible à mon approche. Les salutations échangées, il me guide vers un Toyota RAV4 blanc.

– Tu l'as gardé finalement ? dis-je en me rappelant ce « cadeau » qu'il disait avoir refusé de Bahidou Ag Armada, bandit, jihadiste notoire et possiblement un des intermédiaires qui allaient rendre possible cette interview d'un chef du JNIM.

Souleymane acquiesce sans développer. Nous nous dirigeons vers l'hôtel Askia.

À la réception, un réflexe me pousse à falsifier mon identité. J'inscris « *Olivier Bergame* » au lieu de Dubois, modifiant aussi les derniers numéros de mon téléphone pour le rendre factice. Un petit jeu de piste, au cas où.

La chambre est spartiate : un lit, une table, une chaise. Mon regard s'attarde sur l'unique fenêtre grillagée donnant sur une cour intérieure. Le seul accès à cette chambre est sa porte d'entrée. C'est aussi la seule échappatoire. Une boule d'angoisse se noue dans mon estomac. Je dois passer deux jours et deux nuits à Gao, ville réputée dangereuse, surtout pour un Français sans protection, et cette attente qui me semble interminable est bizarrement ce que je redoute le plus, bien plus que la perspective d'un rendez-vous avec un cadre d'Al-Qaïda.

Souleymane interrompt mes pensées, pour savoir ce que je veux manger pour le déjeuner. Je veux tester la viande rôtie du coin, le *dibi*, et une bouteille du fameux jus Ramy, que je n'ai jamais eu l'occasion de goûter.

Je me retrouve seul dans ma chambre d'hôtel et l'appréhension monte d'un cran. Interviewer un chef jihadiste… Je relis mes questions pour bien être sûr de couvrir tous les sujets que je veux ramener, j'anticipe des blocages, des refus, et imagine comment les détourner, puis je pose mes questions à voix haute, les faisant rouler sur ma langue, espérant qu'elles sonneront naturelles le moment venu.

Soudain, on frappe à la porte. Le silence qui suit mon « Oui ? » s'éternise. Nouveaux coups. Je me lève et me rapproche de la porte. « Oui ? » Silence de l'autre côté. Sur mes gardes, j'entrouvre la porte.

Un Malien d'âge mûr se tient là. Il me regarde une demi-seconde puis scrute l'intérieur de la pièce derrière moi.

– Désolé..., dit-il revenant sur moi, je me suis trompé de chambre... Je cherchais mon collègue, je pensais que c'était la sienne.

Je m'excuse poliment et referme la porte. Il s'est trompé dans un couloir qui ne compte que trois chambres ? Son inspection visuelle était un peu trop insistante à mon goût. Quelque chose ne colle pas chez cet homme.

Je chasse l'incident de mon esprit et me replonge dans mes notes. Souleymane revient avec le *dibi* et le jus Ramy. Nous déjeunons. Entre deux bouchées, je le questionne sur les détails de notre expédition.

Il hésite un instant.

– Justement, à ce propos...

Il repose le morceau de viande qu'il s'apprêtait à avaler.

– J'ai reçu un appel tout à l'heure. Il y a un changement de plan.

Je me fige.

– Quel changement ?

– Le rendez-vous est repoussé de 45 minutes...

Mes épaules se relâchent.

– ... et ils m'ont dit que je ne pourrai pas venir avec toi. Apparemment, ils ont leur propre traducteur.

La nouvelle me frappe comme un coup de poing.

– Ils t'ont dit ça quand ?

– Il y a une vingtaine de minutes. Ils m'ont appelé, dit-il en me montrant un petit téléphone portable.

Je me lève abasourdi.

– Si tu ne viens pas, ça change tout !

Faire l'interview implique que je serais seul avec eux. Les pensées se bousculent dans mon esprit. Finalement je lui demande :

– J'ai besoin de savoir maintenant si on continue ou si on arrête tout. Si tu penses qu'on peut y aller, qu'il n'y a pas de problème, je te fais confiance et on continue. Si tu as le moindre doute, on annule.

Souleymane réfléchit quelques secondes, puis me regarde droit dans les yeux.

– Je ne vois pas pourquoi ils te kidnapperaient. La ville est gardée à chacune de ses portes, et puis j'ai rendez-vous avec Abdallah Ag Albaka juste après l'interview, pour lui faire sa piqûre pour le diabète. Donc ça m'étonnerait qu'il s'amuse à t'enlever.

Je pèse ses mots, cherchant à déceler la moindre trace de doute dans sa voix. Voyant mon hésitation, il ajoute :

– Si tu veux, on arrête tout et je t'amène au camp des Famas (les Forces armées maliennes).

Je prends une profonde inspiration. Être si proche du but et abandonner, comme ça ? L'adrénaline et la raison se livrent bataille dans ma tête.

– OK ! Puisque tu penses que c'est bon, on y va. Mais, on revoit le plan B, celui en cas de problème.

Nous avions convenu que, si deux heures après qu'il m'eut laissé au point de rendez-vous, je ne l'avais pas contacté, il devrait filer au camp de la force Barkhane[2] pour leur raconter ce qu'il s'est passé et leur dire que j'avais disparu, puis contacter les personnes dont je lui avais laissé les numéros.

---

2. Opération Barkhane : opération militaire française menée au Sahel et au Sahara pour lutter contre les groupes armés jihadistes.

On se prépare, je revêts le bazin que les jihadistes m'ont acheté pour l'interview. Je peine avec mon chèche vert, Souleymane me vient en aide. Avec le turban qui drape ma tête et couvre la moitié de mon visage, je ressemble à un Touareg. J'ai laissé derrière moi mon téléphone, mon passeport et mon portefeuille. Je n'ai gardé que l'essentiel : ma montre, un bloc-notes, un stylo et 40 000 francs CFA en cas de besoin. Rien qui puisse donner des informations sur moi.

Nous quittons l'hôtel Askia aux environs de 14 h 45. Dans le hall d'entrée, je croise à nouveau l'homme qui a frappé à ma porte, assis avec un autre, peut-être le fameux collègue. Il me regarde avec une intensité que je ne m'explique pas. Ce détail me trouble, mais je n'ai pas le temps de m'y attarder.

L'air brûlant nous accueille à l'extérieur. Nous montons dans le RAV4 de Souleymane et prenons la route vers le lieu du rendez-vous. Selon lui, nous allons recevoir un appel et ils viendront à nous.

Le compte à rebours est lancé. Dans deux heures, j'aurai réalisé cette interview ou… Je chasse cette pensée. Gao, ville frontière entre le Sahel et le Sahara, défile derrière les vitres. Les constructions en dur cèdent progressivement la place à des habitations plus modestes. Des enfants jouent au football sur un terrain vague, leurs rires insouciants résonnent sous le ciel ensoleillé de ce début d'après-midi. Au loin, les eaux du Niger scintillent.

Le RAV4 s'immobilise près d'un entrepôt de boissons. Souleymane coupe le moteur. Il est tendu. Le silence s'installe dans la Toyota. Mes doigts se crispent involontairement sur le bloc-notes orange qui repose sur mes genoux. Soudain, son téléphone vibre. Je tends l'oreille, mais je ne comprends rien à ce qu'il se dit.

Il raccroche, se tourne vers moi.

– Ils nous ont vus. Ils veulent qu'on sorte de l'ombre.

Nous remontons lentement la rue, mes yeux scrutent les alentours. C'est alors qu'il apparaît : un pick-up Toyota V6 couleur sable, surgissant d'une rue devant nous.

Le véhicule s'arrête à notre hauteur. Ils sont quatre : deux à l'arrière, enturbannés, deux à l'avant. Pas d'armes visibles.

Le conducteur, dont seuls les yeux rougis percent à travers son chèche, échange rapidement avec Souleymane. Puis son regard se fixe sur moi. Un simple geste de la main. C'est le moment.

Je me tourne vers Souleymane. « Tu es mon dernier filet de sécurité. » Je descends et claque la portière du RAV4.

Je parcours l'espace qui me sépare de leur véhicule rapidement, sans hésitation, comme téléguidé. J'ouvre la portière de leur pick-up, m'installe à bord et, d'un signe de la tête, salue le conducteur qui démarre en trombe.

Je fixe la route devant nous, ignorant la silhouette de Souleymane qui s'éloigne dans le rétroviseur. Le point de non-retour est franchi.

Le pick-up avale les kilomètres. Je me plonge dans mes notes. Le paysage défile, flou, à travers la vitre. Les dernières maisons de Gao s'effacent, laissant place à une étendue de sable parsemée de buissons épineux. Le ciel est d'un bleu intense.

Soudainement, un autre pick-up en face de nous. Identique au nôtre, couleur sable. Deux silhouettes enturbannées à l'avant, dont une en boubou blanc. Je souris, amusé par la similitude. « Tiens, ils sont pareils que vous. »

À peine les véhicules se croisent-ils que trois coups sourds résonnent sur le toit du Toyota. Un jihadiste a frappé. Instantanément, nous sommes projetés en arrière. Le chauffeur écrase l'accélérateur comme si sa vie en dépendait. Le 4×4 bondit en avant, dévorant la piste dans des rugissements nerveux.

Les cahots me secouent violemment. J'agrippe la poignée au-dessus de moi et plaque ma main gauche au tableau de bord pour amortir les secousses. Le chauffeur ne fait qu'un avec son véhicule. Il lit la piste qui défile à toute allure en temps réel. Par des petits à-coups précis du volant, il maintient notre course folle alors que le moindre écart nous ferait filer dans le décor.

Agrippé au tableau de bord, je crie dans le vacarme : « Tu conduis bien ! », il me regarde, puis hoche la tête. Autour de nous, le paysage change. Les rares touffes de végétation cèdent la place à des bancs de sable à perte de vue.

Entre les chocs qui me renvoient contre la portière ou la plage avant de la voiture, le temps s'étire, élastique. Quand je relève la tête, une inquiétude me saisit. Trente minutes sont déjà passées.

– Quand arrivons-nous ?

Le conducteur gesticule en baragouinant des bribes de français entrecoupées de tamacheq, il fait rouler à plusieurs reprises sa main en avant comme pour me décrire quelque chose qui vient après.

Je hoche la tête, peu convaincu. Plus le temps passe, plus les questionnements affluent. Je pense à Souleymane, à notre accord. Deux heures…

J'indique d'un geste la montre à mon poignet, puis place ma main en porte-voix : « Souleymane ! » Je lève deux doigts : « Deux heures ! », puis pointe mon doigt sur ma poitrine et l'opposé de notre route. « Gao ! »

Le Touareg mime un téléphone avec sa main et réitère son geste que j'interprète comme « après ». Il va l'appeler après ?!

Je me force à me concentrer sur autre chose, mais rien n'y fait, les doutes s'insinuent. Le temps continue de filer. Nous dépassons largement la durée prévue pour l'interview.

Mon esprit s'emballe, cherchant des explications rationnelles. Des précautions supplémentaires ? Un lieu plus éloigné ? Peut-être l'interview aura-t-elle lieu en fin d'après-midi, ou même en soirée... Pour des raisons de sécurité, ils me ramèneront à Gao au petit matin.

Je m'accroche à cette idée. Demain matin, ils me déposeront à Gao. Souleymane viendra me chercher. Tout ira bien.

Le pick-up continue sa course effrénée. Le soleil descend lentement vers l'horizon, teintant le désert de nuances orangées. Chaque kilomètre parcouru m'éloigne un peu plus de tout ce que je connais, tandis qu'une incertitude grandissante s'empare de moi.

Nous roulons depuis plus de trois heures quand le pick-up ralentit puis s'immobilise. Des voix, des mouvements. Ma portière s'ouvre brusquement.

Un homme, le visage masqué par un chèche noir ouvert sur des yeux injectés de sang, tend les mains vers moi. Je sursaute et recule instinctivement. Son regard se durcit, incompréhensif.

– Qu'est-ce qui se passe ? Je ne t'ai rien fait et tu as peur !

Il baisse mon chèche sur mes yeux. Aveuglé, je sens des mains qui me tirent hors du véhicule. Plusieurs voix m'entourent. On me dépouille : ma montre, mon bloc-notes, mon stylo, mes chaussures, mon boubou. Je me retrouve nu.

Je réagis comme un automate, trop surpris pour parler ou me défendre, paralysé par cette violence soudaine. Quelqu'un place dans mes mains de nouveaux vêtements. Il n'y a pas de slip ou de caleçon.

Je les enfile maladroitement. Puis, on me guide fermement, une nouvelle portière s'ouvre. On m'installe à l'avant d'un véhicule.

La portière conducteur s'ouvre.

– Ne t'inquiète pas. Si ta famille et ton gouvernement font ce qu'il faut, tu seras libéré rapidement.

Un homme se glisse derrière le volant et démarre. Tout se passe si vite. Un deuxième s'installe sur ma droite et claque la portière. La voiture s'élance.

La réalité me frappe de plein fouet : je viens de me faire enlever, après m'être jeté dans la gueule du loup. J'accuse le coup.

Dans la voiture, après avoir fait mine de voir comment j'allais, mes ravisseurs entament un interrogatoire empreint de suspicion. Suis-je un agent de Barkhane ? Un militaire ? La question me surprend. « Je suis journaliste ! », j'affirme, la voix tendue par l'urgence de me faire comprendre. Je sens qu'ils ne me croient pas. L'un deux prétend connaître mes articles, qui sont selon lui l'expression de la voix de la France. Je sais à présent qu'il ment, ils n'ont pas lu mes articles, il prêche le faux pour savoir le vrai. Une chape d'angoisse m'étreint. J'ai peur que cette méprise me coûte la vie.

– Qui êtes-vous ? je demande enfin.

– Al-Qaïda, répondent-ils.

Un étrange soulagement m'envahit. Il ne s'agit pas de l'État islamique. Je ne vais peut-être pas vers une mort certaine et atroce. S'ils sont d'Al-Qaïda, ils voudront peut-être négocier, demander une rançon.

Le véhicule file dans la nuit. Dans ma tête, les images des derniers événements, brouillées par les visages de mon fils, de Gigi, de Déborah, s'entremêlent. Les reverrai-je ? Que s'est-il passé ? Pourquoi m'avoir kidnappé alors que j'étais invité ? Où allons-nous ? Que vont-ils faire de moi ? Dans l'obscurité qui m'enveloppe, mon esprit se débat encore contre cette évidence : je suis devenu un otage.

Le véhicule s'immobilise brusquement. On m'extirpe de l'habitacle, le chèche sur mes yeux est relevé. Autour de moi s'étend une vaste étendue sablonneuse, parsemée d'arbres. Des bouses de vache jonchent le sol un peu partout. Il y a là plusieurs personnes. Je dénombre plus d'une dizaine de motos.

Un tapis est déroulé. On m'invite à m'asseoir. Soudain, un bêlement déchirant retentit, très vite noyé dans des borborygmes. Un mouton qu'on égorge. Des voix s'élèvent, nombreuses, indistinctes. Mes ravisseurs s'installent à mes côtés, tentent d'engager la conversation. Leur proximité m'oppresse. J'entends leurs voix en sourdine, je suis submergé par l'angoisse. L'image de mes enfants s'impose, douloureuse. Qu'ai-je fait ?

On me présente un plat de viande. Fade, insipide. Mon estomac se noue. Je ne peux rien avaler. Je reste prostré, absent. Les questions de mes geôliers se perdent dans le brouillard de mes pensées.

Ces hommes qui m'entourent sont qualifiés chez moi de « terroristes ». Des tueurs, kidnappeurs, des fanatiques. Je n'ai jamais touché cette réalité d'aussi près. Mon regard se fixe obsessionnellement sur les bouses. Tout me semble souillé, contaminé.

L'un d'eux, Lacaocase – « le Caucasien » – tente de me rassurer. Il me caresse les chevilles. Un geste qui me déstabilise. Je pense à un viol, à une agression. Il faut que je me reprenne, il me faut un sursaut. Son acolyte, Mossa, reste distant, suspicieux. Dans ses yeux, je lis le doute. Pour lui, je suis peut-être un agent français.

On me relève. Me voilà juché sur une moto, derrière un colosse barbu, un second moudjahidine à moto nous suit. Nous filons dans la nuit. Au-dessus de nous, la voûte céleste déploie sa splendeur, indifférente à mon sort. Une pensée me glace : je roule la nuit avec des jihadistes, et si un drone français nous repérait ? M'atomiserait-il sans savoir qu'il y a un Français avec eux ?

Nous nous arrêtons dans un sous-bois silencieux. Une natte est placée sur le sol, elle sera mon lit. Le Touareg sort une chaîne longue de plusieurs mètres. À sa vue, mon cœur s'emballe. Il l'attache à ma cheville. L'humiliation me submerge. Je ne suis plus qu'un objet, une propriété.

– Pourquoi ?

– La nuit, tout peut se passer, dit-il en s'éloignant.

Ils s'installent à une centaine de mètres, tournés vers moi, pour m'avoir bien en vue. Je reste seul, enchaîné, vulnérable. Chaque ombre, chaque bruissement devient une menace. L'incertitude me ronge. Dans le silence illusoire de cette première nuit de captivité, le sommeil me fuit. Le froissement des feuilles, le bourdonnement lointain d'insectes, qui rampent ou qui volent, le cri occasionnel d'un animal nocturne. Ces sons prennent une dimension menaçante, comme si la nature elle-même, après m'avoir accueilli dans son immensité, se refermait maintenant sur moi, complice silencieuse de ma peur et de ma captivité.

3

La katiba

J'émerge désorienté d'une nuit troublée, le corps engourdi. La fatigue n'est pas mon principal problème, c'est plutôt l'angoisse qui me paralyse. Que me réserve cette journée ?

Les deux moudjahidines, levés aux aurores, s'affairent autour d'un feu de camp. L'un d'eux positionne une théière en métal sur les braises, la fumée s'élève dans l'air frais du matin.

Soudain, le grondement d'un moteur retentit, et un pick-up émerge des sous-bois, enveloppé d'un linceul de poussière. Le véhicule s'arrête dans un crissement de pneus sur le sable. Un silence s'installe, rompu uniquement par le cliquetis du moteur qui refroidit. Le conducteur met pied à terre et me transperce d'un regard dur et pénétrant qui me cloue sur place. Il s'approche et, d'un ton autoritaire, m'ordonne de le suivre et de monter dans le pick-up. Je m'exécute, le cœur cognant contre ma poitrine.

Un lourd silence pèse dans l'habitacle. Les mains crispées sur mes genoux, je fixe le paysage écrasé de soleil, m'efforçant de garder mon sang-froid. Après une vingtaine de minutes, le véhicule stoppe. Des ordres claquent en tamacheq. Un des hommes me pousse vers une zone ombragée, m'intimant de m'asseoir.

Tapi dans l'ombre, je scrute leurs allées et venues, essayant d'anticiper ce qui va suivre. Ils se hâtent pour dresser une large toile de tente brune entre plusieurs arbres serrés, hérissés de piquants qui se dressent comme autant de défenses partout autour de nous. Cette végétation impénétrable et épineuse me rappelle chaque seconde que je ne suis pas le bienvenu.

« Approche », m'ordonne l'un des jihadistes. Prudemment, je m'avance vers lui. « On m'appelle Abou Youssouf », déclare-t-il. Il me désigne du doigt l'ombre projetée par la toile.

– Toi, tu passeras par ce côté-là pour entrer sous la tente. Nous, nous entrerons de l'autre côté. Tu as bien compris ? Sa voix est ferme, sans place pour le doute. J'acquiesce, les nerfs à vif.

Je me faufile sous l'abri de fortune, l'estomac vide, submergé par le vertige de cette situation qui m'échappe. La réalité de la captivité s'installe lentement dans mon esprit, tel un fardeau. Je ne sais quelle attitude adopter, tiraillé entre prudence et impuissance.

Les trois jihadistes autour du feu commencent à rassembler du bois, et préparent un repas rudimentaire. Le vrombissement de moteurs me fait sursauter. Trois motos débarquent soudainement dans un concert mécanique, ajoutant à ma nervosité.

La première moto est conduite par un jeune homme au visage d'ange, son turban flotte comme un drapeau au vent. Assis derrière lui, un homme noir aux dents de travers tient sur ses genoux une chèvre qui bêle désespérément. La deuxième moto s'approche, pilotée par un jeune Touareg de petite taille portant un chèche violet à pois. Son teint basané accentue son air résolu. Sur une autre moto, un individu, coiffé d'une chevelure épaisse qui lui fait comme un casque, affiche sur son visage un large hématome qui lui part de son arcade sourcilière droite et s'étend jusqu'à la moitié de son nez.

Après les salutations d'usage, la chèvre est proprement égorgée. Les jihadistes se mettent à dépecer l'animal, jetant des morceaux sur les braises. Son foie et ses intestins sont préparés en brochettes sur la baïonnette des fusils et cuits à même les flammes. Je contemple cette scène primitive, partagé entre fascination et dégoût, tandis que mon estomac se serre.

Abou Youssouf me tend un morceau de viande. Je murmure un remerciement avant de commencer à manger. La viande a une saveur inattendue, étonnante. Je mastique lentement, suspendu entre ce moment presque normal et l'incertitude qui m'étreint.

Autour du feu, les langues se délient. Abou Youssouf m'observe pendant que je mange. Son regard est différent des autres, plus curieux qu'hostile. Après un moment, il me demande d'où je viens, qui je suis. Sa question me surprend – ils ne savent donc rien de moi ? Je termine ma bouchée, cherchant les mots justes, et lui apprends qui je suis, puis ose à mon tour l'interroger sur son parcours. Contre toute attente, il accepte de me répondre. Sa voix posée contraste avec son apparence de combattant aguerri. Son récit dévoile un parcours que je n'aurais pas soupçonné : il est dans le jihad depuis huit ans, dont quatre en détention à la Sécurité d'État à Bamako.

– Nous étions une vingtaine, entassés dans une cellule de dix mètres carrés, sans aucune hygiène, obligés de faire nos besoins à même le sol, dit-il sombrement.

Je repense à ce Malien rencontré l'année précédente, impliqué malgré lui dans une attaque jihadiste meurtrière. Emprisonné par la Sécurité d'État (S.E.), il m'avait confié les sévices endurés pendant sa détention.

– Nous traitons mieux nos prisonniers que la S.E., lâche Abou Youssouf, un demi-sourire aux lèvres.

Les détails de sa détention résonnent dans ma tête. Sans réfléchir, je lui pose la question qui me brûle les lèvres :

– Après avoir subi ces tortures, tu n'as jamais songé à abandonner le jihad, à vivre une vie normale ?

Il secoue la tête, balayant d'un geste ce qui me semble être une évidence.

– Non, c'est ça, la vraie vie !

Sa conviction me désarme.

Le repas expédié, on m'ordonne de regagner mon espace sous la toile de tente. Peu de temps après, un jeune moudjahidine aux traits juvéniles se présente.

– Je m'appelle Farok, je suis le frère de celui qui t'a pris à Gao et à qui tu as dit qu'il conduisait bien.

Les yeux rougis, le chèche vert… je reconnais son frère.

– As-tu entendu la fusillade peu après ton enlèvement ?

Je secoue la tête, stupéfait.

– Tu n'as rien entendu ? insiste-t-il surpris.

Il sourit avant d'ajouter :

– Un véhicule vous a pris en chasse. Ils ont tiré sur votre voiture, c'était des gens de Daesh.

Un frisson me parcourt. Étais-je si absorbé par mes pensées que je n'ai rien entendu ? L'idée qu'une fusillade soit survenue sans même que je m'en rende compte me laisse perplexe.

Le soleil décroît timidement à travers les feuillages tandis que deux silhouettes familières émergent de l'horizon. Ce sont les moudjahidines qui m'ont conduit dans la deuxième voiture lors de mon enlèvement. Lacaocaze, l'air affable malgré ses yeux durs, et Mossa, qui ne cesse de me toiser d'un regard suspicieux.

Mossa s'approche et m'explique comment créer un « frigo » rudimentaire : un chèche mouillé, exposé à l'ombre et au vent, pour garder l'eau au frais.

Lacaocaze me jauge du regard :

– Tu as besoin de quelque chose ?

Je suis fumeur et le stress de ces dernières heures a amplifié mon désir de tabac. Sans réfléchir, je lâche :

– Une cigarette…

Les mots m'ont échappé. Je réalise trop tard ma maladresse.

Il se raidit, son regard se fait glacial.

– Non, ce n'est pas possible ! tranche-t-il sèchement, le dégoût déformant ses traits, avant de tourner les talons.

Mossa reprend son interrogatoire de la veille, déterminé à me faire craquer.

– On a eu des infos sur toi.

Un frisson glacé me traverse. Ce n'est pas tant ce qu'il sait qui m'inquiète que ce qu'il croit savoir – et les conséquences qui pourraient en découler.

– Quelles infos ?

Je m'efforce de garder une voix stable.

– Quelqu'un qui te connaît nous a parlé de tes bureaux à Bamako. Il y a celui où tu travailles et celui où les gens viennent te donner les informations, que tu transmets ensuite aux Français.

Il me toise, sûr de lui, le regard chargé de suspicion. L'absurdité de ces accusations me frappe de plein fouet. Une désinformation probablement intéressée qui pourrait me coûter la vie. L'injustice de la situation génère en moi une colère sourde que je m'efforce de contenir.

– Deux bureaux… c'est n'importe quoi ! Je travaille de chez moi ou je suis sur le terrain. Renseignez-vous, je n'ai rien à cacher. Si j'étais toi, je changerais d'informateurs.

Mon ton est contrôlé, mais l'agacement et la tension le rendent acerbe.

Il s'installe plus confortablement, un sourire mauvais aux lèvres.

– Tu es avec Macron, on le sait.

– Je suis journaliste…

Je souffle, épuisé par cette mascarade. Il se penche vers moi :

– Tu es avec les Français, on le sait. Tu es avec Macron.

Il accompagne le nom du président français d'un geste de la main, mimant une lame tranchant sa gorge.

– Lui, ne t'inquiète pas, on va bientôt le tuer.

Je m'efforce de maintenir une façade impassible, mais ma respiration doit me trahir.

Ma deuxième nuit est aussi blanche que la précédente. Le bruit métallique de la chaîne, à chacun de mes mouvements sur la natte, me perturbe. Le cœur serré, je pense à mon fils, à ma fille, à Déborah, à mes proches, à leur douleur quand ils découvriront que je ne suis pas rentré. Le sort incertain qui m'attend me hante.

À l'aube, je suis tiré de mes réflexions par le grésillement d'un talkie-walkie suspendu en hauteur à une branche. Il diffuse des bribes de conversations. Je me redresse lentement, cotonneux à cause du manque de sommeil. Les moudjahidines se sont rassemblés pour le rituel de la prière. Un certain Marouane, visiblement le plus érudit d'entre eux, mène l'office religieux. Abou Youssouf, bien que plus ancien, se positionne sagement derrière lui. Ils lèvent les mains avant de les joindre au niveau de la taille. Face à eux, la kalachnikov de Marouane repose sur le sol et constitue une sorte d'autel guerrier devant lequel ils s'inclinent.

En les observant, je mesure à quel point la présence divine imprègne leur quotidien. Elle transforme leur vie austère en un véritable art de vivre.

Pour briser l'ennui mortel qui rythme cette journée, je cherche à glaner quelques informations quand on m'aborde. Abou Youssouf se montre le plus accessible et maîtrise bien le français. Il me dit qu'ils ne se considèrent pas comme des « terroristes », des meurtriers ou des criminels, des termes qu'ils réfutent avec véhémence, comme si c'était une injure qui leur était faite. Pour eux, leur lutte est empreinte d'une légitimité que le monde extérieur leur refuse. Il me demande au bout d'un moment pourquoi Barkhane m'a envoyé. J'essaie d'expliquer calmement qu'il y a méprise, que je suis journaliste, que je venais à Gao pour un reportage avec une lettre d'invitation de leur part garantissant ma sécurité. Il hoche la tête, semble peser mes mots, comme s'il commençait à comprendre, puis il me lance :

– Ils ont des journalistes chez Barkhane ?

Il doit être près de 16 heures ce samedi 10 avril. Normalement, je devrais être en ce moment à l'aéroport, dans une file d'attente, attendant de m'installer à ma place dans l'avion à destination de Bamako, pour rentrer chez moi. Une place manquante que personne ne remarquera. Mais, après l'atterrissage, quand aucune nouvelle ne viendra, quand mon téléphone dirigera immanquablement chaque appel vers ma boîte vocale, Déborah, à Bamako, saura qu'il m'est arrivé quelque chose. Elle suivra les instructions que je lui ai données et le cauchemar, pour elle – pour eux – commencera.

L'après-midi tire à sa fin quand le pick-up de Lacaocaze et Mossa débouche dans le camp provisoire.

Ils sortent une grande toile beige du pick-up et viennent vers moi. Lacaocaze me salue, balaie du regard mon abri, puis s'accroupit. Il sort un téléphone portable et y glisse une carte micro SD.

– Nous allons faire une petite vidéo.

Ces mots me paralysent. Une vidéo, une preuve de vie. Un message vidéo court qui va officialiser ma condition d'otage, déclencher une machine qui impliquera mon pays et bouleversera la vie de ma famille, de mes proches. La honte et le stress m'envahissent.

Devant mon silence, Lacaocaze me dévisage :

– Tu as compris ?

Je hoche la tête mécaniquement. Mossa déploie la toile derrière moi, effaçant mon abri de fortune.

– Tu te présentes, tu dis où tu as été kidnappé, que c'est le JNIM qui te détient, puis tu demandes que tout soit fait pour qu'on te libère. Pas plus d'une minute.

Une partie de moi voudrait protester, les supplier de ne pas faire ça. Mais je sais que c'est inutile, que je n'ai aucun argument à leur opposer.

Les deux Touaregs s'accroupissent à ma hauteur. La LED de la petite caméra du smartphone s'allume. Je récite le message demandé. Ils visionnent la vidéo, mais quelque chose les dérange. Mossa pointe du doigt la branche au-dessus de ma tête. Lacaocaze acquiesce, ramasse mon chèche et l'enroule autour de la branche.

Ils se remettent en place. L'exaspération monte en moi. La LED s'allume à nouveau. Je débite le message une seconde fois, agacé par cette répétition qui ne fait qu'accentuer mon malaise. Cette fois, ils semblent satisfaits. Lacaocaze extrait la carte SD, la glisse dans une pochette plastique qu'il range dans sa poche. Puis ils s'installent autour de moi, rejoints par les autres.

En une dizaine de minutes, la tension monte encore entre nous. Mossa déballe un chapelet de soupçons basés, dit-il, sur des informations données par des gens qui me connaissent. À bout de nerfs, je ne peux plus me contenir :

– Je ne suis pas un agent français !

L'exaspération et l'angoisse font trembler ma voix.

– Je suis journaliste et il faut vraiment être con pour affirmer le contraire, avec tous les articles que j'ai écrits et que l'on peut trouver sur Internet.

Le mot « con » m'a échappé, et Mossa, qui parle bien le français, piqué au vif par cette insulte devant ses compagnons, lève vers moi un doigt menaçant comme une arme :

– Tu n'es rien qu'un *kāfir* et nous pouvons te faire tout ce que nous voulons !

Il lance une série d'ordres brefs qui rationnent ma nourriture, mon eau. Je dois dorénavant rester éloigné à 400 mètres d'eux, enchaîné, et nul n'a le droit de me parler. Les autres jihadistes, silencieux, acquiescent. Il se lève, me foudroyant du regard, dit quelque chose en tamacheq et sort de l'abri, suivi par Lacaocaze. Ils démarrent en trombe et quittent le camp. Un silence relatif s'installe, je regrette amèrement mes paroles irréfléchies, et me demande ce que l'avenir me réserve désormais.

Le lendemain matin, après s'être entretenu avec Farok, Abou Youssouf quitte le camp à moto. Je m'approche de Farok, qui parle français contrairement aux quatre autres. Je le salue et tente d'engager la parole malgré l'interdiction de Mossa.

En évoquant son frère, le chauffeur du pick-up qui m'a kidnappé à Gao, il se livre peu à peu. Étudiant, il n'était pas destiné à devenir jihadiste. Le jihad a commencé avec son grand frère, qui a ensuite convaincu ses cadets de le rejoindre : Farok et son deuxième frère, noir de peau. J'apprends aussi qu'Abou Youssouf est son cousin.

– Avant, je croyais que c'était une arnaque, confie-t-il.

Cette réponse inattendue pique mon intérêt.

– Et maintenant, c'est quoi ?

– C'est faire partie d'un grand projet, c'est réaliser la volonté d'Allah. Il y a beaucoup de moudjahidines ici, il y en a de plus en plus dans le pays, dit-il avec une certaine fierté.

– Tu ne crois pas que c'est aussi dû au manque de travail ? Parce qu'il n'y a rien ? Que devenir jihadiste, c'est surtout rejoindre une organisation qui offre un statut, de l'argent, du respect ? Si la région se développait, avec des routes et des emplois, les gens préféreraient avoir un salaire plutôt que de risquer leur vie en brousse.

Il garde le silence. Je sens que mes mots l'ont peut-être touché, mais impossible d'en être certain.

Je le relance doucement :

– Depuis quand es-tu un moudjahidine ?

– Ça fait deux ans maintenant, dit-il en s'accroupissant pour ramasser de petits morceaux de charbon épars sur le sol, qu'il pose sur un tas non loin d'une mini théière en métal.

– Et durant ces deux années, tu as participé à des attaques ? je poursuis sur un ton artificiellement désintéressé.

– J'étais à l'attaque du camp de Tarkint[3], j'ai été à la guerre, répond-il simplement.

– Donc tu as déjà tué ?

– Oui.

Son détachement est déconcertant.

– Mais je ne sais pas combien.

– Comment ça ?

– Quand tu es là-bas, tu tires, tu ne sais pas combien de balles ont tué de personnes, des fois, tu vois, des fois, non, c'est la guerre.

Je l'observe préparer méticuleusement son thé. À vingt ans à peine, cet ancien étudiant gère maintenant un otage pour une organisation terroriste qui fait trembler les services de sécurité du monde entier. Ces conversations, aussi modestes soient-elles, réveillent peu à peu mon instinct journalistique mis en sommeil par ma nouvelle condition d'otage. Au-delà de ma captivité, la possibilité d'une autre forme de reportage commence à se dessiner.

*

* *

Je regagne ma natte, passant de longues heures à ne rien faire, assis ou allongé dans l'air brûlant. Mes ravisseurs occupent le plus clair de leur temps allongés

3. Tarkint est un village au nord du Mali, dans le cercle de Bourem, dans la région de Gao.

à l'ombre, à manger, boire du thé et prier – à moins qu'une mission ne vienne interrompre cette monotonie. Je commence à peine à me faire aux rituels du camp quand deux nouveaux moudjahidines arrivent dans un pick-up blanc chargé d'eau et de provisions. La vue des boîtes de biscuits qu'ils déballent me réconforte. S'ils prévoient de me nourrir, c'est qu'ils ne comptent pas m'exécuter dans l'immédiat.

Cependant, je suis convaincu que ma présence ici ne peut être qu'un malentendu. J'avais une lettre d'invitation pour rencontrer ce haut cadre du JNIM, cette katiba ne savait probablement pas que j'étais invité par sa hiérarchie. Ils avaient juste saisi l'opportunité d'enlever un Français. Je décide donc de demander aux nouveaux venus du papier et un stylo. Je leur explique que j'aimerais écrire une lettre à leur chef. L'un des jihadistes, intrigué, me tend tout de même un bloc-notes, mon bloc-notes, celui qu'on m'avait pris lors de mon kidnapping. Plusieurs pages ont été déchirées, celles des questions que je destinais à Abdoulaye Ag Albaka. Je rédige une lettre de trois pages dans laquelle j'explique qui je suis, ce que je suis venu faire à Gao. Je rappelle l'invitation qui m'a été faite, j'en appelle au respect de la parole donnée et de la liberté de la presse. Enfin, j'ose une requête qui pourrait sembler folle : une interview, non pas d'Abdoulaye Ag Albaka, mais du destinataire de ce message, Iyad Ag Ghaly, l'émir d'Al-Qaïda au Sahel lui-même.

Farok, surpris par mon audace, me demande de lui lire la lettre à voix haute. Une fois ma lecture achevée, il me lance, avec un mélange d'amusement et de sérieux :

– Je ne te vois pas rester longtemps parmi nous.

Je confie ma lettre aux jihadistes qui ont apporté les provisions, espérant qu'elle parvienne à leur chef.

Les jeunes jihadistes qui me gardent semblent totalement dédiés à leur cause ; ils se voient comme les héritiers d'Oussama Ben Laden, leur plus grand héros. L'un d'eux me déclare avec emphase :

– La promesse du paradis efface l'idée de mort.

Marouane, qui perçoit ma curiosité, freine l'ardeur de ses compagnons à répondre à mes questions. Ce jeune Touareg, plutôt réservé, est le fils d'une famille très pieuse qui abhorre les infidèles. Il est de Talataye, le fief d'Abdoulaye Ag Albaka. Il a passé quatorze années dans les écoles coraniques et quelques-unes dans celles de la République du Mali. Il dirige le groupe sur le camp. Sa connaissance parfaite du Coran lui vaut le respect de tous. Son petit frère de 19 ans fait aussi partie de la bande ; ses notions d'anglais trahissent un passage sur les bancs de l'école classique avant de rejoindre le sentier d'Allah. Peu à peu, mes questions se heurtent à un mur de silence.

Malgré cela, un motif de contentement illumine cette fin de journée : Farok m'informe qu'à partir de cette nuit, je ne serai plus enchaîné.

– C'est bon, on te fait confiance, me dit-il simplement, laissant une légère touche d'optimisme s'installer dans mon esprit.

La nuit venue, allongé sur ma natte, je contemple la voûte céleste qui brille d'une beauté ensorcelante au-dessus du couvert végétal dense qui nous dissimule. C'est l'heure où les angoisses reprennent leurs droits. Les questions sans réponse tournoient dans mon esprit tandis que les insectes, infatigables, rampent sous mes vêtements et me harcèlent de leurs piqûres. L'épuisement finit par l'emporter sur mon anxiété.

*

* *

Note - *Recette personnelle pour supporter la captivité :*

Le sport pour rester en forme et se renforcer physiquement, mais aussi mentalement. Il faut organiser ses journées, rester actif, conserver des habitudes, contribuer, quotidiennement si possible, à son confort, son bien-être.

Un état d'esprit : « Je n'ai rien fait de mal, j'ai été kidnappé par intérêt. Ce sont donc eux qui ont besoin de moi. » Pas d'esprit de soumission. Conserver son intégrité, ses opinions, sa façon de penser, s'immerger dans sa vie passée, imaginer le futur.

Penser en journaliste, avoir la volonté d'en apprendre plus sur cette organisation de l'intérieur.

L'inaction me ronge. Chaque journée passée sur cette natte affecte un peu plus mon moral. Je redoute que ces longues heures à ressasser ma condition me fassent sombrer dans la dépression.

Ma première décision est de mettre ce temps forcé à profit. Le bagua zhang, cet art martial interne que je pratique épisodiquement depuis des années, doit devenir ma discipline quotidienne. Il demande du temps, de la patience, une pratique assidue pour que le corps comprenne et intègre les principes et la mécanique de ce style. Même si je veux croire à un dénouement rapide, j'ignore combien de temps tout cela durera. Ces longues journées de captivité m'offrent paradoxalement l'occasion de m'y consacrer pleinement. Chaque progrès, même infime, sera une victoire personnelle qui viendra renforcer mon mental. J'envoie aussi le signal que je ne suis pas une proie facile, un otage désorienté et craintif. Ce sont des combattants, ils doivent respecter la force et la détermination. Il est hors de question que je sois agressé ou humilié, je refuse d'être à leur merci et, si les choses tournent mal, il faut que je sois prêt à faire face, quelle qu'en soit l'issue.

Il ne fait aucun doute que ma survie dépendra autant de mon mental que de mon physique. Je dois garder mon esprit actif, ne pas me laisser engloutir par le désespoir. Mon métier de journaliste devient alors une aubaine. Je suis au cœur d'une organisation dont peu de gens connaissent le fonctionnement réel. Observer leurs interactions, comprendre leur hiérarchie, leurs motivations, leur quotidien : continuer mon travail, dans ce nouveau terrain d'investigation. Cette quête d'informations me donne des défis quotidiens, me maintient en éveil. Cette approche m'amènera à prendre de la distance avec ma condition d'otage. Je ne serai plus seulement celui qui subit, je deviens celui qui observe et analyse.

Je me lance un défi majeur : comprendre ce qui s'est réellement passé lors de l'assassinat des deux reporters de RFI, Ghislaine Dupont et Claude Verlon. En novembre 2013, comme moi, ils ont été enlevés dans le nord du Mali. Leur histoire s'est terminée brutalement quelques heures plus tard, ils ont été abattus par leurs ravisseurs. Élucider leur mort devient ma quête principale, comme si percer ce mystère pouvait m'aider à échapper à leur destin.

Le lendemain, je tâte le terrain avec Farok. Après quelques détours, il consent à me livrer sa version des faits :

– Ils ont été enlevés par un commando de moudjahidines. Ils ont été d'abord poursuivis par la CMA (Coordination des mouvements de l'Azawad), puis par Serval[4]. Ils ont été acculés. Serval a fait signe aux journalistes de s'enfuir, et quand ils ont couru, les jihadistes ont ouvert le feu, raconte-t-il.

Voyant mon air étonné, il me lance un sourire goguenard :

4. Opération Serval : opération militaire française au Mali visant à stopper la progression des jihadistes qui gagnent du terrain au Mali en soutenant les troupes locales.

– Ce n'est un mystère que pour vous en France. Ici, tous les moudjahidines savent ce qui s'est passé.

Les jours passent dans notre camp de brousse. La routine s'est installée entre les prières, les repas et les discussions des jihadistes. Un matin, un vrombissement mécanique traverse le ciel. Je lève les yeux, mais je ne distingue rien dans le ciel clair et nuageux. Le son revient quelques heures plus tard, plus proche cette fois. Puis encore. Au troisième passage, il n'y a plus de doute : des drones nous survolent. Mes geôliers aussi l'ont compris – leurs regards furtifs vers le ciel trahissent leur inquiétude. Après quelques échanges au talkie-walkie, Marouane prend la décision de lever le camp. Peu après, une escorte de huit hommes lourdement armés, dont Lacaocaze, débarque à moto. Il me fait signe de monter derrière lui. Un convoi singulier, fort d'une douzaine de motos, sort en trombe du bois et s'enfonce dans l'immensité.

Nous roulons un peu moins d'une heure. Les motos s'arrêtent dans un espace boisé et sablonneux brûlé par le soleil. Au sol, d'immenses trous laissent deviner que des gens ont creusé ici, cherchant de l'eau sans succès. Je remarque le matériel hétéroclite sur les motos des moudjahidines : couvertures, outils, nourriture, armes, chambres à air. Tout l'équipement nécessaire pour vivre de façon autonome en brousse.

À peine sommes-nous installés que Lacaocaze passe à l'offensive.

– Sais-tu quel jour on est ? L'heure ? Tu n'as plus de repères maintenant, n'est-ce pas ? me lance-t-il avec une satisfaction visible.

Je donne le jour exact et l'heure approximative. Il semble décontenancé; depuis mon enlèvement, je me répète chaque matin la date pour ne pas perdre le fil. Quant à l'heure, j'apprends à la lire jour après jour en observant le soleil.

– Tu as de l'argent, tu as combien sur ton compte en banque ? poursuit-il avec intérêt.

– Je ne suis pas riche. Vous avez kidnappé un petit journaliste, je ne suis pas Serge Daniel, dis-je avec un haussement d'épaules.

– Serge Daniel, hein ? Tu sais où il habite, où on peut le trouver ?

Je reste interdit par sa question. Mi-malicieux, mi-sérieux, il ajoute :

– Tu sais, il faut bien le dire, nous, les jihadistes, nous détestons tout le monde, sauf les musulmans. Tu es marié ?

Je secoue la tête sans répondre. À quoi bon ? Il enchaîne alors sur une tirade sur le péché, affirme que mes enfants, si j'en ai, sont des bâtards. Son regard s'enfonce dans le mien, cherchant l'étincelle de colère qu'il pourrait exploiter. Je reste de marbre, lui refusant ce plaisir.

Lors du repas du soir, tous les jihadistes se regroupent autour d'un plat de viande et de macaronis à la tomate. Quand je m'avance pour me servir, Lacaocaze m'interrompt avec mépris :

– Nous partageons ce plat avec toi parce que nous y sommes obligés, mais pour nous, c'est comme le partager avec un chien.

Je ne dis rien, tout en plongeant ma « patte » dans le plat.

Une conversation s'embrase autour de moi concernant les Français et la force Barkhane. Lacaocaze, peu avare de confidences, pousse encore plus loin les limites de l'absurde, déclarant sérieusement que « les militaires français font reproduire leurs chiens avec des Maliennes ». Je ne peux m'empêcher de pouffer de rire, une réponse qui le pique à vif, visiblement, ce qui ne fait qu'ajouter à ma silencieuse satisfaction.

À la tombée de la nuit, l'atmosphère devient électrique. Les hommes sont sur le qui-vive, inquiets d'une éventuelle intervention militaire nocturne. Lacaocaze me surveille de près, son fusil pendu à l'épaule, alors que je m'éloigne pour faire mes besoins.

– Préviens-moi si tu bouges pendant la nuit, me dit-il froidement, insistant sur le fait qu'ils tireront s'ils entendent ou voient quoi que ce soit dans l'obscurité.

Pourtant, après une heure de vigilance forcée, la plupart s'endorment. Lorsque l'envie pressante me prend, je vais voir Lacaocaze qui ronfle. Je le réveille. Il émerge, hébété de me voir aussi près, et m'autorise d'une voix ensommeillée le droit d'aller me soulager.

*

* *

– Je bois de l'alcool… et je ne considère pas ça comme un péché.

Mon intervention provocatrice, dans une discussion qu'ils ont lancée, n'est pas bien reçue par Lacaocaze et sa bande. L'un d'eux bondit aussitôt, poings serrés, prêt à me frapper. Je ne bouge pas. Il se ravise, mais la tension reste palpable. J'ai été idiot, je dois apprendre à tenir ma langue – mes convictions doivent rester fermement à l'intérieur. Je partage leur quotidien. Lacaocaze s'absorbe l'après-midi dans des films à la gloire du jihad, pleins de sons de sabres qu'on dégaine, de chevaux qui hennissent, de coups de feu et de discours exaltés. Quelques autres, toujours vigilants, masquent les parties chromées de leur moto avec du plastique et du papier à bulle, rendant le métal presque invisible, aussi bien du sol que du ciel.

Nous restons dans cet endroit deux jours, puis je suis transporté vers un autre *wadi* boisé, où nous attend un énorme jerrican de 900 litres, signe que nous allons rester ici quelque temps.

Je suis placé sous l'arbre le plus touffu qu'ils ont pu trouver, si dense qu'il en devient difficile de me voir lorsque je suis en dessous. Lacaocaze et sa bande disparaissent en début d'après-midi.

Le soir venu, Marouane et Farok viennent discuter avec moi. Farok m'apostrophe en s'asseyant avec une question inattendue :

– Tu sais si la saison 5 de *La Casa de Papel* est sortie ?

Il a aussi vu et adoré toutes les saisons de *Game of Thrones*. Les distractions des infidèles ne semblent pas tant les déranger que ça, mais je garde cette réflexion pour moi.

Au fil de notre échange, j'en apprends plus. La plupart de ces jeunes jihadistes ne connaissent que le nord du pays, voire la région de Kidal. Ils n'ont jamais mis les pieds ailleurs, pas même à Bamako. Certains d'entre eux ont fait le coup de feu au centre du Mali, mais leur vision du monde reste étriquée, circonscrite à leur réalité. Ils n'ont pas pris le maquis, ils sont chez eux, me disent-ils, et ils veulent imposer à tous leur vision de l'islam et de la charia.

Quand j'aborde les attentats-suicides, ils m'expliquent avec fierté que donner sa vie pour la cause est un acte d'un immense héroïsme, d'une grande signification religieuse. Je repense à leur phrase si souvent répétée : « Si je ne suis pas mort, je… » – cela en dit long sur leurs croyances. Quand j'évoque les forces françaises comme obstacle à leurs plans, ils balaient l'argument. Ils se perçoivent au-dessus de tout ça, guerriers et défenseurs de la foi en mission divine.

Le lendemain, sur un bout de papier, je griffonne les thèmes que j'aimerais éclaircir :

Le rapport du jihadiste à la mort : paradis, sacrifice, enfer, chahid, embrigadement

Leur but, leur organisation, leur stratégie, leurs ambitions
Le dialogue avec l'État malien
J'aimerais également :
Faire un portrait de trois jihadistes : Marouane, Hassan et Abou Youssouf
Faire une interview d'un chef jihadiste important, que ce soit Ag Hitta ou Ag Ghaly

Dans l'après-midi, je décide d'explorer plus loin les alentours du camp. Mes déplacements ne les dérangent pas, pour l'instant, ils ne me disent rien. Je m'enfonce dans le sous-bois où je suis caché jusqu'à la lisière. Après avoir marché un moment, je découvre une courte aire désertique, puis un autre sous-bois qui se profile à l'horizon. Je me fais la promesse d'y jeter un œil dans les jours à venir.

En revenant vers le camp, Farok passe en trombe à moto, sans me voir. Il freine brusquement à l'orée du bois, se dresse sur sa moto et scrute l'horizon avec insistance. Lorsqu'il m'aperçoit, sa voix s'élève, pleine d'agacement :

– Pourquoi es-tu parti si loin ?

Son ton trahit son inquiétude. Sans doute a-t-il pensé que j'avais tenté de m'échapper. Je ne crois pas qu'il se doute que mes petites promenades sont en réalité des reconnaissances, un moyen de tester leur réaction à mes absences. Je reste pensif en regardant la direction qu'il scrutait – pourquoi celle-là plus qu'une autre ?

Farok s'en va en début d'après-midi, c'était le dernier avec qui je pouvais parler français. Peu après, quatre nouveaux jihadistes arrivent : El Mouhesni, Redouane, Abdoulaye et Abdoulatif. Ils rejoignent Marouane, son petit frère, Hassan et Mossahab pour me garder.

Tous semblent se connaître. Ils passent leur temps à rire, à manger, à boire du thé, et à écouter des chants en l'honneur du jihad et des moudjahidines, que j'ai du mal à supporter.

Sur leurs téléphones, des vidéos d'actions terroristes, de discours de marabouts et de chefs jihadistes tournent en boucle. Les images défilent, montrant les exploits de ceux que tout le monde perçoit comme des monstres.

Pour m'occuper, je m'attelle à construire une petite cabane sous les arbres, une sorte de résidence secondaire où je passe mes après-midi, loin de la musique et des discussions sur la nébuleuse jihadiste. Ces jeunes connaissent le « *who's who* » des personnalités d'Al-Qaïda comme des fans de foot passionnés connaissent chaque équipe et les historiques des joueurs.

Un soir, ils m'appellent pour visionner des vidéos de tueries et d'attentats perpétrés par leurs compagnons. Des séquences d'attaques, d'assassinats ou d'exécutions sommaires se succèdent. Tous sont excités et fiers des exploits de leur organisation. Je me sens mal à l'aise face à tout ça. Au milieu de leur euphorie, El Mouhesni, un grand mince avec une coiffure à la Doc Gynéco des années quatre-vingt-dix, exulte devant une vidéo des attentats du 11 septembre qui défile sur un téléphone. En voyant les avions percuter les tours, des cris victorieux fusent de toutes parts.

Il se tourne vers moi, une lueur narquoise dans les yeux, et lance dans un français approximatif : « Merci beaucoup, merci beaucoup. » Les autres éclatent de rire. Je suis dépité, autant pour ces milliers de vies fauchées dont ils sont si fiers, que par l'immense fracture qui nous sépare.

Le lendemain, Marouane me fait lire des textes sur l'existence de Dieu, accrédités par des professeurs occidentaux, principalement américains, cherchant à me convaincre de la véracité de leur foi et de la légitimité de leurs actions.

Je passe de plus en plus de temps dans ma cabane, replongeant dans ma vie d'avant, mon monde.

Un après-midi calme, alors que je suis dans ma cabane, un bruit assourdissant rompt le silence – une gigantesque explosion résonne avec un «*BOUM*» caractéristique qui fait trembler le sol. Mon cœur s'emballe, est-ce une intervention ? L'inquiétude me saisit et je reste paralysé par le bruit qui résonne encore dans ma cage thoracique. J'entends les cris désorientés des jeunes Touaregs au loin et décide prudemment d'aller voir.

Je sors de ma cabane pour découvrir que l'explosion vient de l'extérieur du bois. Je suis alors confronté à une scène chaotique : à quelques centaines de mètres, sur une large zone d'au moins vingt mètres de diamètre, la terre est soufflée et retournée. Des débris et des mottes de terre sont projetés dans toutes les directions. L'air est saturé d'une odeur âcre de poudre, des vagues de chaleur m'atteignent, et une épaisse fumée grise s'élève de l'épicentre du désastre.

Dans ce chaos, les jeunes jihadistes, hilares, tentent d'éteindre les quelques foyers qui brûlent encore, en faisant des dérapages à moto qui soulèvent des nuages de sable. D'autres se précipitent vers le camp, remplissant des bidons d'eau pour éteindre les dernières flammes. Je n'en reviens pas, abasourdi par leur réaction.

J'apprends que l'un des jihadistes, par ennui ou par provocation, a tiré avec une arme lourde en visant le désert. Peut-être était-ce un RPG ? J'en ai vu un avec leur équipement. Je ne suis pas expert en armement, mais l'ampleur des dégâts me laisse perplexe. L'absurdité de leurs actes me sidère : de vrais gamins imprudents.

En revanche cette explosion pourrait être ma chance. Peut-être que des gens ont entendu la détonation, ou qu'un drone verra le désastre depuis le ciel. Je commence à ressentir un pic d'espoir au milieu de ce tableau aux allures d'apocalypse.

*

* *

Je me lève tôt pour m'entraîner, les images de l'explosion trottent dans ma tête ; alors qu'ils dorment encore, leurs armes laissées sans surveillance gisent sur le sol. Plus d'une fois, j'imagine des scénarios où je m'empare de l'une d'elles et fais feu, les abattant un à un. La possibilité offerte par ces armes à portée de main décuple mon imagination. Mais au fond, je sais que la réalité n'est pas celle d'un film. Je ne connais pas le maniement des armes et surtout : quel serait mon plan après un acte pareil ? M'échapper dans ce vaste désert où la mort par déshydratation ou de la main des jihadistes m'attendrait juste au tournant ?

Cette idée me frustre. Le temps passe, et je commence à réfléchir à des stratégies, pour trouver une échappatoire à cette réalité.

Au fil des jours, la nourriture commence à se raréfier, puis c'est au tour de l'eau. Pour économiser, j'évite ma toilette quotidienne après mon entraînement matinal. La régularité de mes exercices me redonne un semblant de force. Un matin, Mossa arrive au camp. Sa présence me met mal à l'aise. Il n'est pas là pour simplement discuter, mais transmettre des directives.

Il entame des discussions avec les jeunes jihadistes, et soudain, l'ordre est donné de lever le camp et de partir. Je dois monter dans le pick-up avec lui, tandis que deux jeunes jihadistes s'asseyent à l'arrière, dans la benne. Une fois à l'intérieur du véhicule, je garde le silence. Mossa ne m'adresse la parole que pour me donner sèchement des ordres concis : « Mets-toi là, fais ça, tiens-toi ici. » Au bout d'un moment, il m'avertit :

– Si durant la route nous croisons des gens qui ne sont pas avec nous, même s'ils te parlent, tu ne dis rien, tu ne réponds pas, tu te tais !

Au milieu de la journée, deux pick-up rejoignent notre groupe. Une escorte de huit hommes lourdement armés en descend, tous portant des chèches de différentes couleurs et des treillis militaires disparates. Certains arborent des gilets tactiques chargés de munitions, d'autres portent leur kalachnikov en bandoulière. Parmi eux, un homme se démarque par sa prestance, un homme obèse au teint basané, vêtu de noir avec un chèche pourpre.

Le premier pick-up affiche « Mauritanie » inscrit sur un panneau sur le pare-brise. Je relève machinalement cette information, intrigué par ce véhicule qui arbore une plaque d'immatriculation que je mémorise, à l'inverse de tous les autres pick-up de jihadistes que j'ai pu voir. L'homme grimpe à côté de moi. Sa corpulence me laisse peu de place, je me retrouve coincé entre lui et le boîtier de vitesse, dans une position très inconfortable.

Je tente de négocier avec Mossa une place à l'arrière, à l'extérieur, mais il refuse catégoriquement.

Soudain, au détour d'un chemin, un petit îlot de maisons en dur apparaît. Quelques tentes de fortune, ainsi que des véhicules, forment une empreinte urbaine au sein de cette immensité de vide. En milieu d'après-midi, le convoi fait une halte. Mon voisin encombrant monte au sommet d'un monticule de pierres pour tenter de mieux capter avec son talkie-walkie.

Je reste seul avec Mossa. Le silence s'installe dans le véhicule, lourd, presque palpable, jusqu'à ce qu'il le brise :

– Tu sais, il y a un problème avec toi, tu as un souci.

Étonné par cette sortie, je lui demande :

– Lequel ?

– Ton souci, c'est que tu n'es pas musulman, ta vie n'est pas bonne.

Je prends une grande inspiration, agacé par son prosélytisme.

– Non, j'aime ma vie, ma famille, mes amis, mon travail. Je n'ai pas de souci. Et toi, les forces françaises qui te traquent, les gens qui veulent te tuer, c'est pas un souci ?

– Je n'ai pas de souci ! rétorque-t-il, sa voix montant d'un cran, mêlant agressivité et conviction. Je n'ai pas besoin de lutter chaque mois pour trouver de l'argent pour vivre, contrairement à toi !

Je reste silencieux, mais je ne peux m'empêcher de penser avec ironie qu'il est peut-être devenu jihadiste par peur de travailler ou parce qu'il est trop fainéant pour le faire.

Après quelques secondes de silence, je demande à sortir pour prendre l'air et m'éloigner de lui. J'aperçois alors au loin des bergers à moto, rabattant des chameaux.

Nous repartons et roulons de longues heures. En fin de journée, je suis stupéfait de voir le convoi pénétrer dans une vaste étendue désolée, où tout le sol et les reliefs sont noirs, calcinés. Aucune végétation ne semble avoir repoussé. Un seul arbre se dresse, son tronc torturé et ses branches noircies se découpant sur l'horizon comme une gravure gothique, ultime témoin de ce qui était autrefois la vie.

Mossahab m'explique que cet endroit a été le théâtre de combats entre les forces françaises et les groupes armés. Les bombardements intensifs ont tout ravagé. Le sol craque comme de la terre cuite sous mes pas, calciné par l'intensité des frappes.

Je marche dans cette aire désolée, victime de la folie des hommes. Ce paysage m'évoque le Mordor de Tolkien, une terre de ténèbres désertée par toute forme de vie.

Le lendemain, le convoi reprend la route, et la même interrogation me hante : « Où va-t-on ? » Au crépuscule, nous nous arrêtons enfin et je perçois le bruit de nombreux camions. Les hommes du convoi prennent des précautions pour ne pas se faire remarquer ; tout le monde parle à voix basse, les portes du véhicule se referment doucement.

Durant la nuit, une idée me traverse : fuir. Alors que je distingue les silhouettes des camions s'éclipsant dans l'obscurité, je suis à deux doigts de me lever silencieusement et de me diriger dans leur direction. Mais je me retiens de passer à l'action, le nombre de jihadistes présents rend toute tentative très risquée.

Les jeunes jihadistes sont rassemblés autour de Mossa, qui s'agenouille, ses lunettes de soleil dans les mains. Il semble vouloir les bricoler ou les recoller avec du scotch, car elles sont cassées. Je ne comprends pas pourquoi Mossa réquisitionne ses troupes pour le regarder réparer ses lunettes, mais à ma grande surprise, elles ne sont pas pour lui. Ces lunettes sont pour moi.

Les verres sont obstrués avec du scotch noir, me privant de toute visibilité sur la route. Je suis sous le choc. El Mouhesni, Hassan et Mossahab viennent me saluer pour me dire au revoir, leur route avec moi s'arrête ici. El Mouhesni lève le pouce vers le haut dans ma direction comme pour me signifier qu'il a apprécié ma présence. Les trois jeunes enfourchent leurs motos et disparaissent.

L'escorte continue la route avec nous. Je suis désormais aveugle pendant tout le trajet et contraint de m'accoutumer à cette nouvelle réalité, compressé entre les deux jihadistes. À la tombée de la nuit, le convoi arrive dans une vaste zone sablonneuse parsemée d'arbustes.

Le véhicule de Mossa s'enlise. Celui-ci multiplie les tentatives pour sortir le pick-up de là, sans succès. Frustré, il finit par laisser aux jeunes jihadistes le soin de désensabler le véhicule.

Le soir, après le dîner, une étrange tranquillité flotte sur le camp. Assis en tailleur, Mossa interroge Marouane, son frère, Abdoulaye et Abdoulatif qui forment un demi-cercle autour de lui. Je les observe discrètement : leurs visages sont tendus par la concentration, ils répondent avec empressement à ce qui ressemble à une évaluation, peut-être sur leurs connaissances religieuses et leur compréhension du jihad.

Plus tard, alors que tout le monde s'est retiré pour dormir, épuisé par la route, des bourrasques commencent à se faire entendre.

Elles balaient la nuit, emportant bientôt les conversations, et une tension intense sature l'air. Je m'emmitoufle dans ma couverture, mais la chaleur nocturne me fait suer à grosses gouttes.

Les rafales redoublent de violence et parcourent la nuit en un cri déchirant. Rapidement, je suis submergé par des gifles ensablées. J'enroule en urgence mon chèche en plusieurs couches sur mon visage, cherchant désespérément à me protéger de ces assauts. Le sable abrasif colle à ma peau détrempée, la griffe et la brûle.

Autour de moi, la furie se déchaîne. J'entends des objets voler, des cris lointains se perdre dans le tumulte. C'est une tempête de sable, et elle est terrible. L'air est chargé de particules, rendant chaque respiration plus difficile, chaque inspiration, un combat. Le bruit sifflant éclipse tout, la puissance du vent me malmène comme si je n'étais rien.

Recroquevillé sur moi-même, isolé dans cet enfer de sable, je lutte pour garder mon calme tandis que la tempête balaie le camp et menace de tout emporter.

Le temps paraît figé et je me demande comment s'en sortent les autres.

Au cœur de cette tempête, je prends pleinement conscience de l'épreuve que je traverse, une sorte d'initiation à la brutalité de ce monde saharien. Alors que le camp semble se désarticuler autour de moi, je me cramponne, déterminé à ne pas être soufflé ou aspiré par la fureur du désert.

4

Al-Hassan

La tempête de sable, épuisée par sa danse folle, s'est retirée, laissant les hommes hagards émerger lentement, tels des naufragés sur le rivage du désert. Un calme saisissant enveloppe le camp, un silence déconcertant après le fracas et la violence des rafales qui nous ont malmenés toute la nuit. En sortant de sous ma couverture, j'aperçois Marouane qui marche vers moi d'un pas lourd, se drapant la tête avec son turban. Il lève le pouce vers le haut en me lançant un regard interrogateur. J'acquiesce. De la main, il me fait signe de me lever et de le suivre. Je m'étire et lui emboîte le pas. Le sable s'est insinué partout, dans ma gorge, sous mes dents, il irrite ma peau et démange mes yeux. Le chèche enroulé en plusieurs couches autour de mon visage n'y a rien fait. Les poussières du désert m'ont atteint. Je ressens néanmoins une certaine fierté. C'est ma première tempête de sable dans le grand erg et j'ai bien résisté. Le turban blanc de Marouane me guide au cœur de ce camp éparpillé sous le ciel. Les murmures des Touaregs, aux visages fatigués, s'élèvent lentement dans l'air matinal. Leurs silhouettes, éreintées et en quête de repères, se faufilent entre les pick-up, garés autour des feux éteints de la veille. Un brouhaha naissant de cliquetis et de bruits de chaînes danse dans le vent, rompant la tranquillité fragile qui régnait. Nous arrivons devant une tente improvisée, où Mossa discute avec deux hommes que je n'ai jamais vus. Dans cette aube naissante se profile un changement inattendu dans ma captivité. La bande qui m'a retenu ces dernières semaines me livre à une paire de jihadistes fraîchement arrivés pour me récupérer :

– Tu vas partir avec ces gens, m'annonce Mossa d'un ton sec, désignant les deux nouveaux arrivants, occupés à siroter leur thé, indifférents à ma présence.

Mon visage trahit sans doute ma surprise et mon appréhension, car Mossa s'exclame avec une pointe d'agacement :

– Si tu as quelque chose à dire, c'est maintenant !

Je me tais, paralysé par la peur de l'inconnu que représente ce changement soudain. Je hoche la tête, contenant avec peine le flot de réflexions qui me submerge.

La transaction s'effectue sous l'œil attentif de mon ancien groupe et des hommes qui nous ont escortés jusqu'ici.

Les jihadistes échangent des salutations, tandis que le chauffeur m'intime d'un geste sec de monter dans le véhicule. On place sur mon nez les lunettes de soleil dont les verres ont été obstrués de scotch noir, me plongeant dans une obscurité quasi totale. Je me sens soudain plus vulnérable que les deux jours précédents, privé de ma vue, réduit à l'état de paquet qu'on déplace au gré des volontés de mes ravisseurs. Je tâtonne maladroitement pour m'installer sur le siège passager du pick-up, les sens en alerte, cherchant à compenser la perte de ma vision.

Je me contorsionne pour trouver une position confortable dans l'habitacle encombré d'équipement. Le boîtier de vitesse contre ma jambe gauche limite mes mouvements. Je tente de m'adapter à cet espace confiné.

– C'est bon, bouge plus ! lance sèchement le chauffeur dans un français impeccable, qui me fait sursauter.

Surpris par cette maîtrise inattendue de ma langue, je ne peux m'empêcher de demander :

– Vous parlez français ?

Le silence me répond, amplifiant mon malaise. J'entends la clé qui tourne et réveille le moteur V6 qui rugit.

La porte avant claque à ma droite. Le deuxième jihadiste prend place à mes côtés. L'espace déjà restreint se réduit et des effluves âcres de parfum bon marché, mêlés à une odeur de transpiration, me saisissent les narines. Mon nouveau voisin pose son fusil AK-47 entre nous, le canon s'enfonce dans mon genou droit. Je ne peux m'empêcher d'imaginer sa gâchette sensible et la possibilité qu'un cahot sur la route déclenche accidentellement un tir qui réduirait mon genou en miettes. Des instantanés de mes propres convulsions rythmées par mes hurlements de douleur infeste mon esprit.

Nous nous mettons en route, laissant derrière nous l'escorte et l'ancien groupe qui me détenait. Ces hommes que j'avais, au fil des semaines, appris à connaître, ou du moins à cerner, disparaissent dans la poussière soulevée par notre véhicule. Une nouvelle phase de ma captivité commence, chargée d'incertitudes. Où me conduisent-ils ? Que me veulent-ils ? Que va-t-il se passer maintenant ? Ces questions tournent en boucle dans mon esprit, alimentant mon angoisse alors que je m'enfonce dans l'inconnu.

*
* *

Le moindre son, un toussotement, une brève conversation entre eux, un changement d'allure, tout est capté et interprété par mon esprit. Ma vision, presque totalement obstruée, cherche à saisir ne serait-ce qu'un fragment de la réalité environnante.

Nous voyageons depuis un bon quart d'heure lorsque les deux jihadistes se mettent à converser avec animation. Le véhicule décélère. J'essaie, par une mince fente à gauche sur mes lunettes, d'observer les gestes du chauffeur. Je perçois que nous bifurquons vers l'ouest. La vitre côté conducteur s'abaisse. Un souffle d'air frais pénètre dans l'habitacle et caresse mon visage. La discussion entre eux se poursuit tandis que nous continuons notre route en décrivant un arc. Pour quelle raison ralentissons-nous, faisons-nous marche arrière ?

Le conducteur vient d'empoigner son arme. Cliquetis sec et froid. Une kalachnikov qui s'arme. Les échanges entre mes deux geôliers s'intensifient. J'entrevois le chauffeur qui d'une main dirige le véhicule et de l'autre épaule la kalachnikov. Il s'apprête à tirer ! Mais sur qui ? Ou sur quoi ? La première détonation déchire l'air et me fait tressaillir.

Crispé, tendu à l'extrême, je suis tétanisé. Il y a un mouvement, comme un glissement sur ma droite. Un second coup de feu claque. Mon esprit est intoxiqué par le doute et par la peur. Mes minces fentes de vision sont soudainement obstruées. Je sens un tissu, une couverture essuyer mon visage. Parfum âcre et odeur de transpiration plus prononcée : le second jihadiste s'est penché sur moi.

Les paupières closes, je m'attends à quelque chose d'effroyable. Troisième déflagration, légèrement étouffée. J'entrouvre mon œil gauche qui se fixe instantanément dans l'interstice. Tout me semble au ralenti. Le véhicule file comme en apesanteur, tandis que j'aperçois le chauffeur faire feu une quatrième fois. À la détonation tout s'obscurcit. Son compagnon interpose une couverture pliée entre le chauffeur et moi lorsqu'il tire ; pour atténuer le bruit ou peut-être à cause de la poudre. Sans doute a-t-il perçu mon émoi lors des détonations. Pourquoi cette prévenance ? Peut-être ne vont-ils pas me tuer.

Le chauffeur et le jihadiste conversent en tamacheq. Le chauffeur ricane, manœuvre le véhicule, et d'un coup de volant sur la droite lui fait reprendre sa trajectoire initiale.

Il range son arme entre ma jambe et le levier de vitesse. Je suis toujours pétrifié. Ont-ils tiré sur un individu isolé ? Une femme, un enfant, un militaire malien ou français ? Laissons-nous un cadavre anonyme, à la merci des chiens du désert ? Il faut se méfier ! S'ils ont pu abattre quelqu'un comme ça, qu'en sera-t-il de moi ? À quel moment recevront-ils l'ordre de me supprimer ?

Durant ces deux longues heures, mon esprit s'emballe à la recherche de réponses à ces questions, mais ne parvient qu'à concevoir des suppositions vaines, tandis qu'une douleur persistante partie de mes mollets s'insinue progressivement jusqu'à mon coccyx. Le manque de confort, dans cette promiscuité pesante, amplifie ma souffrance. Je lutte pour ne rien laisser transparaître, malgré mon visage masqué par le chèche. La panique doit rester intérieure, comme un secret que je préserve de leurs regards acérés. Ne leur donner aucun moyen de sentir ma peur ou mon inconfort, pour qu'ils ne puissent pas en jouer.

Soudain, le véhicule ralentit. Nous avons dû quitter la piste, car je sens que nous roulons sur un sol irrégulier. La chaleur sur mon visage ou mes épaules disparaît par intermittence, des arbres certainement. La voiture finit par s'immobiliser. L'homme à ma droite m'extirpe de l'habitacle et l'on me retire les lunettes. Je fais face à un paysage lugubre. Partout autour de moi, des arbres chétifs, silhouettes malingres qui se découpent sous un ciel plombé. Un chaos de brindilles, de branchages et de détritus naturels forme une couronne funéraire autour des troncs dénudés. Mais qui donc s'est amusé à faire ce travail aussi minutieux qu'inutile dans cette zone ? Le sol, comme décharné, me semble avoir la couleur de la cendre. Nous sommes entourés de dunes, et j'entends, autour de nous, des moteurs de poids lourds, comme des bruits de travaux non loin.

Le chauffeur prend une bâche à l'arrière du pick-up et la tend à partir du toit sur le flanc du véhicule, créant ainsi une ombre bienvenue. Un petit espace abrité m'est destiné. Il m'intime de m'y installer. Je n'ai rien pour dormir, tout est resté avec l'autre groupe. On me fournit une natte, une couverture et une vieille boîte à stylo en plastique, sale et poussiéreuse, qui me fera office de gobelet pour boire et d'assiette pour manger. Les deux hommes, pas très diserts, préparent leurs couches, s'allongent, leur fusil kalachnikov sagement rangé non loin d'eux, et commencent à se reposer. Il est 10 heures du matin et je n'ai aucune envie de dormir. À une dizaine de mètres d'eux, j'ai tout loisir de les observer : notre chauffeur fait dans les 1,80 mètre, physique lourd, léger embonpoint. Vêtu d'un boubou gris et d'un chèche vert, il a des rides aux commissures de ses yeux en amande, un épais collier de barbe brune et une moustache naissante. Il dégage une force tranquille, une expérience palpable, un je-ne-sais-quoi qui le distingue de son compagnon. Lorsque nos regards se croisent, je perçois quelque chose dans ses yeux, une profondeur, celle d'un homme résolument enraciné dans son monde. À côté, son acolyte, plus grand, arbore une tenue en bazin bordeaux ; il est bâti tout en lignes rigides, a des cheveux noirs et une longue barbe. Je le devine plus jeune que son compagnon. J'essaie de lire, de comprendre qui ils sont et ce dont ils sont capables. Je repense de facto à l'épisode déstabilisant des tirs sur une cible inconnue… Une profonde anxiété s'empare de moi, alors que l'écho des coups de feu résonne dans mon esprit.

Après une longue attente, les deux moudjahidines émergent lentement de la torpeur. Je suis au paroxysme de l'ennui et trop penser m'épuise. L'homme au boubou bordeaux se lève, rassemble des pierres et prépare le thé. Au loin le bruit des camions continue, une présence rassurante. J'en ai même vu un, avec une benne orange, dévaler une grande dune. Quand ils dormaient, une tentation a grandi en moi : il me suffisait de me lever, de filer silencieusement tout droit sans me retourner, de disparaître au milieu des dunes à pas de loup et de m'approcher d'un de ces camions. Le chauffeur, d'abord surpris de me voir, aurait peut-être éprouvé un peu de compassion pour mon sort. Il m'aurait alors mené, toute affaire cessante, à une centaine de kilomètres, au camp des forces internationales le plus proche, où cette étrange séquence, commencée le 8 avril dernier, trois semaines auparavant, se terminerait enfin. Mais mon fantasme d'évasion s'est bien vite dissipé au contact de la réalité. Mes geôliers sirotent, autour d'un petit feu, des verres d'un thé sombre. Soudain, le bruit d'un moteur qui approche se fait entendre. Je jette un regard dans leur direction. Comment vont-ils réagir ? Un pick-up sable surgit, identique au leur ; la benne arrière bâchée semble chargée. Deux personnes se trouvent à l'intérieur, deux autres à l'arrière du véhicule. Ils tournent à quelques centaines de mètres de nous avant de s'immobiliser hors de notre vue, cachés derrière un taillis d'arbustes décharnés. Le silence relatif qui nous entoure est interrompu par les discussions de ce nouveau groupe qui semble dresser un camp. La présence de ces intrus n'inquiète guère mes deux gardiens, qui finissent tranquillement leur thé, assis sur une natte.

Le groupe fraîchement arrivé nous interpelle de derrière les taillis. Le chauffeur de mon pick-up répond, puis se lève, chausse ses lunettes de soleil et, mains dans les poches, se dirige vers le bosquet où les mystérieux nouveaux arrivants ont élu domicile. Je le regarde disparaître derrière les buissons, avant de rester seul avec son compagnon qui me surveille du coin de l'œil. Je tente de m'occuper, l'air de rien, en nettoyant la boîte à stylo.

Une quarantaine de minutes passent, pesantes. Enfin, il revient, les mains toujours enfoncées dans ses poches, visiblement avec des informations qu'il partage avec son frère d'armes. Pendant ce temps, au loin, les camions poursuivent leur étrange ballet, massives silhouettes ondulant sur les dunes. Le signal est donné : nous levons le camp. La douleur aux jambes qui m'attend me hante, mais elle me semble préférable à l'ennui mortel de l'attente.

Nous avons roulé une bonne partie de l'après-midi. La chaleur, la monotonie de la route et le relatif silence qui règne dans le véhicule, parfois entrecoupé par des conversations brèves, me rendent somnolent. Un peu avant la tombée de la nuit, nous avisons un petit bois où nous faisons halte. Les deux jihadistes échangent quelques mots avant que le chauffeur ne s'enfonce dans l'obscurité. La fatigue s'installe, la faim me ronge, et j'ai peu d'espoir d'avoir à manger ce soir. Mais au bout d'une quinzaine de minutes, le chauffeur revient et balaie mes angoisses en me tendant une assiette de métal. De la viande en sauce et du pain, une offrande en ces lieux. Ce plat me paraît d'un luxe inespéré. Je dévore, surpris par sa qualité. Je sombre ensuite dans un sommeil lourd, confiant à l'obscurité le soin de veiller sur moi pour une nouvelle nuit dans ce monde sans repères.

*

* *

Je me réveille dans une aube blafarde, la fraîcheur de l'air sur ma peau. Mes deux mystérieux gardiens sont déjà debout et rangent les affaires dans le pick-up. Nous quittons ce camp éphémère au milieu des broussailles, cette illusion de sécurité qui précède l'inconnu.

Je ne peux m'empêcher d'observer notre chauffeur, dont la présence calme et magnétique m'intrigue. Après avoir rassemblé nos affaires, il s'éloigne de nous et dépose soigneusement, derrière un buisson, une pile de trois Tupperware. Oui, des Tupperware. Que font ces conteneurs en plastique ici, perdus au milieu de cette nature hostile ? Qui pourrait bien venir récupérer ces objets du quotidien, à des centaines de kilomètres de toute normalité ? Une aide-ménagère !? Mon esprit s'égare quelques minutes à la recherche d'un sens à cette mise en scène pour le moins insolite. Mais brusquement, la voix de mon geôlier me rappelle à la réalité. Il me fait signe de remettre les lunettes obstruées, nous allons reprendre la route. Je me faufile dans le pick-up qui aussitôt redémarre.

Les kilomètres défilent, marquant le tempo d'une monotonie écrasante. De temps à autre, des blatèrements de chameau résonnent dans le silence pesant, à peine troublé par le ronronnement régulier du moteur et le crissement des roues sur le sable et les cailloux éparpillés.

Nous roulons un temps indéterminé avant que le pick-up ne perde de la vitesse, instillant un changement sensible dans l'atmosphère. Des voix s'élèvent autour de moi, comme des murmures indistincts. L'air est saturé d'une forte odeur musquée et terreuse, des chameaux sans doute. Nous nous arrêtons. Le chauffeur descend. Un salut amical l'accueille à l'extérieur. Une conversation s'engage entre sa voix familière et celle d'un inconnu, tandis que son compagnon le remplace derrière le volant.

La portière passager s'ouvre dans un grincement. Quelqu'un s'installe à mes côtés. Une vague d'appréhension me traverse. D'un effort mesuré, j'incline la tête, essayant de distinguer son visage et sa tenue à travers l'étroite fente de mes lunettes obscurcies par le scotch noir.

Il semble jeune. Une veste militaire trop ample l'enveloppe, tandis qu'un turban enferme sa chevelure. Sa barbe est soigneusement taillée et un large sourire éclaire son visage. Il me salue, mais je demeure impassible.

Je ne dois pas répondre, je dois rester retranché dans ma forteresse de silence, et respecter les instructions qu'on m'a données : me taire face aux étrangers. Je m'efforce d'incarner un Touareg muet, renfermé, trop fatigué ou bourru pour répondre à un salut ou même se présenter.

Le poids de mon silence sature l'atmosphère d'un malaise perceptible qui s'étire quelques secondes avant d'être brisé par mon geôlier. Les deux hommes échangent quelques mots. Je perçois alors trois *pschitt* brefs. Une odeur sucrée, florale, presque chimique, envahit le véhicule : le nouveau s'est aspergé de déodorant, probablement celui qui trône sur le tableau de bord. Deux autres *pschitt* se font entendre. Mon geôlier n'a visiblement pas tardé à suivre son exemple.

Après quelques minutes, les deux hommes descendent. Le chauffeur revient. Son compagnon reprend sa place sur le siège passager. Nous repartons. Discrètement, j'oriente ma tête de façon à entrevoir une infime fraction de l'extérieur. J'aperçois une silhouette potelée, un homme, un Touareg entre deux âges en boubou sombre qui s'éloigne.

Cette vision fugace et partielle s'efface rapidement, laissant place à l'immensité aride et désertique qui nous enveloppe et se referme sur nous comme un voile lourd.

Cette deuxième nuit, nous la passons sur une aire aride et désolée. Étrangement, il n'y a que peu d'arbres, et les bruits qui percent l'obscurité m'indiquent que nous ne sommes pas seuls. Ce soir, mes geôliers prennent des précautions particulières : ils referment doucement les portières du pick-up, en prenant soin de ne pas faire de bruit, et m'ont ordonné de parler à voix basse. Aucun feu n'a été allumé. Nous évoluons silencieusement dans l'obscurité.

Autour de nous, des bruits de vie brisent le silence : des pleurs d'enfants, des voix d'hommes et de femmes, une mélodie étrange et lointaine qui semble venir du fond de la nuit. La fatigue m'envahit lentement et, peu à peu, je plonge dans un sommeil profond. Seul le murmure du vent se fait entendre. Mais quelque chose vient rompre cette tranquillité ; une vive sensation me tire de mon sommeil. Mes yeux s'ouvrent sur l'obscurité, et je remarque rapidement que mes gardiens sont éveillés, aux aguets, leurs regards rivés vers les ténèbres. Je tourne la tête dans la direction de leur regard. Mes yeux ont du mal à s'habituer à la nuit d'encre, je tâtonne sur le sol pour trouver mes lunettes. Je distingue à présent plusieurs silhouettes qui avancent vers nous. Cette vision suffit à balayer ma torpeur.

J'en dénombre quatre, des hommes, et ils ne sont désormais plus qu'à une trentaine de mètres. Mes deux geôliers se lèvent en silence. L'un des inconnus s'avance et s'adresse à eux d'une voix rauque, éraillée, qui impose l'autorité. Ils s'asseyent à même le sol, et déposent dans un bruit sourd et métallique leurs fusils sur le sable. Allongé, je fais semblant de dormir, mais mes yeux sont grands ouverts pour capter un maximum de ce qui se passe. Je tends la tête discrètement pour mieux voir, et une douleur sournoise s'infiltre jusqu'à mes épaules. J'ai mal au cou ! Une conversation s'engage entre eux sous la lumière des étoiles et de la Lune, parfois éclipsée par des nuages sombres. Un léger vent balaie le désert. Qui sont ces visiteurs nocturnes ? Viennent-ils me chercher ?

L'homme à la voix rauque est celui qui parle le plus. Même si je ne comprends pas ses mots, je sens qu'il interroge le chauffeur. Cet homme dégage quelque chose de redoutable. J'écoute leur échange, attentif à chaque son, espérant anticiper ce qui pourrait se passer si la situation dégénère. Mais que pourrais-je faire dans cet état de vulnérabilité, avec la peur au ventre ?

Le visiteur à la voix caverneuse maintient le fil de la conversation. Je ne peux m'empêcher de l'imaginer borgne, avec des dents manquantes, un véritable avatar de violence. Il pose ensuite une question dans ma langue que je comprends instantanément : « C'est lui le Français ? » Le chauffeur acquiesce. Un silence lourd comme la pierre me fige sur place. Une boule d'angoisse me serre la poitrine. Viennent-ils pour moi ? Mes geôliers sont-ils là pour me livrer à cette bande, à cet homme ? Une intuition sourde m'avertit de la menace qu'il représente ; je la sens, comme une vibration dans l'air. Je ne veux pas partir avec ces inconnus.

La conversation continue. L'attente devient un poids sur mes épaules. La Lune s'efface derrière un voile d'obscurité, assombrissant davantage cette réunion insolite. Les silhouettes semblent disparaître momentanément dans les ténèbres. Enfin, après une éternité, les quatre hommes se lèvent dans un mouvement synchronisé, comme s'ils avaient pris une décision collective. L'être à la voix rauque salue d'un rire sardonique, qui résonne avec une étrange satisfaction, avant de se tourner et de s'enfoncer dans la nuit silencieuse, talonné par ses trois ombres.

Un silence lourd de tension et de mystère s'installe, comme pour combler le vide laissé par leur absence. L'angoisse que je tentais de contenir refait surface, plus vive que jamais, comme si le départ de ces hommes avait aussi emporté les dernières bribes de courage qu'il me restait.

Je suis soulagé qu'ils soient partis, mais en même temps, je suis envahi par une intense impression de fragilité, une profonde vulnérabilité face à ce qui se passe. Le souvenir de ces visiteurs du soir s'invite dans mes rêves, générant une série de cauchemars brefs. J'ai chaud, je me tourne et me retourne. L'inconfort et l'insomnie me tiennent compagnie jusqu'à l'aube. Quand je me redresse, la tête engourdie, mes geôliers sont déjà debout, visiblement pressés, eux aussi, de fuir ce lieu avant que la lumière du jour ne menace de nous découvrir.

*
* *

Je me tasse entre mes deux gardes-chiourmes. Une longue séquence derrière mes lunettes opaques commence, dans la chaleur montante de la matinée.

Il doit être aux environs de midi quand le véhicule ralentit. Le changement de rythme me tire de ma torpeur. J'entends des voix étouffées, des bruits différents. L'atmosphère change subtilement. Malgré mon aveuglement forcé, je sens que nous approchons de quelque chose.

Le véhicule gravit lentement une côte puis s'immobilise dans ce que je devine être la fraîcheur de l'ombre. Les portières s'ouvrent. On me tire par le bras sur la droite pour m'inviter à descendre, puis on m'enlève mes lunettes. Les rayons du soleil au zénith m'aveuglent brièvement. Je cligne des yeux, essayant de m'habituer à la lumière.

– Ne regarde pas derrière toi ! m'ordonne-t-on.

Je fais un pas en avant, hésitant, et suis la consigne. Lorsque ma vue s'éclaircit enfin, je découvre devant moi une masure, une maison faite de briques, ou plutôt un projet de maison en briques grises. Elle est composée de deux salles au sol en terre inégal, et semble laissée à l'abandon. On me fait asseoir face à un mur.

– Ne te tourne pas et ne regarde que dans cette direction !

Ma curiosité est piquée au vif. Nous sommes dans un village, j'en suis sûr, cette bâtisse l'atteste. Pourquoi m'avoir amené ici ? Les deux jihadistes échangent à voix basse, puis l'un d'eux se dirige vers le pick-up, s'installe derrière le volant et démarre. J'entends le bruit du moteur qui s'éloigne, ainsi que d'autres sons qui confirment que nous sommes dans une zone habitée. Cela tranche drastiquement avec la brousse où j'ai vécu ces dernières semaines.

Je reste immobile, essayant de comprendre ce que ce nouveau lieu signifie.

Être assis en tailleur me provoque des douleurs dans les jambes. Le mur de briques, face à moi, me pousse à établir le contact avec le chauffeur qui parle français.

– Est-ce que je peux m'allonger ? demandé-je, espérant une réponse favorable.

– Oui, mais face au mur, répond-il d'un ton impassible.

Le changement de position me permet d'apercevoir, à travers un coin de la maison, un enclos au loin. Nous devons être dans un village. Je ne peux m'empêcher de caresser l'ambition d'une tentative d'évasion hasardeuse. Il faudrait se lever, maîtriser cet homme, lourd et armé. L'assommer, comme dans les films, puis filer vers la maison la plus proche, sauter l'enclos, entrer et, d'une voix paniquée, expliquer que je viens de m'échapper, que je suis Français et qu'il faut m'aider. Un plan théoriquement sans accroc, mais la kalachnikov émerge comme un mur infranchissable qui réduit tout à néant.

Un silence pesant s'installe dans la pièce exiguë. Je veux essayer d'échanger avec lui, de briser la glace, peut-être, comme avec le groupe précédent, pourrai-je glaner quelques informations. Mais il me semble bien moins coopératif.

– Est-ce que nous allons passer la journée et la nuit ici ?

Quelques secondes s'écoulent avant qu'il ne réponde :

– Pour le moment, on attend… Après, on partira.

– D'accord… Mais y a-t-il quelque chose à manger ? Je n'ai bu que du lait ce matin.

Il saisit son sac, le fouille un instant, puis en ressort un morceau de tadjila partiellement calciné.

– Merci ! dis-je en mordant dans la galette de semoule sèche, décontenancé par sa dureté et son goût neutre, dépourvu de sel.

– C'est drôle, dis-je pour détendre l'atmosphère, on dirait qu'ici, tout le monde ne se nourrit que de tadjila…

– Et toi, que manges-tu en France ?

– Je mange ce que je veux. J'essaie de diversifier mes repas. On a plein de choses, plein de produits. C'est l'opposé d'ici…

Il acquiesce.

– Ici, on mange ce qu'on trouve. Mais ne t'inquiète pas, ça va aller.

Cet échange anodin me fait prendre conscience des différences de confort entre ma vie en France et l'âpreté du quotidien pour ce Touareg, pour qui se nourrir relève peut-être chaque jour du défi. D'un coup d'œil furtif, je jauge mon environnement. À travers la brèche par laquelle nous sommes entrés, ainsi que par la fenêtre, j'aperçois des petites maisons. Un moment, un enfant s'égaye à l'extérieur.

Je tente de poursuivre le contact :

– Je ne sais pas si tu connais mon nom, je m'appelle Olivier. Et toi ?

Un long silence suit. Je tourne la tête vers lui, espérant une réponse. Il me fixe, puis se détourne, éludant ma question. Je poursuis.

– Les jihadistes ne donnent pas leur nom… ?

– Dans cette brousse, si tu demandes leur nom aux gens, ils ne te le diront pas. Ils ne te connaissent pas. Pourquoi te donneraient-ils leur nom ? Qu'est-ce que tu ferais avec ?

– C'est juste une question… On se présente, c'est tout. Dans mon métier, c'est pareil.

– Et tu fais quoi, comme métier ?

– Je suis journaliste…

Un rictus fugace se forme sur ses lèvres, laissant transparaître un certain dédain.

– Oui, je sais que vous n'aimez pas les journalistes. Ceux avec qui j'étais avant ne voulaient pas me parler à cause de ça.

– Il y a deux journalistes qui ont été tués par des moudjahidines il y a peu de temps, au Burkina, lâche-t-il froidement.

– Oui… Mais pourquoi les tuer ? Ils informent, ils aident les gens à comprendre. Pourquoi tuez-vous des journalistes, des femmes, des enfants… des gens qui n'ont rien fait de mal et qui ne sont pas partie prenante dans votre guerre ? Pourquoi les tuez-vous ?

Mon débit de voix se fait rapide et un trémolo dans ma gorge trahit une certaine émotion.

– Nous ne tuons pas de femmes et d'enfants…

Je me redresse et le regarde, surpris par sa réponse.

– Pourtant, j'ai souvent entendu et lu le contraire. La plupart des gens vous voient comme des criminels…

– Nous ne sommes pas des criminels ! Il y a autant de différences entre un criminel et nous qu'entre un gendarme et un voleur dans votre pays. Selon vos lois, nous sommes des criminels. Selon la loi divine, nous suivons ce que Dieu dit. S'il nous demande de tuer, nous tuons. S'il nous demande d'enlever, nous enlevons. Nous ne tuons pas sans raison. Nous sommes des défenseurs de la foi.

Ses dernières paroles semblent ricocher sur les murs de briques tout autour de nous. Fébrile, je m'accroche à cette opportunité de discussion.

– Je travaillais sur le terrorisme avant mon enlèvement. J'étais venu pour interviewer Abdoulaye Ag Albaka, un cadre du JNIM. J'ai même écrit une lettre à votre chef pour solliciter une interview. Vous vous considérez comme des travailleurs de la foi, mais la plupart des gens vous voient comme des criminels et vos actions confirment cette perception.

Un lourd silence s'installe. L'ai-je perdu ? Ce préambule avait pour but de l'interroger sur les assassinats des deux journalistes de RFI. Je tente le tout pour le tout, même si cela me semble prématuré.

– Il y a deux journalistes de RFI que vous avez tués, en 2013. En quoi cela servait-il Dieu de les tuer ? Pourquoi avoir fait ça ?

Le moteur d'un pick-up se fait entendre au loin. Mon chauffeur se lève pour observer par la grande brèche dans le mur. Le pick-up déboule sur l'esplanade où se trouve notre petite maison. Je profite de ce moment pour jeter un œil par la fenêtre. J'aperçois au loin une femme voilée toute de noir vêtue, qui avance lentement dans le sable. Cette vision me semble irréelle.

Les deux moudjahidines échangent quelques mots. Le conducteur semble apporter des informations précieuses à mon chauffeur. Celui-ci hoche la tête, prend place au volant et redescend le promontoire. L'autre s'approche de moi, dans une indifférence qui me frustre.

Je sais qu'il ne parle pas le français, et l'impossibilité de communiquer avec lui me pèse. Comme si la scène était déjà écrite, il déploie sa natte sur le sol, la kalachnikov à portée de main.

Pour me libérer l'esprit, je commence à gratter puis à arracher les épaisses strates de peau morte qui, depuis trois semaines, ont commencé à recouvrir mes pieds, sorte d'armure adaptée à mes nouvelles conditions de vie. Cette occupation entraîne un dégoût visible chez mon gardien, qui m'ordonne d'un ton sec d'aller faire mes « saletés » ailleurs. J'accepte en silence et me dirige vers la pièce attenante. Je comprends bien vite qu'elle a dû occasionnellement servir de toilettes à ceux qui, par le passé, y ont fait halte. Je reviens et me rallonge sur ma natte.

Un temps considérable s'est écoulé quand la voiture revient. Le chauffeur, visiblement détendu, ramène des provisions : deux cagettes de légumes, des sardines en conserve, de la farine et de nombreuses autres denrées. Nous reprenons la route et faisons halte au crépuscule dans un sous-bois dense. À ma grande surprise, je découvre qu'un véhicule Toyota blanc est déjà là. Un jeune Touareg s'active à préparer le camp. Il a le teint mat et son visage, comme couvert de paillettes, brille légèrement à la lumière de la Lune, sans doute son chèche pourpre et brillant a-t-il déteint sur lui. Il salue chaleureusement les nouveaux venus et me lance un regard sombre, chargé de méfiance. On m'indique où me mettre. Le jeune Touareg s'approche de moi, me jauge comme on le ferait d'un insecte, puis brusquement me lance quelque chose. Une canette de soda fend l'air, s'échoue sur le sol et roule à quelques mètres de moi. Il n'a pas bougé d'un pouce et m'observe. Je saisis la canette, c'est du Fanta, chaud. Je le remercie. Il tourne instantanément les talons et s'éloigne, me laissant perplexe. J'entreprends de constituer un « frigo », la canette sera fraîche dans quelque temps.

Le ronronnement de deux moteurs s'élève, accompagné du craquement de branches qui se brisent tandis que les engins se frayent un passage à travers les fourrés, jusqu'au camp. Deux hommes à moto nous rejoignent : le premier, un gaillard de grande stature au seuil de la soixantaine, arbore une longue barbe grise ; l'autre, plus fin, doit avoir la vingtaine. Les nouveaux venus saluent les autres avant de prendre place parmi nous.

Ne sachant comment combler la monotonie, je décide de m'entraîner au bagua. En revenant, je vois le jeune jihadiste au Fanta attacher une chaîne à la base d'un arbre, non loin de ma natte. Mon cœur s'emballe face à ce retour inattendu des entraves que je pensais révolues. Je m'approche du chauffeur, une indignation mal contenue m'envahit.

– Pourquoi cette chaîne ? Le groupe d'avant ne m'enchaînait pas, dis-je, soutenant son regard. Impassible, il hausse les épaules :

– On m'a dit que tu devais être enchaîné pour la nuit, c'est tout.

Sa réponse sonne comme une sentence.

Lors du dîner, je deviens, sans m'y attendre, une source de curiosité.

– Dis-moi, lance un jihadiste au regard résolu, pourquoi la France nous attaque ?

– La France est venue aider le Mali et elle le défend de tous les ennemis qui s'en prennent à ce pays. Elle le fait à sa demande, donc il faudrait poser la question aux Maliens qui ne semblent pas beaucoup vous apprécier, je réponds avec aplomb.

L'un d'eux glousse et me rétorque :

– Ce n'est pas grave, nous serons juste obligés de tuer tous les Français !

Je suis frustré par la simplicité violente de cette réponse, cette approche binaire me met hors de moi.

– Et vous obtiendrez encore plus de morts, car les Français aussi tueront nombre des vôtres. Vos amis, vos frères, vos parents ! Un combat perpétuel et stérile dont personne ne sortira vainqueur ! Un État visé chez lui, dans ce qu'il est, répliquera. Mais ni la France ni vous ne céderez. Et les cadavres s'accumuleront par milliers. Est-ce que cela fera pour autant avancer votre combat ? Est-ce ça, votre but, engranger des cadavres, encore et encore, semer la mort indistinctement au nom de la prétendue légitimité de votre combat ?

J'ai le cœur battant à chaque mot que je prononce ; ma tirade, brutale, me libère de toute la tension accumulée. Les regards se fixent sur moi, intrigués. Le jeune jihadiste au Fanta fronce les sourcils. Un court silence s'installe, rapidement brisé par le rire du chauffeur qui se tourne vers eux et lance, ironique, quelque chose en tamacheq. Tous éclatent de rire. Mes tempes battent à tout rompre, je suis vidé. Ils se replongent dans une conversation animée et m'ignorent. Cet échange teinté d'animosité et la perspective de la chaîne me renvoient à ma réalité : je suis leur ennemi, un mécréant, une marchandise au service de leurs intérêts.

Allongé sur la natte, silencieux, j'observe leurs interactions, et me perds dans leurs paroles animées, leurs visages éclairés par les flammes vacillantes, leurs gestes expressifs sous le ciel étoilé. À un moment, au milieu de ces échanges, je note quelque chose. Un nom revient, que j'identifie enfin lorsque j'entends le doyen du groupe l'utiliser à nouveau, se tournant vers le chauffeur et lâchant simplement :

– C'est à toi de décider, Al-Hassan.

La découverte de son prénom agit comme une formule magique, le corps libéré, l'esprit soulagé, je m'endors.

Je me réveille le lendemain matin, enchaîné à un arbre, totalement impuissant. La fraîcheur de l'aube m'agresse, tandis que le chant des oiseaux résonne depuis la cime des arbres, une mélodie douce, guillerette, insouciante, en décalage complet avec ma situation.

Je jette un coup d'œil vers le chauffeur qui effectue, avec les autres, ses ablutions en vue de la prière du matin. Il se positionne avec ses camarades et commence la prière.

À la fin du rite, tous vont se rendormir, sauf le plus âgé d'entre eux qui s'assied à même le sol et prépare le thé, et le chauffeur qui se dirige vers moi. Il brandit une clé et me libère de ma chaîne. Je saisis l'occasion :

– Al-Hassan, je peux aller m'entraîner là-bas ? demandé-je en désignant un grand arbre qui se dresse non loin.

Sa réaction est immédiate : il fronce les sourcils, manifestement surpris d'entendre son prénom. Un sourire amusé se dessine sur mes lèvres et je ne peux résister à l'envie de profiter de sa surprise.

– Ils t'appelaient tous comme ça hier, pendant votre discussion. Je peux aller là-bas ?

Il hoche la tête lentement. Je me lève, pas mécontent de mon effet, et me dirige vers ma nouvelle aire d'entraînement.

Dans la fraîcheur du matin, je commence à m'échauffer. J'oublie pour un temps la chaîne qui m'entrave. Le vieux gardien m'observe en silence, perplexe devant l'étrangeté de cette scène. À la fin de ma séance, je m'approche et il me tend un verre de thé.

– Je m'appelle Olivier. Et vous? dis-je, espérant briser la glace.

Mais ma question se perd dans les airs, elle bute contre son mutisme. Il retourne s'asseoir à bonne distance de moi et m'observe d'un œil vigilant pour ne rien rater de ce que je fais, tandis qu'autour de lui, les autres dorment d'un sommeil de plomb.

Un besoin pressant m'incite à m'éloigner et à m'enfoncer dans les fourrés. Alors que je soulève mon boubou, prêt à m'accroupir pour me soulager, je l'aperçois; il feint la distraction, mais ses yeux restent rivés sur moi.

Je m'accroupis, et lui adresse un large sourire en le saluant de la main. Son visage trahit un mélange de surprise et de méfiance, mais il finit par répondre à mon salut d'un geste timide.

Avant que le soleil ait atteint son mitan, nous plions le camp. Le moteur rugit déjà et la poussière s'élève autour de nous. Le jeune moudjahidine silencieux arrivé la veille grimpe à l'arrière du pick-up et intègre nos rangs. Quel est le but de ces déplacements incessants ? Où allons-nous? Les visages fermés des trois autres ne laissent transparaître aucun indice. D'un signe de la tête, Al-Hassan me fait comprendre que je dois chausser mes lunettes recouvertes d'adhésif. Je m'ancre dans mon siège, les mains serrées sur les accoudoirs. Puis le convoi s'ébranle dans un grondement sourd.

5

La radio

« *Olivier Dubois n'avait plus donné de nouvelles depuis trois semaines. Il est apparu, mardi 4 mai, sur une vidéo qui circule sur les réseaux sociaux affirmant son enlèvement par le JNIM, le "Groupe de soutien à l'islam et aux musulmans", en arabe.* »

– On parle de toi, on dirait, me lance Al-Hassan.

Stupéfait, je lui demande si je peux emporter la radio avec moi jusqu'à mon abri. Il acquiesce et me regarde rebrousser chemin. Le poste crache quelques parasites, la voix du présentateur s'interrompt puis revient :

« *Sa disparition était connue depuis le 8 avril, mais ses proches étaient au courant de son projet, ainsi que les autorités françaises, très vite informées. Ces dernières se demandaient s'il avait été kidnappé ou si cette absence de nouvelles relevait de mesures de précaution prises par les jihadistes.* »

Debout, immobile, j'écoute ; mes yeux scrutent nerveusement l'horizon, comme si j'avais peur d'être écouté ou découvert.

Une impression de bourdonnement envahit mes oreilles. J'abaisse lentement la radio, qui continue à diffuser la voix du porte-parole de l'Élysée, Gabriel Attal, assurant que le gouvernement français travaille d'ores et déjà en étroite collaboration avec les autorités maliennes…

« *Olivier, on t'aime!* », annonce la radio. Ces mots me réchauffent le cœur et me font monter les larmes aux yeux. Une sensation de chaleur mêlée à une profonde solitude m'étreint, face à un futur sombre dont l'issue m'est totalement inconnue. Au loin, les moudjahidines s'affairent, comme si de rien n'était. Je reste un long moment à écouter la radio, la nouvelle de mon enlèvement se répétant inlassablement, jusqu'à ce que les émissions de RFI s'interrompent. Un bruit blanc, semblable à celui d'un écran de télévision mal réglé, envahit le transistor. Plus d'émission. Je tourne la molette du poste noir de marque Sony qui s'éteint dans un bruit sec.

Lentement, je me dirige vers eux. Al-Hassan lève les yeux vers moi, son regard trahit une certaine curiosité.

– Ton nom est connu maintenant, dit-il, sur un ton ironique.

– C'est grâce à vous, je suis venu à Gao pour interviewer un de vos cadres. Souleymane, mon fixeur, avait tout organisé. J'avais une lettre d'invitation de votre part et pourtant, vous m'avez kidnappé et je me retrouve ici, dis-je, soulignant ce point culminant de l'absurde.

– Tu connaîs bien Souleymane, ton fixeur? me lance Al-Hassan.

– Oui, on se connaît depuis trois ans. Il m'aide dans mon travail, tout s'est toujours bien passé... Pourquoi?

Sa question me prend au dépourvu, piquant ma curiosité, comme si j'attendais que ce sujet émerge pour le clarifier.

– Je dis ça comme ça. Je ne suis pas au courant de tout ce qui t'est arrivé, mais ton fixeur, là... Je pense qu'il y a quelque chose.

– Si tu sais quoi que ce soit, dis-le-moi, répliqué-je d'un ton agacé.

– Je mentionnais juste ça parce que tu parlais de lui...

Il prend un air détaché, se redresse légèrement, adoptant une posture plus confortable.

– C'est le problème avec vous ! Vous parlez en énigmes ou vous ne dites rien. Communiquer, ce n'est vraiment pas votre fort ! Je viens dans le nord du Mali pour vous rencontrer, et vous me kidnappez !

Sans même que je m'en rende compte, j'ai élevé le ton. La colère et le stress, ajoutés à l'attitude désinvolte d'Al-Hassan, ont fait grimper la tension. Un de ses compagnons suspend le versement du thé et me lance un regard perçant, mi-intrigué, mi-amusé.

– De quoi tu te plains ? me coupe Al-Hassan. Tu voulais interviewer un jihadiste, et bien, te voilà à l'intérieur ! assène-t-il d'un ton ferme, verrouillant son regard dans le mien.

Une odeur de thé caramélisé flotte dans l'air. L'un des jihadistes souffle à plusieurs reprises sur un petit amas de braises où repose une théière en métal. Le bruit du thé qui bout nous parvient, dans cette atmosphère silencieuse et électrique.

Mon regard divague et se pose sur un chameau qui, à sabots feutrés, s'éloigne dans la zone sablonneuse. Je prends une profonde inspiration pour retrouver mon calme, puis reprends la parole.

– Quelques jours après mon kidnapping, j'ai écrit une lettre de trois pages à votre chef, Iyad Ag Ghaly. Je lui rappelais que j'étais venu sur son invitation et je lui demandais de m'accorder une interview… C'était il y a un mois, et je n'ai toujours pas eu de réponse, dis-je avec un soupçon d'exaspération dans la voix.

– On a reçu ta lettre. Mais la réponse prendra du temps. Ici, c'est la brousse, et les choses ne vont pas rapidement. Les gens à qui tu t'es adressé ne te connaissent pas. Ce n'est pas comme chez vous, où vous prenez des décisions sur un coup de tête.

Al-Hassan se redresse, saisit une brindille qu'il fait jouer entre ses doigts.

– Ça prendra du temps… J'ai compris ce que tu as dit, et je suis d'accord. Il nous faut communiquer, mais chez les vieux, c'est différent. Laisse passer cinq mois, et si tout va bien, j'irai moi-même pousser ta demande ; ça pourrait passer.

La réalité de sa réponse s'abat sur moi comme un coup de tonnerre. Cinq mois ! Je m'étais persuadé, depuis le début, que ma captivité serait de courte durée, que mon identité de journaliste éclipserait rapidement leurs soupçons d'avoir capturé un agent français, et que je serais relâché rapidement, le temps de quelques interviews et d'un reportage. Je réalise maintenant que j'ai projeté mes espoirs à une distance démesurée, et que je devrais attendre cinq mois pour, peut-être, parvenir à mes fins. Perdant pied dans cette nouvelle temporalité, je vois à peine Al-Hassan se lever et s'éloigner vers le tunnel abritant notre pick-up. D'un pas lourd, je regagne ma couche et m'allonge, accablé par un profond désarroi.

Le soleil décline à l'horizon, nimbant le plateau sablonneux d'une lumière dorée. Tiré de ma somnolence par une litanie flottant dans l'air, j'ouvre les yeux sur un tableau inattendu. Al-Hassan, assis dans le sable, tient ce que je devine être le Coran. Les yeux rivés sur les pages qu'il tourne avec précaution, il psalmodie d'une voix continue, modulée, accentuant les actes et paroles du prophète qui résonnent dans sa cavité nasale et sa gorge.

Cette scène me surprend, car c'est la première fois que je le vois ainsi. Dans ce décor saharien, le chant sacré qui s'élève semble trouver naturellement sa place. Bien que les paroles m'échappent, la mélodie fluctuante enveloppe cette fin d'après-midi d'une aura mystique. Pendant quarante-cinq minutes, le temps semble suspendu à sa voix.

Lorsqu'il cesse enfin son chant, il ferme délicatement le livre sacré, le drape dans un morceau de tissu et va le ranger en hauteur, entre deux branches d'un arbre. Je m'assieds sur ma natte et saisis la radio que j'allume. Al-Hassan s'approche, tendant la main vers l'appareil.

– Pourrais-je l'écouter demain ? demandé-je en lui remettant la radio.

– Tu peux la prendre tous les jours, si tu veux, mais je la reprendrai à 18 heures. J'aime écouter le journal de RFI, les informations, après la prière.

Je hoche la tête, reconnaissant.

Il fouille dans une des poches profondes de son boubou et en sort un carnet et un stylo qu'il me tend. Stupéfait par ce cadeau inespéré, je me redresse vivement.

– Merci beaucoup !

Je feuillette les pages blanches, peinant à y croire.

– Tu pourras y noter tes observations, me dit-il dans un demi-sourire.

Enhardi, je me risque à une requête.

– C'est super, mais il faudrait que j'aie à présent quelque chose à y noter. Tu accepterais de répondre à quelques questions qui pourraient me permettre de mieux vous comprendre ?

Al-Hassan réfléchit. Les quelques secondes de silence qui suivent ma question me semblent interminables. Finalement, il acquiesce.

– D'accord… mais pas trop de questions.

– Une dizaine tout au plus. Quand ? Demain matin ? dis-je, désireux de procéder à cet entretien inespéré au plus vite.

– Demain, nous faisons le ramadan, car nous allons rester quelque temps ici. Nous pourrons faire ça en fin de matinée.

– Parfait ! Nous allons donc rester ici ? Le lieu est sûr ?

– Il l'est. Il n'y a que les jihadistes et leurs familles qui viennent parfois dans ce coin. D'autres otages, comme toi, ont séjourné ici.

– D'autres otages ? Qui ?

– Maryam... Sophie Pétronin et Soumaïla Cissé ont été ici. Édith Blais et Serge Lazarevic aussi. Quand Soumaïla Cissé était avec nous, je l'ai rencontré et on a parlé ici, comme avec toi.

– Comment vivait-il sa captivité ?

– Il parlait beaucoup. Il disait : « Quand je serai président, je ferai ceci, je ferai cela. » Il se faisait lui-même ses injections pour le diabète. Je me souviens que c'était un ardent défenseur de la laïcité. Impossible de lui faire entendre raison.

Je ne peux m'empêcher de scruter les alentours, essayant d'imaginer dans ce décor l'ancien chef de l'opposition malienne. Quels arbres, quelles portions de sable ont accueilli ces ex-otages dont les noms me sont familiers ? Al-Hassan tourne les talons et s'éloigne, allumant la radio et jouant avec l'antenne pour améliorer la réception.

L'horizon rougeoie tandis que le disque solaire, telle une boule de feu, disparaît progressivement sous la terre. Du côté des jihadistes, on se relève de la prière et tous s'affairent maintenant dans le crépuscule à préparer le repas. Je prends ma natte, quitte l'abri et les rejoins, m'installant à une dizaine de mètres d'eux pour les observer.

Une activité fébrile règne sur cette partie du camp. Ils parlent en tamacheq, Al-Hassan semble d'humeur joviale. La radio posée sur le sol diffuse des informations en arabe. Le jihadiste à la voix efféminée s'attelle à faire le feu, tandis que son jeune compagnon pétrit une pâte volumineuse qui, sous ses mains, devient blanche et lisse.

Al-Hassan, assis devant une Cocotte-Minute, découpe des légumes et des pommes de terre. Il ajoute de la viande séchée sortie d'un sac en plastique, une cuillerée de purée de tomates, de l'huile, du sel et de l'eau. Il referme le couvercle à pression et place la cocotte dans le feu dont les flammes lèchent les morceaux de bois qui craquent et chuintent dans la nuit qui s'étend.

Dans cette scène un peu surréaliste, tous semblent parfaitement synchronisés. J'ai l'impression qu'ils se connaissent et qu'ils ont l'habitude de travailler ensemble. Al-Hassan, plus âgé que ses compagnons, semble le doyen de la bande. Il dirige les opérations avec une autorité tranquille, les autres s'exécutent avec précision, comme s'ils savaient exactement ce qu'ils avaient à faire. Je ne peux m'empêcher de penser qu'Al-Hassan est un homme qui apprécie la bonne chère et qu'il sait cuisiner. Je m'interroge sur sa ou ses vies antérieures. Je me promets d'en apprendre plus sur lui.

Soudain, un cri étouffé rompt l'harmonie de la scène. Un des deux jeunes moudjahidines bondit sur ses pieds, arrachant sa sandale. D'un geste vif et violent, il l'abat sur le sable. Ses compagnons s'esclaffent. Intrigué et inquiet, je m'approche.

– Qu'est-ce qu'il y a ? Qu'est-ce que c'était ? demandé-je, scrutant le sol.

Al-Hassan éclaire la zone de sa lampe torche. Dans le faisceau lumineux, je distingue les restes écrasés d'un scorpion blanc, translucide, presque indiscernable sur le sable jaune. Je ne peux retenir un frisson.

– Ce sont des scorpions, m'explique Al-Hassan. Il y en a beaucoup dans cette zone. Ils sortent au crépuscule, quand l'air se rafraîchit.

Je recule instinctivement, mes yeux balayant le sol autour de moi. La nuit qui s'épaissit semble soudain grouiller de menaces invisibles. Ma natte, auparavant refuge confortable, se transforme en une île précaire au milieu d'un océan de dangers potentiels.

Les jihadistes reprennent leurs activités, mais je remarque qu'ils sont plus vigilants, leurs mouvements plus mesurés. Chaque bruissement dans le sable, chaque ombre mouvante attire mon regard. Je me recroqueville sur ma natte, scrutant l'obscurité grandissante, imaginant des silhouettes chitineuses se faufiler vers moi.

– Ne t'inquiète pas, c'est surtout à la tombée de la nuit. Il fait noir maintenant, il n'y a plus rien à craindre.

Ses paroles, censées être apaisantes, ne font qu'exacerber mon angoisse. Où vont ces scorpions après le crépuscule ? Ont-ils une montre qui leur indique qu'il est l'heure de se retirer ? L'idée me paraît absurde. Une peur irrationnelle me gagne. J'ai pu imaginer ma mort, par lame ou par balle, voire dans un accident de voiture, mais pas bêtement piqué par un insecte, qui dans la nuit me grimperait dessus, me piquerait, inoculant dans mon corps son venin, mettant fin à mes jours.

Le repas m'est servi à quelque distance d'eux. Il n'est pas question, selon leurs règles, que nous mangions ensemble. Chaque bouchée s'accompagne d'un regard furtif vers le sol, chaque mouvement est calculé pour éviter un contact involontaire avec le sable. Le dîner s'achève, pour moi, dans une atmosphère tendue.

Le retour à mon abri, deux cents mètres plus loin, se transforme en épreuve. La solitude et l'obscurité amplifient mon angoisse. Comment vais-je pouvoir dormir sur le sol, entouré de ces créatures mortelles ?

Allongé sur ma natte, je n'en mène pas large. Je reste éveillé, tous mes sens en alerte. Le moindre frôlement, le plus petit mouvement dans l'obscurité me fait sursauter. Les heures s'étirent interminablement. Ce n'est que tard dans la nuit, vaincu par l'épuisement, que je finis par sombrer dans un sommeil agité, peuplé de cauchemars où des scorpions géants me poursuivent dans un désert sans fin, au son d'une litanie islamique.

*

* *

Je m'éveille à l'aube, alourdi par une fatigue tenace. Un vent léger fait danser des grains de sable sur ma natte. Je me rends compte en levant les yeux que mes gardes ont réduit la distance qui nous séparait, silencieusement, pendant mon sommeil. Le moins loquace d'entre eux s'approche, les traits tirés, une clé de serrage à la main. Sans un mot, il s'agenouille, libère ma cheville droite de son entrave métallique avant de retourner se lover dans sa couverture.

Autour de moi tout est calme, le feu de la veille exhale encore un mince filet de fumée qui serpente avant de se dissiper dans l'air. Je me dirige à pas lents vers le pick-up, dissimulé sous son voile végétal. Al-Hassan, aux aguets, lève brièvement les yeux à mon passage avant de se rendormir. L'arrière du véhicule regorge d'un bric-à-brac hétéroclite : cartons de lait en poudre, jerricans d'essence et d'eau, sac à outils, provisions et morceaux de bois, tout a été, en l'espace d'une nuit, saupoudré d'une fine couche de sable.

Je déniche des biscuits secs et un sachet de lait en poudre, maigre festin que je rapporte à mon abri de fortune. Après un semblant de toilette avec l'eau restante dans ma gourde, je m'assieds sur ma natte, carnet et stylo en main. Mon esprit bouillonne, anticipant l'interview à venir, moment clé qui promet de rompre la monotonie de cette journée. Je me concentre sur la rédaction d'une quinzaine de questions qui couvrent l'assassinat des journalistes de RFI, le JNIM, ses méthodes de recrutement, sa structure et les chahid, ces kamikazes prêts à se sacrifier pour leur cause.

La matinée est avancée quand des mouvements se font entendre du côté de mes geôliers. Je réprime mon impatience, conscient qu'il serait maladroit de brusquer Al-Hassan à son réveil. Les moudjahidines, visiblement las et déjà tenaillés par la faim, s'animent avec une lenteur exaspérante. J'allume la radio. Les journaux du matin de RFI parlent à nouveau de mon enlèvement. J'apprends qu'une « *enquête préliminaire pour enlèvement en bande organisée et en relation avec une entreprise terroriste a été ouverte en France par le Parquet national antiterroriste* ». Les témoignages de journalistes maliens et la couverture de mon cas par la presse internationale me touchent profondément, mais résonnent comme un écho lointain dans ce désert implacable, creusant et soulignant cruellement l'abîme qui sépare nos deux réalités.

J'éteins la radio, gagné par la morosité. La matinée touche à sa fin, je m'ébroue et décide de prendre l'initiative. Je me lève, carnet et stylo en main, et m'avance vers Al-Hassan. D'une voix que je veux assurée, je lui demande s'il est prêt pour notre entretien. Il me regarde, ajuste son chèche et de la main m'invite à m'asseoir sur le sable en face de lui. Ses compagnons, un peu surpris, me jettent des regards méfiants.

J'ouvre mon carnet, et mes yeux se posent sur la première page. Les questions sur l'assassinat des journalistes de RFI me brûlent les lèvres, mais je décide d'aborder le sujet avec prudence :

– Les deux journalistes de RFI, pourquoi…

Al-Hassan me coupe net, d'un ton sans appel :

– On ne va pas parler de ça, pas comme ça, assis sur le sable ! Et c'est un sujet qui demande l'accord des chefs. Passe à d'autres questions.

Un troupeau d'ânes s'approche nonchalamment de notre cuisine improvisée. Ils s'arrêtent à une vingtaine de mètres, ils hésitent, ils semblent jauger la présence humaine. Cette interruption inattendue me donne le temps de réorganiser mes pensées.

Je me lance dans des questions plus générales, espérant établir un lien, même ténu, avec lui.

– Depuis quand es-tu jihadiste ? Qu'est-ce qui t'a poussé à rejoindre le jihad ?

Al-Hassan se racle la gorge, et me répond d'une voix monocorde, calme :

– Je suis jihadiste depuis 11 ans. Je les ai rejoints en 2010. Le discours m'a plu. Avant j'avais une vie normale, je faisais des petits boulots, je n'étais pas particulièrement pratiquant.

J'absorbe ses paroles, résistant à l'envie de prendre des notes. Je veux d'abord créer une atmosphère propice aux confidences, malgré la présence intimidante des deux autres qui nous observent, mi-intrigués, mi-hostiles.

Progressivement, Al-Hassan se dévoile. Ses révélations me surprennent : jadis amateur de football, mélomane, fumeur. Il évoque un cousin en France qu'il a perdu de vue, ainsi que sa proximité avec Sedane Ag Hita, le numéro deux du JNIM. Contrairement aux jeunes recrues que j'ai croisées, il connaît le sud du pays et a même séjourné à Bamako à deux reprises, au début des années 2010, une ville qu'il dit apprécier. Ce serviteur d'Allah est père d'une famille nombreuse – dix enfants de deux femmes différentes, douze à l'origine, mais deux sont décédés en bas âge. Cette facette paternelle tranche avec son image de jihadiste expérimenté et endurci. Je ne peux m'empêcher de l'imaginer dans un contexte familial, ses enfants sautant sur ses genoux, les repas partagés. Cette vie parallèle existe-t-elle vraiment pour lui ? Et comment concilie-t-il ces deux mondes si différents ?

Ses réponses dessinent peu à peu le puzzle de son passé. Sa connaissance approfondie du Nord et de ses routes pourrait aussi s'expliquer par le fait qu'avant de s'engager sur le « sentier d'Allah », Al-Hassan a fait le guide touristique au début des années 2000.

Je suis frappé par le contraste entre cette évocation presque nostalgique d'un passé plus conventionnel, avec un métier respectable, et l'austère réalité du présent. Cette transformation m'intrigue, car elle illustre la complexité des parcours qui mènent à la radicalisation.

Un fracas métallique interrompt brutalement notre échange. Les ânes, enhardis par notre inattention, ont entrepris de fouiller nos provisions, renversant au passage ustensiles et marmites. L'un des jeunes jihadistes bondit sur ses pieds, saisit une pierre qu'il lance avec une redoutable précision. Le projectile atteint sa cible, dispersant le troupeau dans un concert de braiments indignés.

Je reprends le fil des questions et lui demande s'il a joué un rôle pendant la crise de 2012 qui a secoué le Mali, quand les rebelles touaregs du Nord ont fait sécession, initialement soutenus par les groupes jihadistes.

– J'étais à Léré à cette époque, je faisais partie de la police islamique. Il y avait le MNLA (Mouvement national de libération de l'Azawad) là-bas, c'était dur de gérer la ville avec eux, car ils bouffaient tout.

Je souris intérieurement à cette expression typiquement malienne, « bouffer », synonyme d'accaparement sans scrupule. Ce genre d'histoires m'était parvenu lors de mon travail sur les événements dans le Nord.

Enhardi par la tournure de notre conversation, je me risque à une question plus délicate :

– Vous avez eu du mal à faire plier les populations, à les soumettre à la charia, que ce soit à Léré, Gao ou Tombouctou. Cela ne remet-il pas en question la possibilité qu'ont les moudjahidines d'installer la charia partout dans le pays, vos premières tentatives s'étant soldées par des échecs ?

Al-Hassan répond sans hésitation :

– C'est plus dur de faire adhérer les populations du Nord à notre règlement, à la charia. Au Sud, ce sera plus facile. Ils sont habitués à suivre des règles. Dans le Nord, ce sont tous des rebelles, donc c'est plus difficile. Il faudra du temps, cinq années, je pense, pour les amener à embrasser le changement.

Ses deux compagnons, lassés par une conversation qu'ils ne semblent pas saisir, ont abandonné leur surveillance pour s'allonger sur leurs nattes. Leur désintérêt renforce ma confiance pour la suite de l'entretien.

Malgré la fatigue qui commence à marquer ses traits, Al-Hassan reste droit sur sa natte. Ses yeux, plissés face à l'éclat du soleil, s'éveillent à chacune de mes questions, comme s'il pesait chaque mot avant de répondre, soucieux de ne pas trop en dire. Il élude habilement mes interrogations sur sa position au sein de l'organisation et sa structure.

Alors qu'une bourrasque tourbillonne comme une tornade miniature dans la fournaise grandissante, il consent à m'éclairer sur le recrutement au sein du JNIM et leurs effectifs approximatifs.

– Nous sommes environ 10 000, révèle-t-il, se décalant légèrement pour profiter de l'ombre qui se fait rare sous le soleil qui progresse vers son zénith. Surtout concentré au nord et dans le centre du Mali, et au Burkina. Toute personne qui est musulmane et qui veut faire le jihad peut nous rejoindre. Mais ceux qui veulent entrer au JNIM sont interrogés, on teste leur motivation, on se renseigne sur eux. On n'entre pas comme ça, chez nous.

Du coin de l'œil, j'aperçois le troupeau d'ânes qui, reformé, s'approche à pas feutrés, comme grisé par sa propre audace. Al-Hassan frappe dans ses mains ; le meneur, plus téméraire que ses congénères, se fige avant de faire volte-face, entraînant le groupe à une distance respectable de la nourriture convoitée.

Je reviens à la charge concernant l'organisation du JNIM, utilisant différentes approches qui se heurtent toutes à un mur de silence. Finalement, Al-Hassan concède quelques informations. Le JNIM, m'explique-t-il, est divisé en régions : Kidal, Macina, Arbinda, Tombouctou, etc. Chaque zone a son mot de passe, chaque région a son chef. Amadou Koufa, par exemple, le prédicateur peul, est une figure emblématique de la katiba Macina et l'un des piliers de l'organisation.

Je me souviens avoir couvert sa prétendue mort en décembre 2018. À la stupéfaction générale, il était réapparu quelques mois plus tard dans une vidéo, savourant visiblement l'effet de sa « résurrection ». Il était responsable d'une guerre civile qui ensanglantait le centre du Mali depuis cinq ans, un conflit qui avait métastasé jusqu'au Burkina Faso. Ces chefs, m'explique Al-Hassan, gèrent les ressources et les hommes. Des budgets sont alloués à chaque région, avec lesquels les différentes katibas doivent fonctionner.

– Mais, il n'y a pas autant d'argent qu'avant, ajoute-t-il, renouant son chèche autour de sa tête. Certains utilisent leur propre véhicule et achètent leurs propres armes ou moto, pour faire le jihad.

Dans le ciel d'un bleu azur, à peine troublé par quelques nuages, un avion trace une ligne blanche sur la voûte céleste. Le moudjahidine répond à mes nombreuses questions par des phrases concises. Dans la nébuleuse Al-Qaïda, les différentes franchises sont en compétition les unes avec les autres. « Chaque franchise d'Al-Qaïda doit faire état périodiquement de ses résultats sur le terrain. Il y a une sorte de compétition entre les groupes », et selon lui, la branche sahélienne semble bien tirer son épingle du jeu. « Dans les années 1990, il n'y avait au nord du Mali peut-être qu'un petit campement qui était jihadiste, regarde aujourd'hui », dit-il. Leur expansion au Mali au fil des années leur a permis d'étendre leur influence, maintenue par la force d'armes dont Al-Hassan refuse de révéler la provenance.

– Les Touaregs sont des rebelles depuis longtemps. Nous savons donc comment nous procurer des armes et des véhicules, lâche-t-il dans un demi-sourire énigmatique.

La soif me tenaille, le flot ininterrompu de questions et la chaleur croissante ont asséché ma gorge. Je jette un regard envieux vers la gourde qui repose à l'ombre sur le sable. Mais je réprime mon envie, craignant qu'une pause ne brise le fil ténu de notre conversation. De plus, boire devant eux en plein ramadan serait un grave manque de respect qui réduirait à néant toute mon entreprise. Je déglutis et poursuis avec une question initialement destinée à l'un des chefs de l'organisation, celui-là même que j'étais venu interviewer à Gao, Abdoulaye Ag Albaka :

– Pourquoi êtes-vous en conflit avec l'État islamique ? Quels sont les rapports de force sur le terrain ?

Je perçois un intérêt particulier dans son regard à l'énoncé de ma question.

– Nous avons le même but, l'application de la charia. Mais, ils ne sont pas justes, ils tuent des musulmans et ils veulent nous tuer.

Un silence pesant s'installe. J'attends qu'il poursuive, mais rien ne vient.

– Est-ce une question de territoire ? je relance.

– Daesh considère tous ceux qui ne sont pas avec eux comme des ennemis. Ils nous considèrent comme des *kouffar*, des infidèles. Nous, nous les considérons comme des musulmans. Nous, on ne tue pas les musulmans, ça nous différencie de Daesh.

Stupéfait par cette affirmation, je ne peux retenir une exclamation :

– C'est faux, vous aussi, vous tuez des musulmans !

Al-Hassan me fixe, secouant la tête en signe de dénégation.

– Mais si, j'insiste. J'ai suivi les attaques sur les camps et les villages, les attentats que vous avez perpétrés.

De nombreuses personnes sont mortes par votre faute dans ce pays qui est à 90 % musulman : des soldats, des hommes, des femmes, des enfants. Vous tuez vous aussi des musulmans.

Je maintiens et soutiens son regard.

– Nous tuons des militaires maliens qui sont des musulmans, parce que pour nous, si tu crois en la loi malienne, en la constitution, en la démocratie, tu te mets en dehors de l'islam. Il peut arriver que nous tuions de vrais musulmans, mais ce sont des accidents, ça peut arriver. Vous faites des erreurs, nous en faisons aussi.

Une tension subtile s'est insinuée dans notre échange. Je bats en retraite, soucieux de ne pas compromettre la suite de l'entretien en heurtant mon interlocuteur.

Je feuillette mon carnet, les pages blanches défilent sous mes doigts jusqu'à ce que je retrouve mes dernières notes. Deux questions restent, parmi la multitude qui bouillonne dans mon esprit et que je brûle de lui poser. Ces interrogations concernent les chahid, ces kamikazes dont les actions dévastatrices hantent l'actualité. Je cherche à percer leur méthode de recrutement, leurs motivations, ce qui les anime pour commettre cet acte ultime, et cette promesse d'un paradis après leur mort qui semble les guider.

– Qu'en est-il des unités chahid, sur quels critères les désignez-vous ?

Al-Hassan, le visage éclairé par le soleil déclinant, répond d'une voix mesurée :

– Il n'y a pas d'unité chahid à proprement parler. Ils ne sont pas désignés. Quand nous attaquons un camp bien gardé, nous avons besoin d'un kamikaze, mais nous n'en utilisons pas à la légère. Ceux qui se sentent prêts se manifestent.

La banalité de sa réponse me surprend. Je pousse plus loin :

– Sont-ils nombreux? Toi, père de dix enfants, envisagerais-tu de… te faire sauter?

Une lueur passe dans ses yeux.

– La plus belle action du moudjahidine pour accéder au paradis est de devenir kamikaze, de se faire exploser, dit-il, sa voix empreinte d'une conviction troublante. Nous préparons notre passage à la mort. Pour nous, la vie est moins intéressante, car elle finira, tandis que l'après, c'est pour toujours. Je le vois ainsi, mais je ne me suis pas porté volontaire pour être chahid.

Le vent du désert souffle, soulevant un voile de sable qui danse entre nous. Je profite de cette pause pour aborder un sujet controversé :

– On dit souvent qu'ils prennent des drogues avant un attentat, pour trouver le courage ou se détacher de la réalité…

La surprise se lit sur son visage, rapidement remplacée par une indignation contenue.

– Les kamikazes ne se droguent pas! s'exclame-t-il. Nous interdisons la drogue et la cigarette. Ce n'est pas pour droguer nos kamikazes!

– Et Belmokhtar, n'était-il pas connu pour la contrebande de cigarettes?

Les prunelles d'Al-Hassan s'étrécissent :

– Belmokhtar n'était pas dans le trafic de cigarettes.

– C'est pourtant ce que l'on entend à son sujet.

– Qui dit ça?

Je prends une bouffée d'air

– Euh… Les journalistes, les autorités, les spécialistes.

– Vos spécialistes, on les connaît pas, ils parlent de nous partout, mais on les a jamais vus, ils ne sont jamais venus nous voir.

Un silence pesant s'installe. J'ai peut-être touché une corde sensible. Cherchant à apaiser la tension, je passe à ma dernière question, conscient que notre entretien touchc à sa fin.

– Le paradis promis aux chahid et aux jihadistes, comment est-il ? Peux-tu me le décrire ?

Al-Hassan se lève lentement, son regard se perd dans l'horizon, comme s'il contemplait déjà cette vision céleste.

– Le paradis est décrit dans le Coran. C'est comme notre monde, mais en infiniment meilleur.

Il saisit une bouteille à moitié pleine, le bouchon percé trahissant son usage imminent.

– Les femmes y sont pures, sans les imperfections terrestres, elles n'urinent pas, elles n'ont pas leurs règles, elles sont pures. Le lait y coule, naturel, pas chimique. On n'a plus à prier là-bas. Et il y a… quelque chose de plus, quelque chose que l'homme n'a jamais vu.

Il y a dans ses paroles une ferveur que je n'avais pas encore perçue.

– C'est ce qui attire ceux qui rejoignent le jihad, mais aussi tous les vrais croyants, conclut-il, m'indiquant d'un geste que notre entretien est terminé.

Je me lève, les jambes engourdies par la longue séance, et le remercie d'un hochement de tête. Je m'éloigne et foule le sable chaud. Les dernières réponses d'Al-Hassan résonnent dans ma tête.

Sa description surréaliste du paradis me laisse perplexe. Je réalise à quel point cette promesse d'un au-delà fantasmé peut être un puissant moteur pour des hommes vivant dans des conditions difficiles. Cette certitude de savoir ce qui les attend après la mort, prouve s'il en était besoin, la puissance de la foi et son potentiel de manipulation. Comment contrer une idéologie qui promet non seulement une vie meilleure, mais une éternité parfaite? Je hâte le pas, je dois rapidement consigner tout cela avant que le temps n'en érode les détails. Je rejoins mon abri de fortune, m'assieds, et commence à griffonner frénétiquement. J'essaie de noter chaque mot, tout ce que j'ai pu capturer, avant que des trous dans ma mémoire ne les emportent, malgré moi, dans un flot inexorable.

Le lendemain matin, je m'installe pour compléter ce que j'ai écrit la veille. Ses réponses ont soulevé d'autres questions, mais acceptera-t-il une nouvelle interview ? Je décide de laisser passer un peu de temps avant de le solliciter à nouveau.

Les jours suivants, j'entreprends de retranscrire les conversations et observations collectées durant mes trois premières semaines de détention. Les souvenirs affluent avec une précision déconcertante. Je passe des heures à fouiller ma mémoire pour retracer avec clarté chaque moment vécu.

Dans le camp, pendant le ramadan, le rythme oscille entre activité ralentie et siestes. Seules les soirées, lorsque le jeûne est rompu et que les ventres repus savourent cette trêve nocturne, s'animent de rires et d'échanges nourris. Je remarque qu'Al-Hassan s'étonne du temps que je consacre à l'écriture. Un soir, me voyant écrire, la radio éteinte à mes côtés, il fronce les sourcils.

– Tu écris beaucoup ! Pourquoi donc ? s'exclame-t-il.

– Retranscrire fidèlement tes propos demande du temps, dis-je d'un air insouciant.

Il marmonne quelque chose puis s'éloigne. Peut-être devrais-je écrire plus discrètement, pour ne pas qu'il se ravise et me reprenne le carnet et le stylo qu'il m'a donnés.

Cet après-midi-là, après sa lecture chantée du Coran, je m'approche de lui, espérant un nouvel entretien. Je sens son hésitation, comme s'il estimait avoir déjà trop partagé. Mais il finit par accepter.

La charia est au cœur de nos échanges tandis que le soleil décline.

– Selon les zones contrôlées par le JNIM, son application diffère, mais elle y est partout présente, explique Al-Hassan.

Je l'interroge alors :

– Tu parlais de ces musulmans qui respectent la constitution. Pourquoi les considères-tu comme de faux musulmans ?

– Le plus grand ennemi de l'islamisme, c'est la laïcité, ainsi que la loi derrière le gouvernement. La laïcité, ça veut dire que chacun peut choisir sa religion. Dans le jihad il n'y a qu'une seule religion, l'islam. Tout est dans le livre, pas besoin de constitution.

Je réoriente la discussion sur l'expansion territoriale du JNIM ces dernières années.

– Nous progressons du nord vers le sud, jusqu'aux régions de Sikasso et Kayes. Et inchallah, nous aurons un jour Bamako. Ce sera une conquête difficile, mais cruciale pour verrouiller le contrôle du sud, poursuit-il.

– Dans le centre, vous vous êtes appuyés sur Amadou Koufa pour recruter dans les populations peules, sur qui pourriez-vous compter à Bamako ?

– Peut-être Dicko, répond-il imperturbable.

L'évocation de l'imam Dicko, figure respectée, attise ma curiosité. Mais Al-Hassan tempère :

– Il nous a demandé de libérer des centaines de soldats et nous l'avons fait. Mais que peut-il concrètement faire pour nous en retour ? Je doute qu'il puisse par exemple obtenir la libération de nos prisonniers. Le problème c'est qu'il demande, mais n'offre rien en échange. Je pense qu'il aime juste être considéré, être en haut. Ses demandes n'amènent désormais plus de réponse positive de notre part.

Au-delà du jihadisme, je m'intéresse aussi à certains sujets restés nébuleux dans mon travail, comme ce raid français à Tinzaouatène en 2018, qui s'est soldé par la mort de six chefs jihadistes. On m'avait dit que leur grand chef, Iyad Ag Ghaly, aurait dû s'y trouver, mais qu'il avait été prévenu in extremis de la frappe et avait rebroussé chemin.

– Iyad n'était pas présent à la réunion de Tinzaouatène, ce n'était pas prévu.

– Comment une telle attaque a-t-elle été possible ? je lui lance, piqué par l'intérêt.

– Une personne de chez nous travaillant avec les Français avait un mouchard dissimulé sur sa moto qui était en dehors du lieu où les chefs devaient passer la nuit. C'est comme ça que les Français ont pu frapper. L'infiltré s'était trahi en disant qu'il allait dormir ailleurs alors qu'il avait laissé sa moto sur place. Cette erreur lui a coûté la vie, raconte Al-Hassan d'un ton grave. La mort de ces six importants chefs du JNIM nouvellement créé allait paralyser l'organisation pour un temps.

La seconde mort qui m'intriguait était celle de Cheikh Ag Aoussa, le chef militaire du Haut conseil pour l'unité de l'Azawad (HCUA), survenue en octobre 2016 dans l'explosion de sa voiture alors qu'il sortait du camp de la Minusma (Mission multidimensionnelle intégrée des Nations unies pour la stabilisation au Mali) à Kidal.

– Ce sont les Français qui ont tué Cheikh Ag Aoussa. Ils ont utilisé des explosifs, car comme ça, tout est atomisé et il n'y a plus de preuves et ça peut aussi faire penser que ce sont les jihadistes qui ont fait le coup. Sa voiture a explosé à 200 mètres du camp, car c'est à cette distance que nous plaçons nos mines.

– Mais pourquoi l'auraient-ils tué ? dis-je, sceptique.

– Il faut leur demander.

Ma question suivante concerne Abdelmalek Droukdel, chef historique et poids lourd du terrorisme sous-régional au sein d'AQMI, tombé en juin 2020 au nord de l'Adrar des Ifoghas, à 80 kilomètres à l'est de Tessalit. La réponse d'Al-Hassan sur ce sujet fut pour le moins surprenante :

– Les Français n'étaient pas au courant que Droukdel se trouvait dans le véhicule visé. Leur cible était une autre personne également à bord, le responsable d'al-Zallaqah. Ils n'ont appris que plus tard la présence de Droukdel, sans doute par un prisonnier qui a dû parler.

Je me souvenais en effet du délai entre la frappe et l'annonce officielle française de la mort de ce terroriste tristement célèbre. Je perçois du ressentiment dans la voix d'Al-Hassan quand il évoque la France et la neutralisation de Droukdel, je n'ai pas besoin de pousser beaucoup pour qu'il s'exclame :

– La France est notre ennemi principal ! Elle a un avantage sur les autres parce qu'elle connaît le terrain. Elle était déjà là avant, elle a ses réseaux.

J'aborde alors la possibilité d'un dialogue entre son organisation et les autorités maliennes. Al-Hassan me rappelle que cela serait conditionné à deux points non négociables : le départ de la force française Barkhane et celui de la Minusma. Je sens qu'ils ne sont pas prêts à dialoguer, ils n'en ressentent d'ailleurs pas l'obligation. Leur position d'acteur puissant sur le terrain leur donne un avantage sur les autorités maliennes.

– Dans ce type de discussion, c'est celui qui a le marteau qui dicte les choses. Ils veulent dialoguer, donc s'ils acceptent nos conditions, dialoguons, mais ça ne veut rien dire d'autre que discuter, dit-il.

Il envisage toutefois une solution temporaire, comme la libération de prisonniers jihadistes en échange d'une possible trêve de six mois dans les opérations.

Ses confidences précédentes sur Soumaïla Cissé, l'ex-otage, ont attisé ma curiosité et je désire en apprendre davantage sur les autres otages qu'il aurait pu croiser.

D'après ce qu'il dit, je réalise qu'il a souvent été présent lors des phases initiales et finales des captivités : pour Lazarevic, Cissé ou Sophie Pétronin, notamment.

J'apprends les sommes exigées pour certaines libérations : pour Lazarevic, un échange en direct « argent contre prisonniers » avec une somme modeste et sept détenus jihadistes relâchés. Dix millions d'euros auraient été versés pour la libération de Pier Luigi Maccalli et Nicolas Chiacchio après une négociation gérée par Mohamed Akotey. Pour la libération de sœur Gloria, Al-Hassan m'apprend que la somme de trois millions d'euros leur aurait été versée.

Il ne s'arrête pas là. Il me livre des informations précieuses, notamment sur Béatrice Stockly, qui détestait les islamistes et ne s'entendait pas avec Sophie Pétronin. Elle se montrait une otage difficile à gérer, au point de leur avoir crié vouloir une ceinture explosive pour se faire sauter et les emporter avec elle.

Il me révèle aussi qu'en septembre 2020, un mois avant la libération de Sophie Pétronin, une opération musclée des forces spéciales françaises visant à la libérer aurait échoué. Les Français, qui disposaient de renseignements, auraient demandé l'aval de la Suisse, car Béatrice Stockly était présente dans la zone. Durant l'opération, alertés, les jihadistes auraient ordonné aux otages de plier bagage sur-le-champ. Béatrice aurait refusé de les suivre. Elle aurait alors été emmenée derrière une dune et abattue d'une balle dans la tête.

– Ça n'a pas freiné les négociations, ajoute Al-Hassan.

De même pour un autre otage, Philippe Verdon, le compagnon de Serge Lazarevic, tué pour avoir refusé d'obtempérer alors que la menace se faisait pressante.

– En cas d'alerte, si tu refuses de bouger…

Al-Hassan mime un pistolet avec ses doigts, faisant le geste de tirer. L'évocation muette de la mort me serre le ventre.

Les paroles menaçantes d'Al-Hassan résonnent dans ma tête : « Si tu refuses de bouger, tu meurs. » Je ne veux pas connaître ce sort funeste, je ne veux pas finir comme ça.

Au début de ma captivité, j'ai naïvement cru à une méprise que les chefs jihadistes rectifieraient. Ma lettre à Iyad Ag Ghaly, sollicitant une interview, était nourrie de cet optimisme démesuré. Je m'imaginais faire un aller-retour et revenir avec une interview exclusive en prime.

Mais la réponse d'Al-Hassan a douché ces fantasmes, brisé net mes espoirs. Que me reste-t-il désormais ? Attendre, survivre chaque jour, jusqu'à une libération hypothétique après des années de négociations à coups de millions ? Sophie Pétronin a été retenue près de quatre ans, Lazarevic un peu plus de trois…

Je n'en suis qu'à un peu plus d'un mois, mais je pressens que ces conditions dégradantes, cette nourriture de survie, ces dangers constants, je ne pourrai les endurer aussi longtemps et que, si j'attends, c'est la mort en place de la liberté qui s'offrira à moi. Que faire alors ?

J'observe d'un œil las les trois Touaregs évoluer dans leurs gestes routiniers, comme si chaque jour n'était que la répétition inlassable du précédent. Le soleil de plomb écrase ce paysage monotone d'une chape de chaleur. Un ennui mortel m'envahit.

Je songe à la chanson de Gainsbourg, « *Ce mortel ennui* », et je remplace dans mon esprit la femme dont il cherche à se détacher par cette captivité interminable, ce désert aride. Mais inévitablement, mes pensées dérivent vers l'indispensable porte de sortie à créer, à planifier, pour mettre un terme à cette situation que j'ai moi-même initiée.

Au loin, Al-Hassan est debout, sortant de son sac un boubou moutarde encore sous cellophane. Il l'essaie tandis que ses compagnons admiratifs lui font part de leurs impressions. Puis ils se livrent à leur tour à des essayages.

Je sais que demain marquera la fin du ramadan, l'Aïd el-Kébir, une fête aussi importante que Noël pour nous. Se prépare-t-on à accueillir des renforts ?

Je chasse ces réflexions pour repenser à une possible évasion. En venant ici, n'avions-nous pas croisé un grand campement, une sorte d'oasis de tentes au milieu des dunes ? Il me faudrait, tard dans la nuit, tandis qu'ils dorment, partir dans cette direction. Marcher inlassablement jusqu'à l'atteindre et demander de l'aide.

L'idée semble d'une simplicité déconcertante sur le papier. Mais la réalité m'oppose des obstacles multiples, comme cette chaîne qui signe ma captivité. Un éventuel échec de mon projet me précipiterait dans une zone de dangers inconnus. Mais, je n'ai pas d'autre choix, il faut que je m'évade. Comme Édith Blais et Lucas Tacchetto avant moi, il faut que je fausse compagnie à mes geôliers.

Le soir, lorsque les deux jeunes Touaregs viennent, comme chaque nuit, m'enchaîner par la cheville à un arbre, j'analyse avec attention leurs gestes pour me mettre aux fers. Je les regarde s'éloigner, leur tâche accomplie. J'essaie de trouver le sommeil, mais mon esprit échafaude déjà les prémices de mon évasion.

Une clé ! Un mot symbolique qui débloque, qui ouvre sur la liberté. La mienne ne fera pas tourner des serrures, c'est une clé de serrage. Mais elle me libérera de ma chaîne, me permettra de m'évader dans la nuit…

*

* *

Au camp, la journée de l'Aïd bat son plein. Les trois jihadistes, vêtus de leurs plus beaux bazins, s'adonnent à des tirs sur des canettes avec leurs kalachnikovs. Les détonations déchirent l'air, entrecoupées d'exclamations, de rires et de cris victorieux. Le plus habile semble être Al-Hassan : aucune des quatre canettes n'a résisté à ses tirs.

Qu'en serait-il s'il me prenait pour cible dans l'obscurité ? M'entendant m'éloigner du camp, apercevant ma silhouette indistincte sous la lueur de la Lune, serait-il aussi précis ? Aurais-je la moindre chance face à son adresse redoutable ? Et ses compagnons, tireurs moins experts, auraient-ils plus de difficultés à m'atteindre ?

Après cet intermède guerrier, les trois hommes se mettent aux préparatifs du repas de fête dans une ambiance détendue. Je suis curieux de voir ce qu'ils vont cuisiner. Que mangent les jihadistes le jour de l'Aïd dans ce désert ?

Ma curiosité est vite assouvie. On m'apporte des frites huileuses à peine cuites, accompagnées d'oignons sautés et de viande séchée réhydratée.

Mais la faim est la plus forte, et j'engloutis tout sans hésiter.

Après le thé, le calme revient peu à peu et les Touaregs s'allongent pour faire la sieste. Bientôt, ils s'endorment, me laissant seul pour un court moment.

Une bonne partie de la nuit, j'ai réfléchi à la possibilité de m'évader. Mais sans clé pour défaire ma chaîne, aucune échappatoire n'est envisageable. À moins que…

Chaque matin pendant le ramadan, je me rends au pick-up pour y prendre de quoi boire et manger. Et à chaque fois, mon regard accroche ce sac en cuir bourré d'outils. Et si une clé de 13 s'y trouvait ? Il suffirait de la prendre en même temps que le lait, de la dissimuler, d'attendre qu'on m'enchaîne, puis de m'en servir une fois la nuit tombée et disparaître à jamais.

Mais pour cela, il faut atteindre le pick-up, saisir rapidement le lait et utiliser ce laps de temps pour extraire la clé à l'abri des regards, glisser l'objet dans la poche de mon boubou, longer le véhicule, puis repartir d'un pas mesuré pour ne pas éveiller les soupçons…

Je respire un grand coup et jette un regard vers mes geôliers. Ils dorment profondément. Lentement, je me lève et me dirige d'un air naturel vers le pick-up garé à l'ombre de son abri végétal. Chacun de mes pas dans le sable semble peser des tonnes. Quand je passe près d'eux, Al-Hassan soulève soudain la tête et me dévisage d'un regard intense, surpris de me voir debout.

Je poursuis ma route comme si de rien n'était, mais mon cœur bat la chamade. Je sens son regard braqué sur moi à chaque foulée. Concentré sur le véhicule dont je me rapproche, je le contourne et l'aperçois qui m'observe toujours. D'un geste délibéré, je soulève un sachet de lait comme pour justifier ma présence.

Al-Hassan me fixe encore quelques secondes, puis se rendort. Un immense soulagement m'envahit. Ma main plonge fébrilement dans le sac à outils, rencontre le contact froid d'un objet métallique allongé – une clé ! Je la glisse dans ma poche gauche et m'éloigne d'un pas pesant. Sur le chemin du retour, chaque crissement de mes pas sur le sable me vrille les tympans.

De retour sous l'abri, je m'effondre sur ma couche en expirant longuement. Il me faut une minute pour reprendre mes esprits. J'extrais la clé et la serre dans ma main… mais je réalise qu'elle est trop petite pour ma chaîne. Dans la précipitation, sous le poids du regard d'Al-Hassan, j'ai saisi la première venue.

Il va falloir y retourner, reposer cette clé trop petite et en dénicher une autre. L'idée de repasser une nouvelle fois devant mes geôliers assoupis me noue les entrailles. Et si cette fois, Al-Hassan se réveillait ? Mes allers-retours répétés l'intrigueraient forcément. Il découvrirait mon subterfuge… Je n'ose imaginer les conséquences.

Je n'ai pourtant pas d'autre choix. Empoignant un sac de lait comme éventuel prétexte, je me dirige d'un pas mal assuré vers le pick-up. Al-Hassan semble profondément endormi. Penché sur le sac à outils, je replace précautionneusement la première clé, et en extirpe une autre, de taille adéquate.

Un âne se met alors à braire d'une plainte stridente qui me glace la nuque. J'ai un sursaut d'effroi, persuadé que le bruit va réveiller mes gardiens. Mais non, rien ne bouge. Je rebrousse chemin, le sable s'opposant à chacun de mes pas comme pour mieux m'entraver, la peur au ventre.

De retour sous l'abri, je pousse un lourd soupir. La clé de la liberté est enfin en ma possession ! Je me traite de fou une bonne dizaine de fois, puis l'enterre précautionneusement dans le sable. Satisfait, je répète les prochaines étapes : attendre qu'ils viennent m'enchaîner, et ensuite…

Un doute affreux vient soudain remettre tout en cause. Et si cette clé était celle que mes geôliers utilisent chaque soir pour river ma chaîne. Je les vois bien utiliser une clé de 13, mais d'où la sortent-ils, au juste ? Du pick-up ou de leur propre abri ? J'essaie de me remémorer ce détail crucial, en vain. Une peur panique m'envahit. Que faire ? Poursuivre serait trop risqué. S'ils s'apercevaient de sa disparition, ils me soupçonneraient à coup sûr.

La conclusion sans appel m'écrase : j'ai été idiot de ne pas considérer ce paramètre avant. Le temps presse, ils ne vont pas tarder à se réveiller. Dans un élan désespéré, je me dirige vers le pick-up. Fébrile, j'ouvre le sac la main tremblante et j'y glisse à nouveau la clé. Un tintement métallique résonne, pareil à un glas sinistre. Je me fige, pétrifié, aux aguets du moindre mouvement de mes geôliers. Enfin, la clé est replacée. Je m'éloigne, soulagé d'un poids immense, mais épuisé par cette tension extrême. J'ai l'impression d'avoir vieilli d'un coup.

De retour sous l'abri, l'adrénaline retombe. Je décide d'observer attentivement ce soir d'où provient la clé qui me liera.

La nuit venue, après le repas, l'un des jihadistes se dirige vers son abri, fouille dans un sac et en extrait une clé de 13 avant de s'approcher de moi. Soulagé, je tends ma jambe qu'il enchaîne.

Demain soir, je leur fausserai compagnie.

Au lendemain du ramadan, un semblant de normalité est revenu sur le camp. Mais ce jour-là, je n'ai en tête que mon plan d'évasion. Après avoir écouté la radio comme à l'accoutumée et déjeuné seul sous l'abri, je guette avec impatience l'heure de leur sieste pour retourner au pick-up et récupérer la précieuse clé.

Mais un imprévu vient contrarier mes projets. Au lieu de s'allonger, les deux jeunes jihadistes s'affairent autour du véhicule. Le front plissé par l'inquiétude, je les observe d'un œil méfiant. L'un prend le volant, l'autre monte à ses côtés. Ils démarrent et quittent les lieux, me laissant seul avec Al-Hassan, qui semble indifférent.

La mâchoire crispée, je ronge mon frein. Impossible de mettre la main sur la clé dans ces conditions. Je tente de garder mon calme. Ils vont bien revenir. Au pire, je mettrai mon plan à exécution à leur prochaine sieste.

Une heure interminable s'écoule avant que le pick-up ne réapparaisse dans un nuage de poussière, effectuant une large embardée. Al-Hassan se lève lentement et vient vers moi.

– Ça va ? me lance-t-il.

J'acquiesce d'un bref hochement de tête, déglutissant discrètement.

– Qu'est-ce qui se passe ?

– Prends tes affaires, on part, tranche-t-il avant de tourner les talons, sans autre explication.

Je reste un instant tétanisé tandis que mon plan d'évasion vole en éclats. Autour de moi, c'est la débandade. Les Touaregs s'empressent d'enterrer les restes du feu et de rassembler leurs maigres effets personnels.

D'un pas lourd, je rejoins le pick-up, mon paquetage roulé sous le bras. Al-Hassan me tend mes lunettes d'un geste sec. Je grimpe, retrouve ma place dans l'habitacle. Nous démarrons.

Dans la matinée, nous faisons halte en pleine brousse, pour laisser le jihadiste à la voix fluette poursuivre sa route seul. Le Toyota Hilux repart cahin-caha sur les pistes terreuses.

Vers midi, Al-Hassan ordonne une pause pour se sustenter. Tandis que son compagnon prépare le riz et ramène à la vie de la viande séchée sur un maigre feu, un bourdonnement caractéristique se fait entendre. Je lève les yeux et aperçois un drone militaire qui patrouille à plusieurs milliers de pieds d'altitude.

– Un drone… ne puis-je m'empêcher de souffler.

Al-Hassan opine brièvement, mais ne semble pas s'en formaliser outre mesure. Nous entamons notre frugal repas, bercés par le bourdonnement continu de l'appareil qui ne semble pas vouloir s'éloigner.

Au bout d'une minute, un changement perceptible s'opère chez Al-Hassan. Ses traits se ferment, accentuant les rides aux coins de ses yeux désormais plissés. D'un geste brusque, il repousse son assiette et se dresse d'un bond :

– À la voiture, dépêchez-vous !

Sa voix, d'habitude si posée, s'est muée en un aboiement quasi martial. Je le dévisage incrédule, mais son regard ne souffre aucune réplique. Un autre homme semble s'être substitué à celui que je connais. Son regard m'apparaît soudain dépourvu de sentiments. Il est froid, insensible, vide, comme mort.

– ON BOUGE, MAINTENANT ! hurle-t-il

Je bondis dans le pick-up sans demander mon reste. Al-Hassan prend place derrière le volant, oubliant toute précaution à mon égard. Pas de lunettes pour m'obstruer la vue cette fois.

Le Hilux rugit, prêt à démarrer au quart de tour. Le deuxième jihadiste n'a pas refermé sa portière qu'Al-Hassan donne un brusque coup de volant. Dans un nuage de poussière, nous effectuons un demi-tour serré avant de nous élancer sur la piste à une allure folle.

Je jette un œil effaré au compteur qui s'emballe : 90… 100… 110 km/h ! Sur ces pistes accidentées, nous risquons la sortie de route à chaque instant. Je repense à la mise en garde d'une de mes sources, questionnée sur les drones : « Ne jamais fuir à vive allure quand ils sont là, ils te traqueraient. » Mais Al-Hassan, pourtant expérimenté, semble sourd à toute logique.

Le paysage défile à une vitesse vertigineuse. Un campement de toile, fragment de réalité en accéléré, surgit. Une femme qui suspend sa lessive se fige en nous apercevant. Un peu plus loin, une caravane de chameaux impassibles nous regarde passer d'un œil indifférent.

Al-Hassan ne fait qu'un avec le véhicule. Il négocie les virages en épingle, le regard rivé sur la route.

J'imagine l'opérateur drone, la main sur son joystick, quelque part dans une salle de contrôle bardée d'écrans haute définition, faisant se croiser les réticules de ciblage sur notre véhicule, le doigt suspendu sur la gâchette en attente de l'ordre qui fera disparaître sa cible dans un cratère vide et fumant.

Le pick-up s'engouffre soudain dans un épais massif de broussailles, nous plongeant dans une semi-obscurité mouvante. Le moteur diesel est poussé dans ses derniers retranchements. Al-Hassan n'épargne ni la mécanique ni les suspensions de la Toyota. Les cahots m'expédient de tous côtés, seuls ses coups de volant brutaux nous permettent de rester sur la trajectoire.

Nous débouchons à nouveau dans un éblouissement de lumière crue. Al-Hassan prononce quelques mots gutturaux à son compagnon. Ce dernier passe prudemment la tête par la fenêtre et scrute les cieux avec attention avant de répondre sur le même ton.

Nous obliquons brusquement sur la gauche et nous nous enfonçons dans une légère dépression boisée. Al-Hassan donne un brusque coup de frein et le Hilux s'immobilise enfin dans un crissement de pneus, au milieu d'un silence quasi religieux, seulement troublé par le halètement de nos souffles.

Il coupe le moteur, descend d'un bond et disparaît quelques instants entre les arbustes. Quand il revient, son masque a commencé progressivement à se lézarder. Il redémarre d'un tour de clé et nous reprenons la route à vitesse modérée, en direction de l'ouest…

*
* *

Le coup de feu déchire l'air. L'oiseau qui planait paisiblement est stoppé net dans son vol. Il chancelle quelques instants, les ailes largement déployées, avant de piquer en chute libre et s'écraser au sol à une centaine de mètres de nous. Immédiatement son compagnon, tel un chien de chasse, s'élance au pas de course pour récupérer l'animal. Je reste stupéfait par la précision du tir du moudjahidine. D'un seul tir instinctif de kalachnikov, il a réussi à abattre cet oiseau en plein vol !

Le jeune jihadiste revient quelques minutes plus tard, tenant par les pattes la volaille sauvage, plus massive qu'un poulet de ferme. Son ventre rebondi est d'un blanc immaculé tandis que ses larges ailes ouvertes arborent un plumage sable moucheté de taches sombres.

Al-Hassan aiguise un coutelas tandis que son second et moi déplumons l'animal pour dénuder la chair tendre.

Il découpe ensuite l'oiseau en morceaux avant de le jeter dans une vieille cocotte émaillée avec des oignons, des patates, de l'huile et du sel. Un fumet appétissant ne tarde pas à s'en dégager. Nous sommes le 14 mai 2021, en fin de matinée et cet *obara*[5] préparé ainsi, avec le désert pour décor, est le meilleur repas que j'ai mangé depuis le début de l'année 2021 !

La voracité avec laquelle je dévore les morceaux de cette volaille amuse mes gardiens.

– C'est une viande très recherchée, dit Al-Hassan en se rejetant en arrière pour s'allonger. À l'époque, se remémore-t-il, les Saoudiens venaient ici rien que pour cet oiseau. Ils arrivaient avec plusieurs camions, ils avaient des groupes électrogènes et montaient d'immenses campements. J'ai rencontré le prince Bandar Ben Sultan d'Arabie saoudite, il venait chasser au rapace dans la région de Kidal.

Cette confidence sur son autre vie, ce fragment de son passé de guide, pique aussitôt ma curiosité. Comment cet homme a-t-il pu basculer du rôle de rabatteur pour milliardaires saoudiens à celui de combattant jihadiste ?

– Avant de faire ce que tu fais aujourd'hui, tu écoutais de la musique ?

– Oui, j'aimais bien ça.

– Alors que lui reproches-tu aujourd'hui ?

Il glousse, boit une gorgée de thé brûlant et répond :

– La musique touche le cœur. Elle peut mettre en transe, faire pleurer, elle est addictive. Ce n'est pas une bonne chose. Elle nous écarte de Dieu, elle est donc proscrite.

5. Se dit « obara » ou « oubara » en arabe, outarde en français.

Je ne peux réprimer un sourire dubitatif.

– Pourtant, chez moi, en France, les gens peuvent croire en Dieu et écouter de la musique, elle est même jouée dans les églises. Tu devrais venir voir, tu serais étonné.

Al-Hassan me considère d'un air narquois.

– Si je vais en France, à Paris, ce sera pour le jihad, pas pour visiter et voir les boucheries où ils vendent du porc, les boîtes de nuit et les femmes sans habits !

Sur cette dernière pique aux accents presque menaçants, il vide son verre d'un trait et se lève, m'intimant d'un geste de faire de même. Nous remballons les restes du repas et reprenons la route.

Les lunettes ne sont plus obligatoires, apparemment. Cette fois-ci, elles restent posées sur le tableau de bord, me fixant avec une sorte de convoitise.

J'ai tout loisir d'observer la route à travers le pare-brise, de me perdre dans la monotonie surprenante de ces paysages désolés, de vastes étendues désertiques brûlées par le soleil, uniquement clairsemés par quelques arbustes. La région de Kidal que nous traversons est composée de territoires immenses et vides. Entre ciel et terre, sur des centaines de kilomètres, on ne croise âme qui vive en dehors des caravanes de chameaux itinérantes ou des troupeaux de moutons et de chèvres.

Puis soudain, surgissant de nulle part, un semblant de village : quelques maisons en dur, de briques ou en banco, des tentes de fortune, un campement avec un ou deux véhicules, des pick-up ou un camion. Des empreintes humaines, des îlots de vie dans un immense tout où l'homme est loin d'avoir pris toute sa place.

À l'intérieur du pick-up, le bruit sourd du moteur vient combler le silence qui s'est installé depuis notre départ. C'est finalement Al-Hassan qui le brise, tournant la tête dans ma direction :

– J'ai besoin de ton avis.

Étonné qu'il ressente le besoin de me sonder, je me fais tout ouïe.

– J'ai été contacté via quelqu'un par une ONG. Ils sont connus, leur nom c'est deux lettres, H quelque chose…

– HD, Humanitarian Dialogue ? je propose.

– Voilà, c'est ça ! Ils ont fait passer le message qu'ils voulaient me parler, échanger avec moi. Tu penses que je devrais le faire ?

Je suis surpris qu'il ait été approché. Pour quelle raison ? L'ONG HD est réputée pour ses médiations discrètes dans les conflits. L'info m'intrigue.

– Oui, je pense que tu devrais le faire, ne serait-ce que pour savoir ce qu'ils veulent. HD n'est pas une petite ONG, ils jouissent d'une solide réputation.

Il réfléchit quelques instants avant de lâcher :

– Nous avons nos propres canaux pour ce genre de choses. C'est par eux qu'ils auraient dû passer, pas par moi directement. Je ne vais pas m'en mêler.

Un silence de quelques minutes s'installe à nouveau dans l'habitacle, seulement rythmé par le ronronnement du moteur. Désireux de ne pas laisser mourir la conversation, je décide de relancer la conversation.

– Tu as vu ce reportage de la télé française sur les otages d'Areva ? Ils disent que l'assassinat des deux journalistes de RFI aurait constitué des représailles à la suite du non-versement d'une partie de la rançon à une katiba. C'est vrai ?

Al-Hassan fronce les sourcils.

– Ce que dit le premier négociateur est vrai, c'est comme cela que les choses se sont passées, finit-il par lâcher. La somme versée pour libérer les otages d'Areva était bien de 30 millions d'euros. Cet argent nous a été remis une semaine avant leur libération.

– D'accord… Mais il y aurait eu une dispute sur le partage de cette rançon ? Et c'est par vengeance qu'une katiba aurait alors exécuté les deux journalistes ?

– C'est totalement faux ! Celui qui a dit ça dans le reportage raconte n'importe quoi. Les deux journalistes n'ont pas été tués à cause de l'argent de la rançon.

Je le fixe, avide d'en savoir plus.

– Très bien… Mais alors, pourquoi ont-ils été tués ?

Al-Hassan me jette un regard lourd de sens, avant de se murer dans le silence. Je comprends que je n'obtiendrai rien de lui de cette manière frontale. Mieux vaut laisser couler pour l'instant et y revenir plus tard, à un moment plus propice.

Je change donc de sujet, m'étonnant cette fois auprès de lui que nous n'ayons pas croisé de membres des groupes armés sur la route.

– Vous avez de bonnes relations avec eux ? Je lui demande.

– Nous n'avons pas de problème avec eux, ils nous laissent tranquilles et nous les laissons tranquilles, répond-il du tac au tac. Nous ne voyons pas la nécessité de nous confronter à eux pour l'instant. Mais pour nous, le MNLA est en dehors de l'islam, car ils sont partisans de la démocratie, de l'équité, de la musique, etc. Le MAA et le HCUA en revanche ne sont pas considérés comme hors de l'islam.

Je saisis la balle au bond :

– Vous entretenez des liens étroits avec le HCUA ? Leur chef est un ancien membre d'Ansar Dine, un ancien moudjahidine…

Al-Hassan secoue la tête :

– Nous n'avons pas de lien particulier avec eux. C'est vrai qu'ils viennent d'Ansar Dine, mais nous ne les soutenons pas pour autant. Ils nous ont demandé de l'aide lors de la guerre contre la Plateforme[6], nous avons refusé. Ils sont venus ensuite nous voir pour qu'on les aide à combattre l'EIGS, nous avons encore refusé.

– Je pensais plutôt à des liens… tribaux ou familiaux ?

– Les fractions, les tribus, n'ont pas d'importance. Nous sommes avant tout des musulmans.

Je décide d'insister un peu :

– Et l'Azawad alors ? Leur désir d'indépendance, vous le partagez ?

Al-Hassan laisse échapper un rire méprisant.

– Azawad et Mali ne sont que des noms pour désigner le Nord ou le pays tout entier. Pour nous, il n'y a rien de plus derrière ces mots, juste des appellations sans importance.

– Pourtant, les Peuls qui sont avec vous ont l'air plutôt attachés à cette notion de territoire…

Le moudjahidine tourne brièvement la tête vers moi.

– La communauté peule a rejoint massivement le jihadisme parce qu'elle a été abandonnée par l'État malien, elle était défavorisée étant composée majoritairement d'éleveurs peuls. Elle a eu des armes et s'est défendue.

Décidé à provoquer une réaction de sa part, j'aborde un sujet sensible :

– Le massacre d'Ogossagou, en 2019, tu t'en souviens ? Quand des hommes armés ont débarqué dans ce village peul pour y tuer plus de 150 civils ? Certains soupçonnent les jihadistes d'être derrière ce massacre…

Il semble surpris :

– L'attaque d'Ogossagou n'a pas du tout été le fait des jihadistes ! Ce sont les milices dozos qui ont fait ce coup-là ! Pourquoi aurions-nous attaqué la communauté peule, qui fait partie de nos populations ? Ce sont les Dozos, les responsables !

---

6. Coalition de groupes armés pro-gouvernement.

– C'est la vérité ? lui demandé-je en me tournant vers lui.

– Nous devons toujours dire la vérité… En tout cas aux musulmans. Avec les *kouffar*, nous pouvons mentir, dit-il avec un sourire en coin.

Je le teste et je lui demande dans ce cas de me dire sur quoi il a tiré le premier jour où il est venu me prendre, après la tempête de sable.

– C'était un rapace.

Je m'apprête à dire quelque chose quand la radio se met à grésiller. Al-Hassan s'empare du poste et s'entretient quelques minutes avec un interlocuteur, alors que nous filons à travers la brousse sous un ciel bleu dépourvu du moindre nuage.

« Abderamane, Abderamane, hey ! », le talkie-walkie crachote, puis laisse place à une neige sonore et continue. « Abderamane, Abderamane, hey ! », personne ne répond. Il repose l'émetteur sur le tableau de bord d'un geste las. Nous avons déjà roulé de longues heures depuis notre halte déjeuner, la fatigue commence à peser.

Il remet le contact et nous repartons. Trois minutes plus tard, le pick-up s'immobilise sur une vaste étendue de sable. Il me fait signe de descendre et de m'installer pour la nuit.

À peine ai-je défait ma natte qu'un grondement lointain se fait entendre. Des phares percent soudain l'obscurité. En quelques minutes, pas moins d'une demi-douzaine de pick-up surgissent de la nuit, chassant les ténèbres dans un rideau de poussière.

Des jihadistes en armes en descendent avec force salutations chaleureuses, embrassades et tapes amicales dans le dos. Certains ne se sont manifestement pas revus depuis longtemps. J'en dénombre une vingtaine au total, jeunes et vieux confondus, la plupart barbus ou enturbannés.

Une réunion de l'organisation en plein désert ? Je les observe à la dérobée, la curiosité érodée par la fatigue du voyage. Après une prière collective, ils se mettent en devoir de préparer un véritable festin. Les restes de l'*obara* viennent compléter les provisions apportées par chacun.

Bientôt, un grand feu crépite au centre du campement de fortune, ses flammes orangées font danser les ombres des jihadistes tels des géants tout autour. On m'apporte une modeste part du repas, mais je n'ai pas la force d'avaler quoi que ce soit. Je sombre bien vite dans le sommeil tandis que leurs rires et leurs discussions s'assourdissent progressivement.

Au réveil, le campement s'est en partie vidé. Il ne reste que deux pick-up en plus du nôtre. Je m'étire péniblement avant de m'autoriser une heure d'exercice sous l'œil intrigué de quelques jeunes moudjahidines.

Al-Hassan, les traits tirés par le manque de sommeil, vient à ma rencontre tandis que je regagne ma couche.

– Nous allons partir, tiens-toi prêt.

Je rassemble à la hâte mon maigre paquetage et le rejoins près du pick-up. Nous ne parcourons qu'une dizaine de kilomètres avant de nous arrêter face à une épaisse forêt. Au loin se dresse une colline rocheuse qui semble monter la garde.

Le véhicule s'enfonce sur un chemin de terre à peine tracé dans les broussailles. Nous finissons par nous immobiliser au cœur d'une petite clairière. Le deuxième jihadiste commence aussitôt les préparatifs pour le repas.

Un pick-up ne tarde pas à faire son apparition. Au volant, un homme à la longue barbe noire, la quarantaine bien tassée, vêtu d'un boubou violet. Deux jeunes recrues l'accompagnent. Ils se joignent à nous sans mot dire. L'un des deux jeunes ne me quitte pas des yeux.

Nous partageons un frugal repas en silence. L'homme à la barbe noire semble ravi de revoir Al-Hassan. Moi, je reste en retrait, observateur muet. À la fin du repas, Al-Hassan se tourne soudain vers moi :

– Je vais partir et te laisser avec eux. Mon rôle s'arrête ici.

Je suis stupéfait par cette annonce pour le moins inattendue.

– Je leur ai dit de te donner un carnet et un stylo si tu n'as plus de pages pour écrire.

Il marque une pause avant d'ajouter :

– Je ne sais pas si tu pourras avoir beaucoup d'informations ici. Dans cette région, ils sont peu à parler le français.

Je me lève et me dirige vers lui. Nous nous serrons la main avec une certaine solennité.

– Comment pourrais-je te contacter plus tard, si je veux te parler ? Tu as un e-mail, un WhatsApp ?

Il éclate d'un rire qui se répercute chez ses compagnons.

– Je ne suis pas dans ces trucs que vous utilisez !

Son regard se fait soudain plus sérieux.

– Si tout va bien, je te reverrai peu de temps avant que tu ne nous quittes. Nous verrons à ce moment-là.

Nous nous dévisageons en silence. Je ne m'attendais pas à ce que nos routes se séparent de manière aussi abrupte. J'espérais pouvoir en apprendre davantage… La perspective d'être laissé aux mains de ces nouveaux geôliers au fond des bois ne m'enchante guère, mais je n'ai pas le choix.

Sans un regard dans ma direction, le compagnon d'Al-Hassan monte dans le pick-up. Ce dernier grimpe à son tour derrière le volant et donne un coup d'accélérateur, faisant crisser les pneus dans un demi-tour quasi sur place. Je l'aperçois une dernière fois, son chèche blanc flottant au vent, avant que le véhicule ne devienne qu'un point de plus en plus flou à l'horizon… jusqu'à disparaître complètement.

6

La forêt du destin

Le pick-up s'éloigne, laissant derrière lui quelques maigres provisions et les deux jeunes jihadistes chargés de me surveiller. Réza et Mohamed, à peine sortis de l'adolescence, sont absorbés par leur téléphone portable, riant comme des gosses devant un jeu vidéo. En sourdine, accroché à une branche, un talkie diffuse la voix d'un moudjahidine qui interpelle sans cesse la même personne, un certain El-Mahmoud.

Au bout d'un moment ils s'allongent et commencent à dormir. Je m'étends sur ma natte, et les observe discrètement. Mon regard dérive sur la canopée au-dessus de moi. La forêt qui m'entoure est austère, composée majoritairement d'arbres lugubres, hérissés d'épines, semblant me repousser à chaque regard. Au loin, une colline de pierre noire surplombe ce paysage désolé. L'incertitude me ronge, mais mon esprit reste focalisé sur une seule idée : l'évasion.

Je parcours la clairière du regard, enregistre chaque détail. Une piste qui s'enfonce dans les bois vers le sud attire mon attention. Une issue possible, mais je dois rester prudent. Ma dernière tentative s'est soldée par un échec, mais l'espoir persiste, tenace.

Soudain, le vrombissement lointain d'un moteur brise le silence. Je ne peux la voir, mais je devine une moto qui se fraye un passage dans les bois et avance dans notre direction. Le bruit cesse. Quelques secondes de silence, puis une voix masculine appelle depuis les bois, à quelques centaines de mètres. J'attends une réaction de mes gardiens, mais rien ne vient. Réza et Mohamed, plongés dans un sommeil de plomb, ne bronchent pas. L'appel retentit une deuxième fois, puis une troisième, chaque fois plus fort et insistant.

Hésitant, je me lève, me dirige vers Réza et secoue doucement son épaule. Il émerge, l'air hagard. Je lui désigne la direction d'où provient l'appel. D'une voix ensommeillée, il répond enfin.

Le bruit du moteur reprend, et bientôt une moto surgit dans la clairière, pilotée par un Touareg mince au teint hâlé, portant une veste militaire, la tête drapée d'un chèche rose que je trouve des plus précieux dans ce décor. Il descend de son engin avec une assurance qui frôle l'arrogance. Son regard se pose sur moi et il me lance un : « Bojur ça wa », avec un rire moqueur.

Il salue ses compagnons et entreprend de défaire des paquets ficelés sur sa moto. Puis, d'un geste impérieux, il me fait signe d'approcher. J'avance vers lui.

– *Ismouk enta ?* me lance-t-il, avec un mépris à peine voilé.

Ne comprenant pas, je hausse les épaules, incrédule, ne sachant quoi répondre. Il répète, visiblement amusé par mon incompréhension. Il se tourne ensuite vers ses compagnons et leur dit quelque chose en tamacheq qui les fait éclater de rire. Puis, Réza intervient, traduisant maladroitement :

– Ton nam ?

– Je m'appelle Olivier, dis-je.

Je sens monter en moi une frustration face à cette barrière linguistique qui me place en position d'infériorité.

S'ensuit une cacophonie de tentatives pour prononcer mon prénom, chacune plus approximative que la précédente. « Elifieu », « Alivia », « Olafieu »… Leurs rires résonnent dans la clairière. Soudain, le souvenir d'un ami de lycée à Avignon, un Marocain, me revient. Il m'appelait toujours par mon prénom traduit en arabe.

– Zeitoun, je lance, surprenant mon auditoire.

Le visage du Touareg s'éclaire :

– Zeitoun, Elifieu, kif kif ?

J'acquiesce. Il hoche la tête. J'éprouve un étrange réconfort dans ce nouveau nom que je viens de balancer. C'est comme si une partie de moi restait à l'abri, comme si moi, Olivier, j'étais subitement préservé de cette captivité, dévolue à présent à un autre moi, Zeitoun.

Le Touareg reprend, son attitude provocatrice trahissant une animosité réelle envers les Français :

– *Francia, Francia*, dit-il, pointant son pouce vers le bas.

Puis, il mime une gorge que l'on tranche avec son index :

– Président Macaron.

Je réprime un sourire sarcastique. Ce n'est pas la première fois que j'entends cela depuis mon enlèvement. Dans mon esprit, je visualise la scène : ce type maigrichon, 60 kg tout sec, en chèche rose, tentant de s'approcher du président. J'imagine sa mâchoire sèchement éclatée sous le coup de savate d'un des gorilles du président sans qu'il ait pu crier « Allah akbar ». Il est immédiatement plaqué au sol, écrasé et maîtrisé. L'absurdité de la situation m'amuse intérieurement. Je garde un visage impassible, légèrement traversé par un sourire moqueur, conscient du danger, mais désireux de lui montrer que l'espoir fait vivre. Le Touareg me fixe du regard, puis rejoint ses camarades et se désintéresse de moi. Tous trois reprennent et commentent la partie de jeu vidéo qu'ils avaient mis en suspens. Au bout d'un moment, le nouveau venu enfourche sa moto et repart à travers les bois.

La nuit venue, je suis surpris de constater qu'on ne m'a pas attaché. Allongé sur ma natte, j'observe le feu mourant et écoute les ronflements sonores de mes gardiens. J'estime à 200 mètres la distance à parcourir pour quitter la clairière et disparaître dans les bois. Le sol jonché de brindilles craquantes me semble l'un des principaux obstacles. Lentement, je me lève, je teste leur sommeil. Je fais un pas, puis deux. Aucune réaction. Je saute sur place. Ils ne s'éveillent pas. Je pourrais partir, là, maintenant. Mais la raison l'emporte sur l'impulsion. Sans eau, sans nourriture, sans préparation, je ne survivrais pas longtemps dans ce désert hostile.

Pas encore, me dis-je en regagnant ma natte. *Bientôt.*

Alors que je me rallonge, je sens une réelle possibilité d'évasion se dessiner. Ces gardiens au sommeil lourd ne font que renforcer ma résolution. Je ferme les yeux en me disant qu'un jour proche, je m'échapperai. Et que ce jour-là, rien ne pourra m'arrêter.

*

* *

Réza fourre sa main entre la peau et l'estomac de la chèvre fraîchement égorgée. Son poing, puis son bras s'enfoncent dans l'animal en émettant un chuintement visqueux, chair contre chair, d'une intimité presque obscène. La tête préalablement coupée a été jetée au feu, dans la chaleur des flammes, une odeur forte de viande grillée et de poils musqués brûlés me prend à la gorge. Elle constitue, paraît-il, un mets de choix, une fois la peau, rendue craquante par le feu, épluchée pour livrer la langue, les gencives, les joues et la cervelle aux amateurs.

La scène a été rapide. L'arrivée du pick-up a été ponctuée des bêlements terrifiés de la chèvre au pelage sombre, comme si elle pressentait déjà son sort. L'homme à la barbe noire venu la veille l'avait amenée avec d'autres provisions. Je la revois tremblante, bêlant d'effroi, le souffle haletant, essaimant malgré elle des petites crottes pareilles à des billes quand Réza la saisit pendant qu'un autre la maintenait. La lame du couteau, d'un geste bref, lui a ôté la vie, noyant ses derniers chevrotements dans des gargouillis sanglants. Le sang avait giclé de sa gorge, maculé le poil de sa poitrine et aspergé le sol poussiéreux. Puis l'animal s'est affaissé d'un coup, passant dans un dernier soubresaut à l'état de carcasse, soudainement libéré du fardeau de la peur et de l'existence.

Le soleil continue de briller, implacable, sur cette scène brutale que j'ai regardée avec une sorte de fascination étrange. Je me demande comment elle avait senti qu'on l'emmenait vers ce funeste destin. Était-ce parce qu'elle avait vu ses parents, ses frères et ses sœurs finir de la même façon et qu'elle ne doutait pas de l'issue de cette balade impromptue en voiture ?

Sortant de ces pensées macabres, je poursuis ma balade. Le soleil matinal filtre à travers les branches, projetant des ombres mouvantes sur le sol de la forêt. Je me dirige vers un arbre robuste non loin du campement des jihadistes. Ce bois, où nous nous sommes établis pour une durée indéterminée, possède de nombreuses clairières au sol dur et relativement plat, propices à la pratique du bagua zhang.

Je débute par des étirements pour éveiller chaque muscle. Puis viennent les postures statiques. Je reste immobile de longues minutes, mon poids sur une jambe, puis sur l'autre. Progressivement, j'enchaîne avec des coups de paume, de poing, pied, genou et coude, travaillant rapidité, cadence et puissance.

Je poursuis mon entraînement avec les formes, répétitions de combats contre des ennemis invisibles. La pratique quotidienne de ces mouvements développe ma souplesse, ma coordination, ma force et mon équilibre. Je sens le regard de mes geôliers sur moi, mélange de curiosité et d'incompréhension.

Puis vient le clou du spectacle pour mes observateurs involontaires : la marche en cercle, élément essentiel du bagua zhang. Pendant des dizaines de minutes, je me déplace et trace progressivement des cercles sur le sol de la forêt. Mes changements d'angles brusques et mes combinaisons en spirale provoquent diverses réactions.

J'entends des rires moqueurs, des exclamations de surprise. Parfois, je perçois une note d'admiration dans leurs voix, mais le plus souvent, c'est la perplexité et l'incompréhension qui dominent. Peu m'importe. Cette pratique me structure. J'en ai cruellement besoin pour résister à ces épreuves, et tout cela s'avérera précieux pour une future évasion.

Au bout d'un moment, l'un d'eux, plus curieux et suspicieux que les autres, s'approche et pointe du doigt mes mouvements en fronçant les sourcils.

– Toi… pourquoi… ça? articule-t-il laborieusement en français, tout en imitant par des gestes maladroits mes exercices.

Mentant avec aplomb, je lui réponds en mimant une douleur au genou et en pointant ma jambe :

– Problème genou. Sport… bon pour genou. J'ajoute quelques mots en arabe pour clarifier. Il hoche la tête, accepte visiblement mon explication, et s'éloigne en faisant un geste de la main qui semble dire : « Continue, alors. »

Les moudjahidines, eux, ne pratiquent pas d'activité physique, ou peu. Ils se considèrent comme des « travailleurs de l'islam ». Au moment voulu, pensent-ils, ils seront aidés et guidés par Dieu, qui viendra consolider leurs actions pour leur octroyer réussite et victoire.

L'entraînement terminé, je procède à une toilette sommaire. Une demi-coupe d'eau, pas plus – nous n'avons pas encore été ravitaillés en eau, et ici, elle est rare. Rafraîchi, je pars ensuite marcher. Être en mouvement m'aide à penser. Pendant des heures, je sillonne les portions de la forêt à ma portée, repoussant chaque jour un peu plus les limites de ma zone autorisée. Mes yeux scrutent attentivement le moindre détail de mon environnement. Je mémorise chaque sentier, chaque repère, m'imprégnant de cette forêt hostile que je compte bien quitter un jour.

Le soleil est déjà haut dans le ciel quand je reviens au campement. En milieu d'après-midi, le vrombissement d'une moto brise le calme relatif de la clairière. Deux nouveaux Touaregs enturbannés en descendent : l'un grand et massif, le visage marqué de profondes crevasses, l'autre petit et mince. Je comprends rapidement qu'ils viennent assurer la relève de mes gardiens actuels.

Ils ont apporté avec eux une grande bâche de toile vert feuille. Sans un mot, ils s'en saisissent et s'enfoncent à environ 200 mètres dans les bois. Je les entends s'activer pendant un moment, puis le silence retombe. Après quelque temps, ils appellent : « Zeitoun ! » Je les rejoins, curieux de voir ce qu'ils ont préparé.

La toile a été dressée entre des arbres, créant un abri rudimentaire pour me protéger du soleil. Une autre partie de la bâche a été tirée jusqu'au sol, masquant la vue sur la clairière où les jihadistes ont établi leur campement.

– Toi… ici, me lance le géant à la face crevassée, pointant du doigt l'espace sous la bâche. Il fait un geste de balayage avec sa main. « Nettoyer… bien. » Je hoche la tête pour montrer que j'ai compris.

Je jubile intérieurement. À cette distance d'eux, caché par les arbres et la toile, avec une ouverture sur le bois, ça ne peut que faciliter une évasion à la faveur de la nuit. Le grand Touareg poursuit, dans un mélange de gestes et de français basique.

– Toi… pas venir là-bas, il pointe la clairière. Attendre… nous appeler. Besoin quelque chose… demander !

Il tourne les talons et s'en va. Son compagnon reste là quelques secondes, m'adresse un sourire encourageant et s'éloigne. Je me saisis d'une branche flexible pourvue de feuilles et balaie les détritus naturels et les nombreuses épines qui se sont accumulés sur le sol avant d'entreprendre de m'installer.

Le soir venu, on m'appelle pour le dîner. Le menu est peu ragoûtant : des macaronis trop cuits noyés dans du concentré de tomates et de l'huile, agrémentés de deux ou trois morceaux d'une viande séchée à l'odeur forte. Je mange en silence, observant mes nouveaux geôliers du coin de l'œil.

Après le thé, une scène inattendue se déroule. Le grand Touareg sort son téléphone portable et s'installe confortablement près de son compagnon. Ils commencent à visionner quelque chose sur l'écran, et leurs rires ponctuent régulièrement le silence de la nuit. Intrigué, je tends l'oreille et observe discrètement. À ma grande surprise, je reconnais les pitreries de Buster Keaton. L'absurdité de la situation me frappe : ces hommes armés, ces jihadistes austères, rient aux éclats devant un film muet américain des années 1920.

Soudain, l'écran du téléphone passe en veille. Du bout du doigt, le grand touareg dessine le motif de déverrouillage. Je regarde avec attention, mais son geste est trop rapide pour que je puisse entièrement mémoriser le schéma. Frustré, je me promets d'être plus vigilant la prochaine fois.

Buster Keaton tire sa révérence, et on me signale qu'il est temps pour moi de regagner mon abri. Le grand Touareg se lève, amenant à lui dans un son métallique une lourde chaîne que je reconnais instantanément. La surprise et la déception m'envahissent. Je pensais que la chaîne appartenait au passé, puisque la veille, ils ne m'avaient pas entravé.

Je proteste, leur signifiant mon refus d'être enchaîné. Mes objections mettent le grand Touareg en colère. Dans mon abri, il arrime fermement la chaîne à un arbre, lui faisant faire plusieurs tours pour la raccourcir. Je proteste à nouveau, explique que cette longueur ne me permettra pas d'aller assez loin pour faire mes besoins.

Il hausse les épaules, indifférent à mes arguments. « Tais-toi », grogne-t-il en arabe avant de s'en aller. Une rage sourde gronde en moi. Je décide que je n'adresserai pas la parole à ces deux-là de sitôt.

Les grands besoins attendront demain. Je creuse dans la terre dure, puis dans la couche plus meuble en dessous, pour uriner. Je recouvre soigneusement le trou et vais m'allonger. Ma jambe entravée, alourdie par cette chaîne, semble vouloir étouffer mes espoirs de liberté. Mais dans mon esprit, les plans d'évasion continuent à germer et m'empêchent de sombrer dans le sommeil.

*

* *

Je suis droit comme un i, relâché, concentré sur mon bassin, mon centre. Le vent qui souffle par moments met à mal mon équilibre, mais je tiens depuis maintenant une dizaine de secondes. En appui sur ma jambe droite, la jambe gauche repliée et posée sur ma cuisse droite, tendu comme un arc, je tente de me relaxer dans ce précaire équilibre, faisant fi de la douleur qui irradie dans ma cuisse sous l'effet de mon poids.

Au bout de quelques secondes, n'y tenant plus, je pose enfin mon pied gauche à terre. 17 secondes ! Trois de plus qu'hier, je suis satisfait, mais il y a encore du travail pour atteindre la minute. J'essuie les gouttes de sueur qui perlent sur mon front. Ma séance matinale se termine.

Au loin, en face de moi, la colline de pierre, spectatrice massive et silencieuse, m'attire par son sommet qui me permettrait de voir tout ce qui m'entoure. Peut-être y a-t-il au loin un hameau ou un campement ? Je rebrousse chemin en direction du camp.

Je fais ma toilette et m'apprête à me préparer une coupe de lait en poudre mélangé à du sucre. Mais je n'en ai plus. La perspective de devoir aller dans la clairière en quémander aux jihadistes à qui je ne veux plus parler ne m'emballe pas. Résigné, je lance un « Hé ho ! » pour les alerter. Ils me répondent de venir.

Les deux Touaregs se sont étalés et un beau désordre règne dans le camp. J'avise une cocotte contenant encore la moitié du repas d'hier qui sèche au soleil, attirant un nuage de mouches qui vrombissent en se posant sur les restes. Des vêtements, des bouteilles vides, des sacs plastiques et des morceaux de bois calcinés sont éparpillés autour du feu.

Ils sont assis sur une natte, en train de boire le thé sous le soleil matinal. Le grand Touareg me lance un regard hostile que je ne relève pas. Le visage fermé, je désigne du doigt le paquet de sucre. Le plus petit des deux me salue, ébouriffé, les yeux encore bouffis par le sommeil. Il sert du thé dans un petit verre et me le tend. Je secoue la tête en signe de refus et désigne à nouveau du doigt le petit sachet de plastique noué d'une lanière de caoutchouc noir qui trône à côté d'eux sur le sol.

Agacé, le Touareg au visage crevassé le saisit et me le lance violemment, me faisant signe de mettre les voiles rapidement. Alors que je m'apprête à partir, le petit me retient par le bras et m'invite à m'asseoir. Que me veut-il ? À contrecœur, je m'exécute et m'assieds à côté de lui.

Quelques secondes de silence passent. Gêné par cette situation que je n'avais pas du tout prévue, je tente de garder une contenance en regardant ailleurs.

Le petit moudjahidine pose la main sur sa poitrine et dit :

– Abdul Waha, puis il pointe son compagnon qui semble toujours hostile à mon égard et dit : « Ahmed. »

Je hoche la tête, déjà prêt à me relever.

Il me fait signe de rester tranquille et sort de son sac un livre emballé dans un tissu. Il le manipule consciencieusement, pose la main sur la couverture de cuir et, pointant le doigt vers moi, me demande :

– *Muslim ?*

Je secoue la tête pour lui signifier que non.

Il me regarde en hochant la tête, me fixe, puis il montre de son doigt ses lèvres et dit :

– *La ilaha illa Allah.*

Il désigne ma bouche, m'invitant à répéter.

Les sourcils froncés, ne comprenant pas, je répète d'une voix monocorde :

– *La ilala ila la.*

Un sourire satisfait se peint sur le visage du Touareg. Je demande ce que ça veut dire en tamacheq, un des rares mots que je connais. Ahmed, un sourire amusé aux lèvres, vient de sortir son téléphone qu'il braque sur moi avec intérêt, pour me photographier ou me filmer. Je me sens mal à l'aise et lui fais signe de baisser son téléphone, il secoue la tête et me lance un regard de défi. Son compagnon lui adresse un geste pour réclamer la paix.

Il se retourne vers moi et poursuit :

– *Wa-ashadu anna Muhammad rassûl Allâh.*

De la tête, il m'encourage à répéter :

– *Wa achadou ana Muhammad…*

Je m'interromps, je viens de comprendre. Je me lève brusquement, montre mon abri, et leur fais signe que je dois y retourner.

Abdul Waha m'intime de me rasseoir. J'esquisse deux pas en arrière, bredouille « *Chokrane, chokrane* », fais demi-tour sans écouter ce qu'ils me disent et me dirige vers mon abri à grands pas.

J'ai compris de justesse qu'il me faisait réciter une promesse, une allégeance à Allah. La barrière de la langue ne m'a pas fait comprendre cela tout de suite. Je me sens dupé. Il est hors de question que l'on m'arrache une conversion à mon insu, de surcroît en étant otage et enchaîné.

Je suis troublé par ce qui s'est passé et, même si je tente de penser à autre chose, cette scène s'insinue dans mon esprit encore et encore. Je m'en veux d'avoir été aussi crédule. J'ingurgite le lait et je décide de retourner m'entraîner pour m'épuiser et songer à autre chose.

La forêt me devient jour après jour de plus en plus familière. J'ai allègrement dépassé les limites qui me sont imposées et exploré une bonne partie de la zone sud et est du bois. Tout droit en direction de l'est, on arrive à la lisière de la forêt qui fait place à une zone plus ou moins herbeuse parsemée de torchia, ces arbres au tronc argenté qui exsudent un liquide blanc et laiteux quand on casse leur branche flexible ou molle, qu'il ne faut surtout pas se mettre sur les yeux au risque de devenir aveugle. Sec, le bois brûle avec une vive intensité, mais peu de temps. Après la zone de torchia s'ouvre un vaste désert de cailloux qui embrasse tout l'horizon, brisé par moments par des collines de pierre aux sommets arrondis. Quand je partirai, ce sera par l'est, car il y a un chemin tout tracé, sans trop de feuilles, donc plus silencieux à emprunter en pleine nuit. Il suffirait de le suivre sur un peu moins d'un kilomètre pour sortir du bois et se retrouver en plein désert. Et après… ?

Des grelots et une multitude de petits pas qui se frayent un passage dans les fourrés m'extraient de mes pensées. Rapidement autour de moi, un troupeau de chèvres envahit les arbres et le sentier jusque devant mon abri.

Leur bouche avide de nourriture fait fi des longues épines acérées qui recouvrent les plantes et les arbres de cette forêt. Certaines, déstabilisées par cette tente et cet homme allongé sur une natte qui n'était pas là il y a quelques jours, me toisent d'un regard interrogateur. L'une risque une patte en avant. Je joue de leur méfiance et lève un bras ; le troupeau se disperse pour se reconstituer un peu plus loin.

Je les regarde, amusé, quand j'entends quelqu'un approcher depuis la clairière à pas lents, qui semble tirer quelque chose de lourd. Au bout de quelques secondes, je vois surgir Abdul Waha qui pousse sa moto de marque Royale. Il s'approche, la met sur sa béquille à l'ombre de la bâche et s'en retourne sans un mot vers la clairière.

Bien qu'il n'ait tout de même pas laissé les clés, c'est surprenant. J'observe le deux-roues dont le châssis et les pièces chromées disparaissent sous du papier à bulles jauni et desséché par le sable du désert. Mon regard passe du bloc-moteur à la selle, puis au guidon et je reste stupéfait. Là, suspendue et reposant sur le cadran, une cartouchière dans laquelle sont sagement rangés plusieurs chargeurs de kalachnikov et deux grenades à fragmentation. Je manque de m'étrangler quand je constate que le téléphone portable d'Ahmed s'offre à moi, là, posé sur le marchepied, en train de se charger sur la batterie de la moto. Je n'en crois pas mes yeux. Comment peuvent-ils être si idiots ? Je me lève dans la pénombre de mon abri et fais quelques pas en direction du deux-roues. Avant de l'atteindre, je me fige pour tendre l'oreille. J'entends leurs voix provenant de la clairière, ils semblent être en pleine conversation.

Je m'approche de la moto et effleure du doigt les chargeurs. Je n'ose toucher les grenades. Elles me mettent l'esprit en feu. Il serait facile d'en saisir une, de la dégoupiller à la main ou avec les dents comme dans ces films de guerre des années 1960 et de la lancer loin, en direction de la clairière où elle rebondirait. J'aurais le temps d'entendre les cris interloqués de mes gardiens avant qu'ils ne disparaissent dans l'explosion qui signifierait ma liberté. Et après… ? J'ai du mal à imaginer l'après. Mon regard se pose à nouveau sur le ventre bombé d'une de ces grenades. Je n'ai qu'une vague idée, théorique, de leur fonctionnement. Elles pourraient m'emporter le bras si je les manipulais mal. Et puis, qu'adviendrait-il si, l'explosion passée, j'entendais leurs cris de détresse appelant à l'aide ? Et même s'ils étaient morts, que me réserverait le futur ? Qu'adviendrait-il de moi, l'otage qui n'a pas hésité à atomiser à la grenade deux jeunes jihadistes pour mettre fin à sa captivité ? Aucune réponse ne vient dissiper mes doutes concernant une action armée hasardeuse. Je porte mon attention sur le téléphone qui me semble plus approprié à mon désir de mettre fin à ma captivité.

En sondant le silence, je peux les entendre au loin. Je saisis fébrilement l'appareil. Mon instinct me hurle de profiter de cette incroyable opportunité. Cela pourrait être ma bouée de sauvetage. Je pourrais envoyer un message, signaler ma position, alerter le monde extérieur. J'ai l'impression de ne pas en avoir tenu un dans mes mains depuis une éternité. Mon pouce effleure l'écran qui revient à la vie affichant une interface en arabe qui me décontenance. Je réappuie sur l'écran, les 9 points sur lesquels je dois tracer le motif qui déverrouillera le téléphone s'affichent. J'en ai mémorisé le début quand ils regardaient le film hier soir. Je trace une ligne qui se brise en un angle sur la droite puis j'improvise un zigzag, sans succès. Le souffle haletant, je tente un autre motif, auquel le téléphone ne réagit toujours pas. L'angoisse monte en moi suite à ce nouvel échec et chaque seconde perdue, chaque bruit provenant de la clairière me rappelle la fragilité de ma situation. Je regarde fiévreusement l'écran du téléphone. Je me sens paralysé, comme un enfant devant un casse-tête.

Le mode urgence ! Je me souviens qu'en basculant le téléphone en mode urgence, il est possible de passer outre ce verrou. Mais rien n'y fait. Les doigts tremblants, j'improvise un dernier motif. Un bruit de verrouillage me fige. Mon cœur se serre. Que vont-ils faire s'ils voient que le téléphone est bloqué ? Un mélange de frustration et de désespoir m'envahit. Fini ! Je recule, abandonne derrière moi le téléphone et les grenades, rongé par le sentiment d'avoir gâché une chance unique. Je dois me ressaisir, surmonter ma déception et le goût amer et persistant que laisse dans ma bouche cette sensation de lâcheté.

Je me tourne et me retourne dans l'air frais de la nuit. Les deux gros insectes caparaçonnés de noir que j'ai vu lézarder sur le bord de ma natte m'ont poussé à la vigilance et m'ont empêché de m'endormir. Je m'assieds sous la lumière bleutée de la Lune qui rend la nuit claire. Il serait parfait de prendre la poudre d'escampette une nuit de pleine lune pour me repérer au mieux. Je regarde la chaîne fixée à ma cheville droite qui serpente et disparaît dans l'obscurité. Quand je la vois, j'ai souvent l'impression de revivre viscéralement ce que mes ancêtres esclaves ont dû endurer, eux aussi entravés et brisés dans leurs cages. Une étrange sensation de boucle se refermant, comme si l'Histoire me rattrapait d'un revers cynique, pour me faire éprouver de l'intérieur cette indignité. Du côté de la clairière, c'est le silence. Après m'avoir apporté mon écuelle débordante d'une nourriture bouillie et nauséabonde que j'ai entamée dans l'obscurité avant d'en jeter les trois quarts dans la nature, mes geôliers ont un peu discuté, des rires ont fusé, très vite remplacés par leur ronflement. C'est un moment que j'apprécie, lorsque repus de la bouffe abjecte qu'ils préparent, ils sombrent dans le sommeil. Je me retrouve seul, comme s'ils avaient disparu. Libre, la nuit, de penser, d'occuper à ma guise cet espace que, le jour, je dois partager avec eux, soumis à leur rythme et à leurs ordres.

Je change de position, j'ai mal partout. Les séances de sport que je m'impose transforment non sans douleur mon corps qui n'en demandait pas tant et qui doit s'adapter. Mon mouvement a surpris un des coléoptères qui à toutes pattes fuit le danger dans les ténèbres. Combien sont-ils comme lui à attendre que je m'assoupisse pour rejoindre la chaleur de ma couverture et même venir se lover à l'intérieur de mes vêtements ? Cette perspective me tient éveillé.

Un bourdonnement de moteur, encore lointain, perce la quiétude environnante. Une lourde mécanique, certainement un camion, est en approche. Le bruit du moteur semble venir d'en face, loin au-devant de la partie nord de la forêt que je n'ai pas encore explorée. Sans doute y a-t-il là-bas une piste en dehors des bois qu'emprunte ce poids lourd. Dans un rugissement de moteur et un grincement de freins, il semble s'arrêter. Des voix aboient dans la nuit. J'en distingue trois. Une conversation s'engage, le moteur redémarre puis s'arrête. Dans un relancement enroué, le chauffeur tente apparemment de ramener le moteur à la vie, mais celui-ci, malgré un démarrage prometteur, ne parvient pas à lancer les gaz. Ils doivent être à plus de deux kilomètres de moi, mais dans le silence du désert, j'ai l'impression qu'ils ne sont qu'à quelques centaines de mètres. J'entends distinctement le capot métallique que l'on soulève et rabat, et j'imagine l'un d'eux penché au-dessus du moteur fumant, tentant de comprendre ce qui se passe. L'insolite de cette scène me saisit. Ces trois hommes ne se doutent pas qu'à quelques kilomètres d'eux, un otage français aux aguets les écoute. Machinalement ma main glisse vers ma cheville droite et entre en contact avec le métal froid de la chaîne. Mes doigts cherchent instinctivement le lourd boulon qu'ils ont serré avec force avant de repartir, rassurés par sa sûreté.

J'essaie de le faire tourner entre mes doigts, de le dévisser avec ma main, tandis que j'entends les mécaniciens nocturnes s'affairer au chevet du camion qui a rendu l'âme. Frénétiquement, je tente de tourner l'écrou, mais il me meurtrit la main sans bouger d'un iota. Si seulement je pouvais le dévisser, je me lèverais et filerais tout droit, dans le noir, guidé par leur bruit, me retournant toutes les cinq secondes pour voir si mes geôliers ne débouchent pas du bois, armés et à mes trousses. Je les convaincrais de m'emmener. Ils accepteraient et tout serait fini.

Le moteur repart, ma main endolorie tente dans un dernier mouvement de faire bouger l'immuable écrou, mais la motivation n'y est plus. Les chevaux du camion propulsent à pleins gaz le poids lourd dans la rocaille, des cris de joie accueillent ce redémarrage ; le camion s'éloigne, et ce n'est bientôt plus qu'un ronronnement lointain qui s'évanouit. Je m'affaisse sur la natte, désormais indifférent aux bruissements des pattes qui détalent, habité par une seule idée : quand et comment tout cela prendra-t-il fin ?

*

* *

18 mai 2021, 18 mai 2021, nous sommes le 18 mai 2021. Comme chaque matin depuis mon enlèvement, je répète la date du jour trois fois dans ma tête, puis j'ouvre les yeux. De minces rayons de soleil zèbrent la pénombre de mon abri, s'infiltrant par les trous de la toile qui me sert de toit. Je tombe nez à nez avec un insecte, suspendu au-dessus de ma tête. Les deux lentilles noires et luisantes qui lui servent d'yeux sont pointées sur moi. Son corps, long et mou comme celui d'un ver obscène, se termine par des ailes diaphanes de libellule. Cette fusion contre nature me soulève le cœur. Jamais je n'ai vu pareille abomination entomologique.

L'intrus et moi nous jaugeons en silence. Lentement, je tends la main vers ma sandale, sans quitter des yeux mon adversaire. Le latex sous mes doigts me rassure, comme une arme familière. D'un coup brusque, je me détends et l'écrase contre la toile. Il ne réagit pas en une demi-seconde comme je m'y attendais, il se laisse cueillir comme s'il savait que sa condition d'insecte hybride fragile et repoussant le condamnait. Il s'écrase en relâchant une poche de liquide crémeux aux allures de pus. J'éprouve un sentiment mêlé de satisfaction et de dégoût.

Les insectes, volants ou rampants, il y en a des surprenants ici. Ils parcourent le sol, cherchent de la nourriture, de l'ombre. Quand vous êtes couché, vous n'êtes qu'un élément, un relief sur leur parcours en quête de pitance. Tout ce qui peut être mangé les attire : les miettes de tadjila sur votre boubou, les restes d'un repas, une goutte de thé sucré sur le pouce. Elles iront chercher à manger là où la nourriture se trouve, dans la nature ou sur vous. C'est le plus grand défi de cohabitation que j'ai eu à relever dans ma vie. Elles sont là, partout. Je les repousse et m'en prémunis quand je suis éveillé, mais elles opèrent surtout quand je dors.

J'ai développé des petits trucs, des mesures de sécurité pour les contrer : avant de dormir, je retrousse mon pantalon serré jusqu'en haut des mollets, j'en fais de même pour les bras. La peau ainsi découverte devient une zone sensible, un vrai capteur. Si quelque chose tente de monter sur vous, sa mince empreinte se fera sentir et vous pourrez agir en conséquence. Quand on dort, cette tolérance est abaissée. Vous ne sentirez peut-être pas une fourmi, mais un coléoptère ou un scorpion, oui. Ensuite, je m'encapsule dans ma couverture en faisant glisser chaque pan en dessous de moi. Ainsi momifié, je rends l'accès à ma personne plus difficile. La stratégie de la couverture est ardue à pratiquer quand les nuits sont chaudes, parfois à plus de trente degrés.

Quant aux insectes volants, souvent petits et rapides, ils peuvent atterrir dans votre gorge, vos narines ou vos oreilles. Utiliser son chèche comme un voile est une bonne option pour s'en prémunir. La terre, le sable, je commence à m'y habituer. Ce sont des matelas naturels qui, avec un peu d'aménagements, peuvent s'avérer confortables.

Je saisis mon chèche et sors de l'abri. Je m'entraîne pendant deux heures avec un focus sur l'équilibre. Ça bouge du côté du camp. À mon retour, un autre moudjahidine venu à moto est là, tout vêtu de bleu avec un turban marron. Abdul Waha et Ahmed sont en train de plier bagage.

Je les observe, une pointe d'indifférence mêlée à un soulagement inattendu me traverse. Ces deux-là n'ont jamais été particulièrement sympathiques à mon égard, leur départ ne m'attriste guère. Ils enfourchent leur moto, passent devant moi en trombe et disparaissent sous les arbres. Le vrombissement de leurs moteurs s'estompe peu à peu. Je suis seul avec le nouveau venu et mes pensées. Je me demande ce que ce changement de garde signifie pour moi, j'oscille entre l'appréhension et la curiosité.

Je vais attendre un peu. Je me toilette, puis je décide d'aller demander du sucre ou quelque chose d'autre pour jauger à qui j'ai affaire. Un nouveau gardien signifie une nouvelle routine, bonne ou mauvaise. Celui-ci est seul. Connaître ses habitudes est crucial pour mon projet d'évasion, mais je redoute aussi que la vie ne devienne plus dure avec ce nouveau venu.

Quand j'approche de lui, il est en train de faire du rangement. Je lui montre mon sachet de sucre presque vide :

– Là, il y en a, répond-il, en français, en désignant un sac de cuir posé sur le sol.

Je m'accroupis, extirpe un sachet de sucre et commence à en transférer dans le mien.

– Où avez-vous appris à parler français ? demandé-je, surpris et intéressé.

– Dans la rue…, répond-il laconiquement. Il saisit un talkie et d'une voix forte appelle sur le récepteur celui à qui tous ici demandent toujours à parler, « El Mahmoud ». Il ne doit pas chômer vu comment tout le monde semble avoir besoin de lui.

Je m'éloigne, tout en l'observant discrètement. Son français fluide m'intrigue. Sera-t-il plus compréhensif ou plus dur ? Je tenterai une autre approche, plus tard. Je ne sais pas quelle est sa politique en matière de liberté de mouvement des otages, mais je dois continuer de repérer les alentours, en ayant l'air de me balader pour tuer le temps, afin de trouver comment m'enfuir d'ici.

J'ai pas mal exploré ce bois, souvent l'après-midi. On y trouve toutes sortes d'objets, preuves de l'occupation régulière de ce bois par les jihadistes ou les locaux. J'ai rapidement compris qu'au même titre qu'il me fallait regarder autour de moi pour reconnaître les routes et trouver celle qui pourra me mener loin du camp, il fallait être attentif au sol.

Vous souvenez-vous de ces jeux vidéo d'aventure où le personnage trouve des objets au cours de sa quête – une agrafe, du fil, un tournevis, etc. –, qui lui serviront ultérieurement dans son aventure ? On se dit que jamais on ne ramasserait et garderait des objets trouvés comme ça dans la vraie vie, que c'est juste bon pour un personnage de jeu vidéo. Eh bien si, en captivité, on ramasse tout. Depuis mon enlèvement, j'ai accumulé nombre d'objets trouvés (tasse, caoutchouc, bol en métal cabossé, bouts de ficelle, cuillère cassée, pièces métalliques ou plastiques, etc.) qui m'équipent et me servent à un moment dans cette vie en plein air et sous les arbres. On s'attache à ces petits objets qu'on récupère au fil du temps. On y met un peu de nous, comme s'ils devenaient des compagnons familiers dans cet endroit hostile. Quand on n'a rien, posséder ne serait-ce que ces bricoles apporte un réconfort. On se constitue une sorte de trousse de fortune, des moyens de se débrouiller face aux problèmes à venir.

Même si je guette sans cesse une chance de m'évader en explorant ces bois, cette chaîne qui m'entrave rend ce projet très compliqué, presque irréaliste. Comment l'enlever ?

Cette question me hante jusqu'au crépuscule. Au camp, le feu montant dans l'obscurité gagne la forêt et se projette sur les arbres dont les ombres s'allongent dans la clairière. Accroupi, le nouveau venu lave sommairement la cocotte qui a traîné toute la journée sur le sol poussiéreux. Je l'observe attentivement, cherchant à déceler des indices sur sa personnalité, son humeur. Son visage impassible ne trahit rien.

Je m'allonge sur la natte dans l'obscurité. Je m'imagine en client exigeant qui, blasé, sait qu'il ne tirera aucun plaisir à manger, mais veut juste être tatillon sur le service. Dans le rôle du serveur, ce nouveau gardien qui parle français, mais qui n'a pas l'air de vouloir établir le contact avec moi. J'entends ses pas se rapprocher de mon abri. Je saisis mon bol de métal cabossé. Il fait plus noir dans l'abri qu'à l'extérieur. Ses jambes se découpent dans la nuit plus claire. Il s'agenouille et laisse tomber la cocotte sur le sol avec un son métallique et mat. Il me fait signe de lui donner mon bol. Il attrape la cocotte à deux mains et entreprend de verser une bonne partie de ce qui ressemble à un pâté de pain mouillé cuit avec du concentré de tomate, de l'eau, de l'huile et de la viande trop séchée pour pourrir. Je regarde cette grosse platrée diarrhéïque se déverser dans mon bol. Il se lève, lèche quelques éclaboussures de cette mixture sur ses paumes et lance :

– Il faut tout finir !

Il tourne les talons et s'éloigne. Je ne vois pas la nourriture, il fait trop noir. Je sens sa chaleur sous mes doigts et son odeur. J'ai horreur de ça, bouffer leur merde dans l'obscurité à la main, comme un chien. Je ne vois rien et je redoute d'en reverser par terre, ce qui attirera tout ce que ce bois compte d'insectes de toutes tailles. L'odeur nauséabonde du plat me déconcerte. Je me lève, file vingt bons mètres devant moi dans la nuit et balance au loin, en un arc nauséabond et dégoûtant, les miasmes qu'il a préparés.

Alors que je retourne à mon abri, je réalise que ce geste de rébellion pourrait avoir des conséquences. Comment le nouveau gardien réagira-t-il s'il découvre que j'ai jeté la nourriture ? Sera-t-il indifférent comme les autres, ou est-ce que cela déclenchera une punition ? Une petite inquiétude s'installe, tempérée par une pointe de satisfaction. C'est peut-être puéril, mais c'est une des rares façons dont je peux encore exercer un contrôle sur ma vie. Continuer à être exigeant sur ce que je mange. Mon ventre gargouille, je me prépare un litre de lait en poudre sucré en guise de dîner. J'anticipe déjà le nombre de fois où j'irai pisser dans la nuit pour évacuer tout ça.

Alors que le sommeil me gagne, je ne peux m'empêcher de penser à ma chaîne. Demain, je recommencerai à chercher un moyen de m'en défaire. C'est mon obsession, mon but ultime. Chaque jour qui passe est un jour de plus vers ma liberté, j'en suis convaincu. Il faut m'en convaincre. Et ce nouveau gardien, qu'il le veuille ou non, pourrait être celui qu'on tiendra comme responsable de mon évasion.

De fines gouttes commencent à tomber sur la bâche au-dessus de ma tête. Le vent siffle à travers les arbres, pliant les hauts branchages qui se découpent dans un ciel d'encre. Cela faisait si longtemps que j'avais presque oublié le son de la pluie, après tant de journées étouffantes.

Mon gardien francophone approche. Le cliquetis de la chaîne qu'il porte résonne comme un glas et ne laisse aucun doute sur ce qu'il s'apprête à faire. Il s'accroupit à mes pieds. Je tends machinalement la cheville droite, un geste devenu rituel. À la lueur de sa lampe de poche, il compte huit anneaux, puis joint l'autre morceau de la chaîne. Une longue vis rouillée vient lier les deux parties.

– Tu crois qu'il va pleuvoir ? dis-je jetant un œil aux amas de nuages sombres qui masquent progressivement le ciel.

Il lève les yeux sur la dépression en formation.

– Ça se pourrait… lâche-t-il avant de se ressaisir de la chaîne.

– Mais s'il pleut, on fait comment ?

– S'il pleut, ça veut dire que je serai obligé de venir dormir là, avec toi.

Une double pression m'étreint soudain : l'idée de dormir sous la pluie et de partager mon abri avec lui. Son visage se crispe dans la pénombre, trahissant une aversion partagée.

L'écrou descend avec des cris d'orfraie sur le pas de vis rouillé. Arrivé au bout, il présente une clé visiblement trop petite. Il fait mine de serrer fortement. Je me fige, stupéfait. Est-ce possible ? Il n'a pas la bonne clé ?

Il se lève, satisfait, et s'éloigne vers la clairière. Mon cœur bat la chamade. Fébrilement, mes doigts cherchent l'écrou. J'imprime un mouvement pour le dévisser. Il cède d'un coup, crissant silencieusement dans la nuit.

Une bourrasque balaie l'abri, rafraîchissant mon corps en sueur. Dehors, la Lune a disparu, engloutie par les nuages. La forêt est plongée dans les ténèbres. Je n'avais rien prévu pour m'évader ce soir. Ni eau ni vivres. Mais quelle opportunité inespérée ! Une voix intérieure me crie que c'est le moment ou jamais.

Je tâtonne dans le noir et trouve ma gourde à moitié pleine. Pas assez pour une longue marche. Je tergiverse deux secondes, puis me ressaisis. L'occasion est trop belle. C'est un signe.

Je me redresse, les sens en alerte. Hormis le bruissement des feuilles agitées par le vent, le silence règne. Avec des gestes lents, je me libère de ma chaîne. Chaque cliquetis me fait sursauter, mais le vent couvre les bruits.

Libre. Le mot résonne dans ma tête comme une promesse. Je savoure cet instant, rassemblant mon courage. Puis, l'estomac noué, je me lève silencieusement.

C'est le moment. Je vais m'évader dans la nuit noire, sans rien, juste porté par l'espoir et l'adrénaline. La route qui part à l'est me semble la plus indiquée. Je l'ai arpentée de nombreuses fois, elle est bordée d'arbres et s'éloigne de la clairière.

Je risque un pas hors de l'abri. Le vent me gifle, l'obscurité m'engloutit. La peur de heurter un objet et de faire du bruit me paralyse un instant. Mais le vent redouble et dissimule mes mouvements. Un pas après l'autre, je me dirige vers le mince chemin qui s'enfonce dans la forêt.

À cinquante mètres, je m'immobilise. J'attache ma gourde autour de mon cou. Je me retourne une dernière fois. À travers les arbres, le feu du camp se meurt. Rien ne bouge.

Je poursuis ma route. Mes yeux s'habituent à l'obscurité qui transforme le paysage en un monde monochrome. La forêt s'éclaircit, laissant place au désert de pierres. Le vent, libéré des arbres, devient plus puissant. Il me pousse en arrière tandis que je quitte la lisière de la forêt, comme pour me dissuader de continuer.

Quelques gouttes tombent sur mon visage. Un frisson me parcourt. Et si la pluie forçait mon gardien à venir dans mon abri ? Il découvrirait vite ma fuite. La chasse nocturne commencerait.

D'un pas chancelant, je m'engage dans le désert. Le ciel bouillonne de nuages noirs et violets. Au bout de quelques pas, je réprime un cri de douleur. Une épine a traversé ma semelle, s'enfonçant dans mon pied. Je bascule instinctivement sur le côté pour continuer d'avancer.

Chaque pas est un supplice. Les épines logées dans mes semelles s'enfoncent davantage sous la pression des rochers. Ma progression est lente, trop lente. L'angoisse monte.

Au bout d'une demi-heure, je me retourne. La forêt est encore là, menaçante, comme si elle me suivait. Le temps semble s'étirer, je suis prisonnier dans une bulle au ralenti.

La soif me tenaille. Je bois vite, trop vite et trop souvent. Après une longue et laborieuse progression, je fais halte, épuisé et assoiffé. L'impression que le sort se ligue contre moi ne me quitte pas.

Malgré ma détermination, la violence des éléments, la menace de la pluie, les épines dans mes chaussures qui me torturent à chaque pas, tout semble conspirer pour éroder ma volonté.

N'y tenant plus, je m'affale sur les cailloux. Le sol dur me ramène brutalement à la réalité. Je ferme les yeux un instant, assailli par des images de ma vie d'avant. Le visage de ma compagne, le rire de mes enfants. Ces souvenirs me donnent la force de me relever.

Je scrute l'horizon, cherchant un signe, n'importe quoi qui pourrait guider mes pas. Mais il n'y a que l'obscurité et le vent. Je suis seul, terriblement seul, dans cette immensité.

La peur d'être rattrapé me tenaille. J'imagine mon garde découvrant mon absence, donnant l'alerte. Les phares des motos balayant le désert à ma recherche. Cette pensée me glace le sang, mais me pousse aussi à continuer.

À chaque pas, je me répète que chaque mètre parcouru est un mètre de plus vers la liberté. Vers ma famille. Vers ma vie.

Le vent siffle à mes oreilles. Je continue d'avancer, titubant parfois, m'arrêtant pour reprendre mon souffle, mais toujours en mouvement.

Je ne pourrai pas tenir longtemps à ce rythme. Mes sandales, hérissées d'épines qui semblent avoir attendu ma fuite pour apparaître, entravent ma marche. J'ai l'impression de faire du sur-place alors que le temps file et que le stress et la fatigue s'accroissent. Dans cette nuit balayée par les vents hurlants, mon corps tout entier me supplie d'arrêter. Je m'immobilise. L'idée du retour s'insinue dans mon esprit, d'abord comme un murmure, puis comme une évidence cruelle face à mon impréparation.

Je me retourne lentement. Devant moi, la forêt dresse sa masse impénétrable dans les ténèbres. Son immensité me fait prendre conscience d'un scénario que je n'avais pas envisagé : le retour. Comment retrouver mon chemin dans cette nuit d'encre et dans cette forêt obscure ? Je pourrais me perdre, ou pire, tomber par mégarde sur l'abri de mon geôlier qui, surpris par le bruit, ferait feu et me tuerait sur-le-champ. Cette pensée me glace le sang.

Immobile, au cœur des éléments, je scrute la lisière de la forêt. Mon cœur bat la chamade, chaque pulsation résonne dans mes tempes. Soudain, mon regard accroche la silhouette de la colline de pierre qui domine la forêt. Un espoir renaît. Je me souviens : au-delà se trouve une petite piste qui ramène à mon abri. C'est là que je viens m'entraîner, près de la colline. Il faut que j'atteigne sa base, que je me place dos à elle, puis que je suive le chemin que j'espère trouver.

Pour l'atteindre, je n'aurai pas à me perdre dans les bois. Je peux longer la lisière, même si cela prend plus de temps. Claudiquant, je rebrousse chemin à contrecœur. Ironiquement, les bourrasques me poussent désormais dans le dos, comme impatientes de me voir reprendre ma condition de prisonnier. Comme si cette liberté fugitive était l'échantillon d'un produit luxueux que je ne pouvais pas m'offrir.

Le trajet jusqu'à la colline me semble interminable. Chaque pas est un supplice. Les cailloux aux arêtes saillantes maltraitent mes pieds déjà meurtris par les épines. Je me sens vulnérable. Je progresse lentement, tache sombre et mouvante se découpant dans le désert. La fatigue m'écrase, les muscles de mes jambes sont traversés de douleur. J'ai envie que tout cela cesse, de m'allonger et d'effacer cet échec cuisant.

Enfin, la colline se dresse devant moi, imposante. De son sommet, elle semble me juger, témoin silencieux de ma défaite. Je fais volte-face et trace dans ma tête la voie qui s'enfonce dans la forêt. Une profonde inspiration, et je plonge dans les bois.

L'obscurité s'épaissit brutalement. Mes pieds, soulagés par le sol plus meuble, me font moins souffrir. Les épines dans mes semelles deviennent presque inoffensives. Mais l'incertitude me ronge. Suis-je sur le bon chemin ? J'avance à tâtons, les bras tendus devant moi, mes mains fouillant les ténèbres pour anticiper les obstacles.

Comme un dernier coup du sort, le vent cesse brusquement à mon entrée dans la forêt. Le silence qui s'ensuit est assourdissant, amplifiant chaque bruissement de feuille, chaque craquement de branche, menaçant de donner l'alerte à mon gardien. Ma progression devient d'une lenteur insupportable. Je fais un pas, m'arrête, tends l'oreille, scrute l'obscurité, puis recommence. La peur de tomber sur lui, de faire un bruit qui le réveillerait, m'obsède.

Sous tension, je crois entendre un froissement. Mon cœur s'arrête. Je reste figé, retenant mon souffle, pendant ce qui me semble une éternité. Rien. Le silence. Lentement, je reprends ma progression.

Au bout de ce qui me semble des heures, je reconnais un tronc couché sur le sol. C'est bien la route qui mène à mon abri ! L'effort de discrétion redouble. Chaque pas est désormais précédé d'une longue pause, mes sens en alerte, à l'affût du moindre danger.

Enfin, j'aperçois l'entrée sombre de mon abri. Un mélange de soulagement et de honte me submerge. Tout proche de la clairière, je ralentis encore, m'accordant dix longues secondes entre chaque pas. Je reste figé comme une statue, aux aguets, après chaque mouvement.

Une fois dans l'entrée de mon abri, mon corps se relâche d'un coup. Toute la tension accumulée s'évapore, me laissant vidé. Je balance ma gourde et tombe à genoux, puis m'écroule sur ma natte. Haletant, avec des gestes fébriles, je saisis la chaîne abandonnée. Mes doigts tremblent légèrement alors que je la replace autour de ma cheville. L'écrou glisse sur le pas de vis rouillé avec difficulté. Je serre du mieux que je peux, espérant que cela suffise à tromper mon garde. Le sommeil m'envahit en quelques minutes.

Alors que je sombre dans l'inconscient, une pensée me traverse : ai-je vraiment échoué ? Ou ai-je simplement choisi de survivre pour tenter à nouveau ma chance un autre jour ? Cette nuit restera gravée dans ma mémoire, preuve que la liberté est possible, même si elle n'est pas pour aujourd'hui.

*

* *

– Zeitoun !

La voix de mon gardien résonne, me faisant tressaillir malgré moi.

– Réveille-toi !

Expulsé brutalement du sommeil, je sursaute. Il se tient au-dessus de moi, son visage trahissant sa surprise de me voir encore endormi à cette heure tardive de la matinée. Ce n'est pas dans mes habitudes.

– Avec la peur de la pluie, je n'ai pas pu dormir, je marmonne d'une voix éraillée par le sommeil, le corps endolori et l'esprit embrumé. La lumière du jour filtre à travers la bâche, m'obligeant à cligner des yeux pour rassembler mes pensées. Je réalise soudain qu'un troupeau de chèvres a investi les lieux, elles ont probablement été attirées par la nourriture que j'ai jetée la veille et qui doit maintenant sécher au soleil.

Mon geôlier m'indique ma cheville du menton. Je la lui tends, reprenant peu à peu mes esprits. Il défait l'écrou avec ses doigts, et je me demande si, ce soir comme la veille, il fera semblant faute de clé de le serrer. Les événements de la nuit me reviennent par bribes : l'évasion avortée, la marche douloureuse dans le désert, le retour périlleux.

Je me redresse lentement, grimaçant à chaque mouvement. Mes pieds me font souffrir. Il est hors de question que je m'entraîne ce matin, et le soleil déjà trop haut dans le ciel rend la chaleur insupportable. Je me rallonge et sombre dans un sommeil réparateur pour deux bonnes heures.

Les jours suivants, je reprends mes balades, toujours en quête d'une porte de sortie. Ma première tentative était imparfaite, je me convaincs que la seconde sera la bonne. Je décide de m'aventurer plus loin, au nord de la colline, calculant méticuleusement le temps dont je dispose. J'ai compris qu'on me laisse me balader à condition de ne pas disparaître plus de vingt minutes, une demi-heure maximum. Au-delà, mes geôliers, s'ils ne dorment pas, commencent à s'inquiéter, ce qui pourrait compromettre ma liberté de mouvement. Je dois donc couvrir ces nouvelles portions de la forêt rapidement, revenir pour faire acte de présence, puis repartir. Ces allers-retours sont épuisants, sans compter la vigilance constante, la peur de croiser ou d'être observé par un moudjahidine.

Un jour, en remontant la forêt à quelques mètres de la lisière, j'aperçois soudain une cabane, une sorte de hutte à environ 300 mètres à l'extérieur du bois dans le désert. Elle semble faite de matériaux hétéroclites. Un puits se dresse non loin, et des pièces de voitures rouillées gisent à côté de la masure.

Je n'en crois pas mes yeux. Mon imagination s'emballe : que pourrait-il y avoir à l'intérieur ? Une radio, des armes, un couteau, des outils, une moto, un refuge ? L'espoir déferle en vagues dans mon esprit. Je dois m'y rendre, coûte que coûte. Mais deux obstacles me ramènent brutalement à la réalité : les 300 mètres à découvert dans le désert, exposé à tous les regards, et la contrainte des trente minutes. Il me faudrait aller là-bas et en revenir dans ce laps de temps, ce qui paraît compliqué. Je dois attendre que mon garde fasse la sieste pour tenter ma chance.

Je reviens plusieurs fois à l'orée du bois pour observer la hutte, espérant y voir une moto garée, des propriétaires que je pourrais convaincre de m'aider à fuir. Mais matin comme après-midi, rien ne bouge. Un jour, aux alentours de midi, un fait m'étonne : il n'y a pas le bruit habituel venant de la clairière. À cette heure-là, le moudjahidine commence normalement à préparer le repas. Je m'assieds à l'ombre, dans mon abri, et j'attends. Une heure passe, toujours rien.

Je décide d'aller voir. Le camp est en désordre comme d'habitude, et je le vois allongé sur le dos, le chèche sur la tête, visiblement assoupi. Surpris, je m'approche et l'appelle. Il émerge péniblement et semble découvrir ma présence. Il indique sa tête, me dit qu'il ne va pas bien et désigne le soleil. Je comprends qu'il faut que je me débrouille pour manger, il est incapable de faire quoi que ce soit.

Je vois dans cette insolation subite une opportunité en or pour aller explorer la hutte et le puits. Dissimulant ma jubilation, j'attrape un morceau de tadjila que j'époussette des fourmis qui commençaient à le grignoter, et je m'éloigne vers mon abri.

Derrière un arbre, j'observe la clairière. Ibrahim, mon garde, est toujours là, allongé, visiblement au plus mal. C'est le moment. J'attrape mon chèche et m'enfonce dans les bois rapidement. Je devrais bénéficier de plus de trente minutes, il est dans les vapes, mais mieux vaut ne pas traîner.

Au bout d'une dizaine de minutes, j'atteins l'orée du bois. Le désert s'étale devant moi, brûlé par le soleil. Je me drape le visage dans mon chèche. De loin, on me prendra pour un Touareg, je passerai inaperçu. Je franchis la lisière et d'un coup, la chaleur m'écrase. Sans regarder derrière moi, j'avance, redoutant à chaque instant l'apparition d'une moto ou d'un jihadiste en visite.

En approchant de la maison, l'appréhension me saisit. Et si quelqu'un s'y trouvait ? S'il me réservait un mauvais accueil ou, pire, prévenait mon gardien ? J'avance pas à pas. La hutte est constituée de bois, de bâches et de tapis, une porte en métal rouillé faisant office d'entrée. Aucun bruit ne provient de l'intérieur. Le sol est jonché de détritus et de pièces métalliques, comme si on avait désossé des véhicules ici.

Je m'approche de la porte, tends l'oreille, puis essaie de l'ouvrir. Elle est fermée. Je me hisse sur la pointe des pieds pour voir par-dessus le chambranle. Une salle plongée dans la pénombre m'apparaît, avec une sorte de table sur laquelle sont posées quelques boîtes poussiéreuses, mais aucun signe de vie ou d'objet digne d'intérêt. Pas de poste radio.

Je recule pour me diriger vers le puits, tout en jetant des coups d'œil fébriles en direction du bois. Le puits est opérationnel, un jeu de leviers en commande l'ouverture et la fermeture. Il est couvert d'une bâche et d'une tôle, probablement pour protéger l'eau de la chaleur accablante.

La déception m'envahit. Il n'y a rien ni personne qui puisse m'aider ici. Je rebrousse chemin, l'esprit déjà inquiet par le temps qui s'égrène et ma deadline qui approche.

Cette exploration n'a pas été vaine, mais elle n'a pas non plus apporté la solution miracle que j'espérais. En regagnant mon abri, une idée germe dans mon esprit : et si je montais au sommet de la colline ? De là-haut, j'aurais une vue d'ensemble des alentours, peut-être même que je pourrais apercevoir une route, un village, n'importe quoi qui pourrait me guider vers la liberté.

Le Touareg semble toujours aussi souffrant, il n'a même pas mangé et reste allongé sur sa natte à l'ombre. Je décide d'en profiter et me lance dans l'ascension. Le soleil est à son zénith, implacable. Chaque pas est un défi. Les pierres, chauffées par le soleil, brûlent mes pieds et font glisser mes sandales. Les petits éboulis de caillasse à chacun de mes pas me paraissent assourdissants. Je grimpe en zigzag, cherchant l'ombre rare des rochers. Ma respiration devient laborieuse, l'air chaud assèche ma gorge.

À mi-chemin, je m'arrête, le cœur battant. Je scrute les alentours, terrifié à l'idée d'apercevoir un nuage de poussière qui annoncerait l'arrivée d'une moto ou d'un pick-up dans la forêt.

Je reprends l'ascension. La sueur dégouline le long de mon dos, et trempe mon tee-shirt. La roche acérée écorche mes mains. Mais je continue, poussé par l'espoir fou de découvrir une échappatoire.

Enfin, j'atteins le sommet. Le panorama qui s'offre à moi est à couper le souffle. Le désert s'étend à perte de vue, une mer de sable et de roches aux teintes ocre et rouille. L'horizon tremble sous la chaleur, créant des mirages ondulants. Pendant un instant, je reste là, ébloui par la beauté sauvage de ce paysage.

Puis la réalité me frappe de plein fouet. Aussi loin que porte mon regard, il n'y a rien. Pas de route, pas de village, pas la moindre trace de civilisation. Juste l'immensité impitoyable du désert. La violence de cette constatation me coupe le souffle. Mon projet d'évasion, qui semblait si prometteur dans mon imagination, se révèle soudain d'une absurdité flagrante.

Je m'assieds lourdement sur un rocher, les jambes coupées par la fatigue et la déception. Comment ai-je pu être assez naïf pour croire que je pourrais traverser cet enfer à pied ? Sans eau, sans nourriture, sans campement ou village alentour, sans la moindre idée de la direction à prendre ? Ce serait du suicide.

Le vent chaud qui souffle au sommet semble se moquer de moi, emportant mes espoirs comme des grains de sable. En contrebas, j'aperçois la clairière où se trouve mon gardien allongé. Je brûle d'envie de hurler ma frustration. Mais je ne peux pas. Le temps presse, il faut que je retourne à l'abri avant qu'Ibrahim ne s'aperçoive de mon absence prolongée.

La descente est presque aussi éprouvante que la montée. Je dérape à plusieurs reprises sur les pierres instables, manquant de peu de me tordre une cheville. L'angoisse d'être découvert accélère ma progression, et me fait prendre des risques inconsidérés.

De retour à mon point de départ, je m'effondre dans l'ombre de mon abri. Le soleil commence à décliner. Je m'allonge sur ma natte, épuisé physiquement et moralement par cette nouvelle expédition infructueuse. Mes muscles endoloris me rappellent cruellement l'inutilité de mes efforts.

Le crépuscule enveloppe peu à peu le camp de son voile bleuté. Soudain, le bruit d'un moteur brise le silence du soir. Je me redresse, surpris, et aperçois mon gardien qui enfourche sa moto. Ce qui me frappe immédiatement, c'est sa tête nue – il ne sort jamais sans son chèche. Il démarre et s'éloigne rapidement, me laissant seul et perplexe dans la pénombre grandissante.

Le vrombissement de deux motos déchire le silence de la nuit. Je me redresse sur ma natte, le cœur battant. Deux silhouettes descendent des engins et échangent quelques mots à voix basse. Je suis seul dans l'obscurité depuis des heures, je comprends que ces nouveaux venus sont mes nouveaux geôliers.

Le lendemain matin, je pars m'entraîner comme à mon habitude. Le soleil commence à peine à réchauffer l'air frais du petit matin. D'un coup, le bruit d'une voiture me fait sursauter. Elle pénètre dans la forêt, et se dirige droit sur moi. Je m'écarte du chemin, surpris par ce visiteur inattendu. Je ne sais pas quelle attitude adopter. Est-ce un Touareg qui passe par là ou un autre jihadiste ? En passant à ma hauteur, le conducteur, le visage masqué par un chèche, me dévisage intensément. Je sens dans son regard, seule partie visible de son visage, une hostilité franche, directe. Sans un mot, il poursuit sa route vers la clairière.

Je l'observe discrètement depuis mon abri. Il descend de son véhicule, décharge plusieurs bidons d'eau qu'il remet à mes gardiens. Ils échangent quelques mots à voix basse, puis le visiteur repart aussi vite qu'il est venu.

Plus tard, profitant de la sieste de mes nouveaux gardiens, je décide de m'aventurer au nord-ouest de la forêt. L'excitation de l'exploration me fait oublier ma prudence habituelle. Je m'enfonce plus loin que je ne l'ai jamais fait, scrutant chaque détail du paysage.

C'est alors que je la vois : une piste s'enfonçant dans le désert. Mon cœur fait un bond. Les traces profondes laissées dans le sol témoignent du passage fréquent de véhicules. Un frisson d'espoir me parcourt l'échine. Enfin, une voie possible vers la liberté !

Exalté par ma découverte, je rebrousse chemin. Mais mon euphorie s'arrête net. Une silhouette familière apparaît au loin, se dirigeant vers moi. C'est l'un de mes nouveaux geôliers, kalachnikov à la main. La panique me saisit. A-t-il compris ce que je faisais là ?

– Toi ! Pourquoi loin comme ça ? vocifère-t-il, gesticulant. Il agite deux doigts devant mon visage. Deux ! Deux ! Plus de vingt minutes !

Je joue l'idiot, feignant le soulagement.

– Je m'étais perdu, je balbutie. J'avais peur de ne pas retrouver le camp.

Son regard suspicieux s'attarde sur moi. Il me demande de lui montrer le nord, puis le sud. J'hésite et montre des directions opposées à ces points cardinaux dont je connais parfaitement les directions. Il me prend pour un idiot, un *kāfir,* incapable de s'orienter dans la nature par lui-même. Il semble s'adoucir légèrement. Il marmonne quelque chose que je ne comprends pas, mais son ton s'est calmé. Il me pointe du doigt la forêt, la direction du camp, j'avance et il me suit.

De retour au camp, son compagnon m'attend. Il se masque rapidement la bouche en ma présence, comme si respirer le même air que moi le répugnait.

– Toi, plus longues balades, articule-t-il difficilement en français. Il indique l'est et l'ouest : « Là, là, pas loin, d'accord. Pas nord, pas sud. Compris !? », me dit-il, en me fixant froidement dans les yeux.

Je hoche la tête, feignant la contrition. Intérieurement, je jubile. J'ai trouvé une sortie, une route qui pourrait me mener loin d'ici.

Le soir venu, après qu'on m'ait enchaîné, je tente machinalement de dévisser l'écrou de ma chaîne. À ma grande surprise, il cède. Je reste immobile, l'écrou dans les mains, interloqué. Je comprends soudain que sans une rondelle plate et métallique, l'écrou peut être dévissé relativement facilement.

Allongé sur ma natte, je fixe le ciel étoilé. Ce constat me frappe de plein fouet : je peux désormais m'enfuir quand je veux. La chaîne n'est plus un obstacle. Cette pensée me grise et me terrifie. Je sombre dans un sommeil agité cette nuit-là, peuplé de rêves de liberté et de poursuites sans fin dans le désert.

*
* *

Aujourd'hui, pas d'entraînement. Je dois garder des forces, me reposer, manger peu et stocker ce que je peux pour ce soir. Pour l'évasion. La route trouvée au nord-ouest sera mon échappatoire. Y parvenir sera long, elle se trouve à environ deux kilomètres. Il faut d'abord suivre la petite piste qui serpente entre les arbres et qui descend vers l'aire où je m'entraîne. Là, au lieu de me rendre dans cet endroit familier, je bifurquerai sur la droite et pénétrerai dans des bosquets resserrés. Je suivrai cette route pendant au moins 500 mètres en veillant à rester parallèle à la lisière du bois. Je dépasserai la hutte et le puits que j'apercevrai au loin sur ma gauche dans le désert. Je poursuivrai encore sur un kilomètre environ, à travers bois, puis j'en sortirai pour couvrir quelques centaines de mètres d'un terrain accidenté fait de sable et de cailloux. Enfin, j'atteindrai la piste que je suivrai vers l'ouest jusqu'à croiser un véhicule.

Un bruit vient troubler la répétition de mon plan. Je sors la tête de mon abri et aperçois l'âne le plus mal en point qu'il m'ait été donné de voir jusqu'ici. Sur son corps famélique, je peux compter le nombre d'os qui constituent sa poitrine. Une partie de son oreille droite semble manquante, il est recouvert de nombreuses cicatrices, signes d'une maltraitance certaine et passée. Il doit être vieux, car par endroits son poil a commencé à blanchir. Je ne doute pas que les restes de nourriture que j'envoie souvent valser dans la nature l'ont fidélisé à mon abri. Nous nous regardons, j'ai l'impression en le voyant qu'il y a plus malheureux que moi et que mon sort est certainement plus enviable que le sien. Il semble, en ma présence, hésiter à faire un pas en avant, mettant en balance son appétit face au peu de détermination qu'il doit lui rester. Je fais mine d'avancer, il tourne les talons puis s'en va plus loin sous un arbre, et me lance par moments des regards.

Toute ma journée est dédiée à la préparation de mon évasion qui aura lieu dans la nuit, quand ils dormiront. Mes gardiens ont le sommeil lourd, tout devrait bien se passer. La moitié d'une tadjila et des dattes me permettront de me nourrir pendant ma fuite, que j'espère courte. J'aurai avec moi deux bouteilles d'eau à rationner, pour en conserver au moins jusqu'à l'aube.

La nuit est l'espace décisif, le moment crucial de mon plan d'évasion. Je dois pouvoir croiser un véhicule ou un camion, convaincre le conducteur de me laisser partir avec lui. Au cas où je ne croiserais âme qui vive, j'ai prévu, au matin, de me mettre à couvert, de me cacher. J'emporterai mon bol cabossé et je l'utiliserai pour créer des reflets avec le soleil, des signaux que j'espère visibles du ciel et qui pourraient alerter des avions militaires des forces internationales. J'espère ne pas en arriver jusque-là. C'est l'un des gros points faibles de mon plan. En gros, si au matin je n'ai pas trouvé de véhicule, je me retrouverai sous le soleil, sans eau ni nourriture, en plein désert, affaibli et à la merci de mes geôliers qui, une fois ma fuite découverte, partiront à mes trousses. Les quelques kilomètres que j'aurai réussi à parcourir dans le désert, en marchant de nuit, ne leur demanderaient qu'une quinzaine de minutes à moto. Et quant à ce qu'ils feraient de moi quand ils m'auraient retrouvé, je n'ose y penser.

Lorsqu'ils viennent servir le repas, après leur départ, je jette le contenu de mon assiette et garde le pain de semoule que j'enfouis dans le sac de fortune que je me suis constitué : un pantalon que j'ai attaché avec de la ficelle à la taille et dont j'ai noué les deux jambes pour en faire une anse. J'y place les deux bouteilles, mon bol, une petite couverture, le pain et des dattes. Je l'ai dissimulé de façon qu'ils ne le découvrent pas quand ils viendront m'enchaîner.

Je suis calme et docile quand ils me passent la chaîne, mais je bous intérieurement. La pression monte au fil des heures qui me mènent au grand départ.

J'entends leur respiration bruyante rythmer la nuit silencieuse. Je me lève dans l'obscurité, le cœur battant, et m'enfonce dans les ténèbres, mon sac de fortune serré contre moi.

Mes premiers pas sont assurés, nourris par l'adrénaline et la détermination. La nuit est claire, j'ai l'impression d'aller dans la bonne direction. Mais bientôt, la forêt se referme autour de moi comme une gueule noire. Les arbres qui me servent de repères le jour ont disparu, ou plutôt sont semblables aux autres. Silhouettes sombres qui se découpent dans la nuit. Je cherche désespérément à me situer dans l'obscurité.

J'avance, puis m'arrête. J'attends. Je suis désorienté. La Lune, spectatrice de mes déboires, passe entre des nuages et change subtilement l'éclairage et les formes. Chaque ombre semble bouger. Je fais demi-tour, puis tourne à droite, persuadé de reconnaître un bosquet. Je m'immobilise. Tout se ressemble dans la nuit.

Le temps s'étire et mon angoisse avec. Une heure passe, puis deux. La panique s'insinue en moi, insidieuse. Chaque bruit devient suspect. Un froissement dans les fourrés me fait me figer. Mon cœur cogne si fort que j'ai l'impression que ses battements vont me trahir.

Un bruit inhabituel attire mon attention. La peur me saisit à la gorge. Et si d'autres jihadistes campaient dans cette forêt ? Si je tombais sur eux ? Dans l'obscurité, ils me tireraient dessus avant toute chose.

Avec une prudence extrême, je pose chacun de mes pas minutieusement, pour faire le moins de bruit possible. La sueur coule le long de mon dos malgré la fraîcheur de la nuit. J'ai l'impression que la forêt conspire contre moi, que les branches s'étirent pour m'agripper et que les racines sont là pour me faire trébucher.

Après ce qui me semble une éternité, j'aperçois enfin une trouée dans les arbres. La piste ! Mon cœur bondit. J'ai perdu un temps précieux. L'aube se lèvera dans quelques heures. Je suis fatigué.

Je m'engage sur la piste, espérant encore croiser un véhicule. Mais au bout de quelques centaines de mètres, mes pieds commencent à rencontrer des obstacles. Des branchages secs craquent sous mes pas. Plus j'avance, plus ils sont nombreux et entravent ma progression.

Un constat amer me frappe comme un coup de poing : ces branchages sont là depuis longtemps, preuve que peu de véhicules empruntent cette piste ; elle n'est pas aussi fréquentée que je l'espérais. L'espoir qui m'a porté jusque-là s'effondre brutalement.

Épuisé physiquement et moralement, je m'arrête. Je doute. Pour la deuxième fois, j'envisage de rebrousser chemin. Je me déteste. Je suis le seul obstacle à ma liberté. Mal préparé ou désorienté. Inefficace, quoi qu'il en soit.

Rebrousser chemin. Le cœur lourd, je fais face à la forêt. Revenir est plus périlleux que partir. En fuyant, on met de la distance. En retournant, on s'approche d'un camp où dorment des hommes armés et où le moindre bruit peut tout compromettre. La colline et la cabane près du puits vont être de précieux repères pour retourner à mon abri. Je me faufile à nouveau dans la forêt. Elle m'avale et chaque pas qui me ramène vers la captivité est une torture, le rappel de mon échec cuisant. Encore une fois, ma tentative d'évasion échoue. J'essaierais encore. Je ne baisse pas les bras, non… Mais cette nuit, le cœur n'y est plus.

*
* *

Et si, le 11 juin, pour l'anniversaire de Gigi, j'étais de retour ? Je me redresse et m'assieds sur ma natte, pensif. Des voix me parviennent de la clairière. Mes gardes ont changé, il y a deux jours. Boyarad et Ifander, mes nouveaux geôliers, doivent avoir entre 18 et 20 ans. Ils prient cinq fois par jour comme les autres, mais ce sont les premiers que je vois réciter des sourates du Coran quotidiennement, en dehors des prières habituelles. Ils portent le même boubou gris, comme un uniforme.

Le 11 juin, je serai chez moi pour fêter l'anniversaire de ma fille ! L'idée s'impose comme une évidence. En un instant, elle efface les doutes accumulés par l'échec de ma seconde tentative d'évasion. Elle recharge ma détermination, ravive mon désir de liberté.

Une moto vient d'arriver, son moteur s'éteint dans un dernier soubresaut. J'entends des salutations auxquelles répond un homme à la voix aiguë que je ne connais pas. Par un trou dans la tente, j'observe le nouveau venu : grand et sec, longue barbe brune, un visage moyen-oriental.

Je saisis mon chèche, empoigne un bâton et m'éloigne du camp en direction du nord. C'est un endroit que je n'ai pas encore exploré, le trouvant trop évident. Si je m'échappais, mes geôliers fileraient tout droit en face de mon abri, pensant que j'aurais fait de même. Ils me rattraperaient bien vite et tout serait fini. J'ai préféré jusqu'ici l'est et le nord-ouest pour m'évader à travers bois. Mais aujourd'hui, je suis ouvert à toute possibilité.

Je m'aventure à 300 bons mètres dans la forêt, puis je m'arrête. Un moteur se fait entendre plus au nord. Je reste immobile, tente de percevoir quelque chose à travers les arbres. Au-delà s'étend un grand terre-plein accidenté et sablonneux, puis vient une barrière d'arbres derrière laquelle commence le désert. Le vrombissement semble provenir de l'autre côté de cette lisière.

Je reviens à l'abri pour ne pas éveiller de soupçons. Cette zone nord m'intéresse, mais l'accès est plus risqué. Si je ne file pas en ligne droite, mon abri dans le dos, avant de disparaître dans la forêt, ils pourraient me repérer et se demander où je vais, alors qu'on m'a interdit de m'aventurer par là.

Une idée me vient. Je n'irai qu'avec une bouteille d'eau à moitié pleine, que je garderai pendant mes explorations. En brousse, nous faisons nos besoins dans la nature. L'eau fait office de papier toilette. Il est normal de s'éloigner avec sa petite bouteille pour trouver un coin tranquille, d'y faire ses besoins et de se nettoyer avec de l'eau, ou du sable, si elle fait défaut. La bouteille me fournirait une excuse parfaite si j'étais surpris à rôder dans cette nouvelle zone qui m'intéresse. Cela me permettrait plusieurs visites courtes, mais riches d'informations.

Sur le chemin du retour, je croise l'âne famélique. Nous nous regardons. Il n'a rien à craindre de moi – je crois qu'il le sait – ni moi de lui. J'éprouve une certaine empathie pour cet animal, comme si nous luttions tous deux pour des raisons différentes, mais pour le même résultat : survivre.

Je fais la connaissance de Bashir, le nouveau venu. C'est un homme taciturne qui me laisse vaquer à mes occupations sans trop s'en soucier. Cette indifférence apparente m'arrange. Contrairement à d'autres gardiens qui me surveillent constamment, lui semble détaché, presque désintéressé. Je ne sais pas si c'est de la confiance ou du mépris, mais peu importe, cela me convient.

Chaque jour, bouteille d'eau à la main – alibi parfait, qui questionnerait un homme parti satisfaire un besoin naturel ? –, je pousse plus au nord. Je m'impose une règle stricte : quinze minutes sur zone, pas plus.

Le temps de repérer les lieux sans éveiller les soupçons. Cette routine s'installe progressivement. J'observe, je mémorise, je cartographie mentalement chaque recoin jusqu'alors inexploré.

Ce matin-là, pendant mon entraînement habituel, un vrombissement familier attire mon attention. Un drone survole la zone, effectuant plusieurs passages. Sans réfléchir, je saisis mon bâton et commence à faire de grands signes vers le ciel, sautant sur place. C'est peut-être ma chance, l'opportunité d'être repéré, d'alerter quelqu'un de ma présence. L'adrénaline pulse dans mes veines.

Un mouvement sur ma gauche attire mon attention. Bashir se tient là, sous un arbre. Son regard alterne entre le ciel et moi. Son visage est indéchiffrable, figé dans une expression que je commence à connaître, ce masque impassible que je nomme le « visage de mort ». La panique me saisit. Dans un éclair de lucidité, je transforme mes gesticulations en mouvements d'arts martiaux, maniant le bâton comme une arme imaginaire. Je prie intérieurement pour que mon numéro d'improvisation soit convaincant. Les secondes s'étirent comme des heures tandis que je continue mon simulacre d'entraînement. Il affiche d'abord un sourire goguenard, puis semble impressionné par l'agilité de certains mouvements. Au bout d'un moment, il se tourne et s'enfonce dans la forêt.

Les jours suivants, enhardi par l'absence de réaction à cet incident, je pousse jusqu'à la lisière de la forêt. Une piste se dessine au-delà. Prenant mon courage à deux mains, je quitte la protection des arbres pour m'en approcher. Cette exploration devient une obsession. Deux à trois fois par jour, je m'y rends : le matin tôt pendant qu'ils sommeillent encore, en début d'après-midi quand, après le repas, ils font leur sieste, et en fin d'après-midi, quand ils préparent le thé.

J'observe de derrière les arbres le passage irrégulier des véhicules : quelques motos, des voitures parfois, souvent rien. Mais, je note chaque passage dans ma tête, j'essaie de repérer des schémas, des habitudes, des horaires récurrents. Je me ménage une position stratégique derrière la barrière d'arbres. Un poste d'observation parfait, d'où je pourrais surgir en cas de besoin pour arrêter un véhicule. Vingt minutes maximum, c'est le temps que je m'accorde avant de regagner le camp. Je chronomètre mentalement chaque seconde, conscient que le moindre retard pourrait éveiller les soupçons.

La perspective de surgir des bosquets pour tenter d'arrêter une des rares voitures qui passe génère du stress en moi, une sorte de pas difficile à franchir. C'est pour moi se découvrir, manquer de se faire repérer par mes gardiens, ou tomber sur des jihadistes.

Un jour, le vrombissement de motos approchant me fait dresser l'oreille. Je me redresse instinctivement hors du taillis, poussé par une curiosité qui l'emporte sur ma prudence habituelle. L'une des motos s'arrête net. Le conducteur tourne la tête vers moi. Mon sang se fige dans mes veines. Je recule précipitamment et détale vers le camp. Cette silhouette… Elle ressemblait étrangement à Bashir. Même veste militaire. Le doute me tenaille. S'il m'a reconnu, les conséquences pourraient être terribles. Mon esprit s'emballe, j'imagine les pires scénarios.

Je regagne mon abri, le cœur battant. Les deux gardiens semblent pourtant paisibles, vaquant à leurs occupations habituelles. Cette apparente normalité ne fait qu'accroître mon angoisse. Le soir venu, je me dirige vers le point d'eau, tentant de maintenir un semblant de calme malgré la tension qui règne à l'intérieur. L'un des moudjahidines m'interpelle :

– Pourquoi tu es allé si loin ?

Je ressens un poids énorme dans ma poitrine. Il poursuit, l'air méfiant, les yeux rivés sur moi.

– Bashir a appelé à la radio. Il t'a vu.

La peur s'insinue dans mes veines comme un poison glacé. Je reste immobile, ne sachant que dire, attendant la suite :

– Il dit que tu dois faire attention. Ne pas aller trop loin. Des gens pourraient te voir, dit le moudjahidine d'un ton paternaliste.

Le soulagement me submerge avec une telle force que mes jambes manquent de céder. Bashir a cru à une simple promenade qui aurait trop dérivé, pas à une tentative d'évasion. Ce soir-là, allongé sur ma natte, je mesure ma chance. La prochaine fois, je serai plus discret. Beaucoup plus discret.

Le fait que Bashir m'ait découvert en passant à moto me taraude. Je décide d'écarter les motos, car il y a une forte probabilité qu'elles soient pilotées par un moudjahidine, et de ne bondir que quand un 4×4 ou un camion se présenteront sur la piste de sable. Cette expérience me confirme que la voie du nord est prometteuse, mais elle me rappelle aussi la fragilité de ma situation. Un seul faux pas, une seule erreur d'appréciation, et tout pourrait basculer. La confiance relative dont je bénéficie est à la fois une chance et un piège. Elle me donne une certaine liberté de mouvement, mais elle pourrait aussi me pousser à la négligence. Je ne peux pas me le permettre. Pas maintenant que j'ai trouvé une voie.

*
* *

Je m'arc-boute au-dessus de ma jambe. La douleur imprimée au muscle intérieur de ma cuisse me fait grimacer. Je sue à grosses gouttes tandis que je travaille ma souplesse, la jambe juchée sur une branche haute. Au loin, le vrombissement de deux motos en approche se fait entendre. Quelques minutes plus tard, deux jihadistes portant des lunettes de soleil passent non loin de moi, en direction de la clairière. De nouveaux gardiens, me dis-je.

Une dizaine de minutes s'écoulent avant que les deux nouveaux venus ne reviennent vers moi. Le premier est petit de taille – on dirait presque un adolescent. Le second, à la peau sombre, porte un chèche couleur lilas et des gants de combat. Ils marchent côte à côte, s'arrêtant à un bon mètre de moi. Le plus petit, qui arbore des lunettes aviateur Ray-Ban, me désigne du doigt, puis secoue la tête en signe de négation. D'un geste du bras, il m'ordonne de regagner mon abri. Son collègue n'a rien dit, mais son regard fixe ne cache rien de ses intentions si je venais à discuter cette nouvelle décision. Je hausse les épaules et m'éloigne en direction de mon abri.

Peu après, mes anciens geôliers quittent le camp en trombe. Les deux nouveaux, avec lesquels le premier contact a été des plus froids, s'installent. Je crains qu'ils ne m'interdisent de m'entraîner. Ça n'est pas encore arrivé, mais je m'y prépare.

Au bout d'un moment, le jeune moudjahidine s'approche de ma tente. Il s'arrête à l'entrée de mon abri et jette un regard attentif à l'intérieur, comme si je n'étais pas là. Je me sers de l'eau et le dévisage.

– Comment t'appelles-tu ? je lui demande en buvant.

– *Bismilahi*, me répond-il, semblant prendre conscience de ma présence en me lançant un regard vide d'expression.

– Quoi ? fais-je, surpris.

– Avant de boire, dis *bismilahi*, me fait-il avant de tourner les talons et de s'éloigner.

Je reste perplexe dans la pénombre. Ce nouveau duo de gardiens semble plus strict et rigide que les précédents. Je sens qu'il va y avoir du changement.

Au fil des jours, j'apprends à connaître mes nouveaux gardiens. Ils sont du clan des Ifoghas. Le petit s'appelle Abou Yahya et le grand, à la peau sombre comme celle d'un Pakistanais, se nomme Talha. Ils sont de la même famille. Talha a recruté et forme Abou Yahya. Leur relation est étrange, faite de déférence et d'autorité, comme si Talha modelait peu à peu son jeune cousin à son image.

Talha m'intrigue et m'inquiète à la fois. Il dégage de lui quelque chose de différent, une ferveur palpable doublée d'une violence latente. Son regard ne laisse aucun doute : il ne ferait pas bon l'avoir en face si les choses tournaient mal. Plus méticuleux que mes précédents gardiens, il impose des changements dans mon quotidien. Il exige que je camoufle mieux le toit de mon abri avec des herbes hautes et des branches. Un rempart de mousse séchée vient entourer ma tente, la rendant presque invisible. Cette obsession du camouflage me fait réfléchir. Craint-il des survols de drones ? Des patrouilles ennemies ?

Leur habitude de patrouiller complique mes escapades vers le nord. Ils partent à des heures irrégulières, parfois ensemble, parfois séparément. J'ai dû affiner mes observations, noter leurs routines. Talha aime partir le matin, quand la chaleur est encore supportable. Abou Yahya, lui, préfère l'après-midi, quand son cousin dort. Mais ce sont de bons dormeurs, comme les autres. Le matin tôt et pendant leur sieste d'après-repas, je peux encore me faufiler jusqu'à la barrière d'arbres, et guetter le passage hypothétique d'un véhicule.

Le vieil âne famélique est revenu. Ils ne lui ont pas fait bon accueil. Lassé de ses incursions dans nos provisions, Talha a tiré un coup de feu à proximité de l'âne qui s'est éloigné un peu plus loin, lentement. Alors Abou Yahya l'a coursé, et le quadrupède fatigué n'a pas pu s'échapper. Abou Yahya l'a chevauché pendant quelques secondes, avant qu'épuisé, le vieil âne s'étale comme une crêpe, sous les rires sonores des deux autres. Je le regarde impuissant, je ne peux rien pour lui.

Dans ma tête, un compte à rebours a commencé. L'anniversaire de Gigi est le 11 juin. Nous sommes le 7, et j'ai prévu de leur fausser compagnie le 9. Sa date anniversaire m'obsède, me pousse, me donne la force de surmonter chaque obstacle. Je me visualise libre, serrant ma fille dans mes bras le jour de son anniversaire. Cette image devient mon mantra, mon obsession. Chaque soir, je vérifie mon paquetage : la bouteille d'eau, quelques dattes, mon chèche. Tout est prêt, dissimulé sous ma natte.

Après mûre réflexion, j'ai décidé de partir la nuit. De jour, même si je parvenais à intercepter un véhicule, je n'aurais pas assez de temps pour distancer mes poursuivants. La nuit, leur sommeil profond me donnera des heures précieuses d'avance. Et filer tout droit jusqu'à la piste sera plus simple que de suivre un itinéraire tortueux à travers bois vers l'ouest.

Le 9 juin arrive. Mon cœur bat la chamade depuis mon réveil. La tension est presque insupportable. Après la prière du matin, mes gardiens viennent m'enlever ma chaîne. Je me dirige vers mon poste d'observation, à l'orée du bois, une bouteille à la main, tentant de maîtriser mes tremblements d'anticipation. Depuis deux jours, le trafic est presque inexistant sur la piste. L'inquiétude me ronge. Y aura-t-il seulement une voiture ce soir ? Je répète mentalement chaque étape de mon plan.

En revenant vers le camp, je me fige. Un pick-up est garé là, ainsi que la moto de Bashir. Je n'ai rien entendu, trop absorbé par mon projet. Je presse le pas jusqu'à mon abri. Bashir s'y trouve, occupé à démonter la toile.

– Parti, parti, indique-t-il, me faisant signe de rassembler mes affaires.

Dans la clairière, les jihadistes s'affairent, démontent le camp. Je reste là, paralysé, regardant s'effondrer des jours de préparation minutieuse. Tout s'écroule : mes repérages, mon plan d'évasion, mes espoirs de retrouver ma fille pour son anniversaire.

Je rassemble mes maigres possessions, les gestes lents, la tête vide. L'ironie du sort me frappe de plein fouet : alors que j'avais tout calculé, le destin choisit précisément ce jour pour tout faire voler en éclats. Ce soir, plutôt que de courir vers ma liberté, je serai jeté dans une nouvelle prison de broussaille, un territoire inconnu à apprivoiser. Tout à recommencer.

Le pick-up démarre, nous quittons le bois. Sur le bord du chemin, le vieil âne nous regarde partir. Nos destins se croisent une dernière fois. Sans les restes de nos repas, combien de temps survivra-t-il encore dans cette brousse hostile ? Je ne lui donne pas longtemps. Et moi, si je ne trouve pas rapidement comment m'échapper, combien de temps pourrais-je tenir ?

7

Évasions

Note du 9 juin 2021 : *Nous avons déménagé ce matin, alors que j'étais en repérage pour la T.E. anniv' Gigi. Ils sont venus avec un pick-up, des provisions et de l'eau. Nous nous sommes enfoncés dans le désert de sable et de cailloux pendant une bonne quarantaine de minutes. Nous nous sommes arrêtés sur une bande sablonneuse, parsemée d'arbres à épines, flanquée entre deux petites collines rocailleuses. Talha et Abou Yahya ont tendu la bâche de mon précédent abri sous un grand arbre à épines, recourbant de hautes branches pour constituer une sorte de parapluie de branches et de feuilles. Au niveau du sol, ils ont utilisé des herbes hautes séchées et jaunies par le soleil. De la terre comme du ciel, sauf à approcher de très près, impossible de nous détecter. Nous avons des vivres et 900 litres d'eau. J'estime notre durée dans ce nouveau lieu à une dizaine de jours. J'ai interdiction de me promener en direction et sur les collines environnantes. Si j'entends un avion, je dois courir me planquer sous mon abri. Ce nouveau lieu est bien plus sympathique que la forêt lugubre de ces trois dernières semaines, mais pas sûr du tout qu'il offre les mêmes options.*

Je plie soigneusement la fine feuille en deux. Elle rejoint l'étui en carton, confectionné dans une boîte de lait que j'ai pliée en portefeuille. Je glisse mes notes à l'intérieur, les enveloppe dans du plastique et noue l'ensemble avec un fil. Le tout disparaît dans un second sac plastique que je dissimule dans ma poche. Ces notes ne me quittent jamais. Le problème, c'est que ma poche commence à se déformer – ça doit se remarquer, j'en suis certain. Les départs peuvent être soudains ; les enterrer serait risqué. Si nous partons précipitamment à moto, je ne pourrais pas les récupérer. Mes poches sont ma seule cachette, faute de sac. Je mise sur leur incapacité à lire le français et sur leur tolérance relative à me voir prendre des notes. Certes, je code mes tentatives d'évasion sous l'acronyme « T.E. », mais certains passages restent explicites. Il me faut réfléchir à une meilleure cachette, ou peut-être préparer un leurre.

J'écris ostensiblement dans mon carnet orange sous leurs yeux : des listes sans importance, des recettes… Je le fais souvent, délibérément. Pendant ce temps, mes véritables observations se cachent sur les dernières pages arrachées du carnet. Le jour où ils exigeront de voir mes écrits, ils ne penseront qu'au carnet orange et n'y découvriront que des banalités. Un filet de sécurité supplémentaire pour dissimuler l'essentiel.

Les insectes, ici, sont les véritables maîtres des lieux. Les fourmis surtout. Il y en a de petites noires et rouges, de grandes noires et une espèce blanc argenté, qui se déplace à une vitesse stupéfiante. Elles utilisent mon corps comme une autoroute, reliant mon ventre à mon nez en une demi-seconde, elles tracent des circuits invisibles sur ma peau avec une précision militaire. Je déteste ça, j'ai l'impression d'être pris d'assaut. Je les observe faire leurs prospections quotidiennes : le matin, en milieu d'après-midi, et juste avant que le soleil ne disparaisse derrière les collines.

En milieu d'après-midi, j'explore discrètement les environs, je suis frappé par l'étrange beauté du lieu. Des pierres d'un bleu profond percent la mer d'herbes jaunes, comme des fragments de ciel tombés au sol. Mais marcher dans ce paysage singulier, cache un défi majeur : le sable.

Il sera mon pire ennemi quand sera venu le moment de m'échapper, portant la trace de chacun de mes pas. Il faudra ruser, ne marcher que sur les pierres, comme dans un jeu d'enfant.

L'autre défi sera de parvenir à marcher longtemps avec mes sandales qui sont dans un état lamentable. J'ai bricolé l'une d'elles avec du caoutchouc de fortune, mais elles ne tiendront pas une longue marche. Il faut que je leur dise que j'ai besoin de nouvelles chaussures. La plus haute des deux collines qui me sont interdites m'appelle comme un phare. De son sommet, je pourrai peut-être apercevoir dans ce nouvel endroit… une route, un village, un campement, une porte de sortie. J'entends parfois des moteurs de camion et de moto au loin. Il faut que j'en aie le cœur net.

Les marques de luxe s'invitent dans notre camp jihadiste, probablement des contrefaçons, mais l'effet est surréaliste. Les moudjahidines dorment sous des couvertures griffées Louis Vuitton, les jerricans sont habillés Eden Park, et certains de leurs vêtements sont griffés Zara. J'ai même vu un jihadiste porter un manteau en loden bleu marine. Tout le luxe occidental qu'ils méprisent les habille et les enveloppe dans leur sommeil.

Ce soir, j'ai décidé de prendre mon indépendance culinaire. Plus question de partager leurs repas. J'ai vu ça avec eux. Je pense que ne plus cuisiner pour le *kāfir* est un moindre mal pour eux. Je compose ma propre sauce froide : concentré de tomates, eau, sel, huile et, quand j'ai de la chance, une pointe de harissa, tout ça venu d'Algérie. Je ne leur demande plus que la tadjila, ce pain de semoule que je trempe dans ma mixture et c'est un meilleur repas que toutes leurs préparations.

Dans ce nouveau décor, tout est à recommencer : les repérages, l'observation des routines. Pour le moment, je suis bien loti. Talha et Abou Yahya ont le sommeil lourd. Très lourd. Cela va s'avérer utile…

Dans ma poche, mes notes s'alourdissent de ces nouveaux détails.

*

* *

Ils dorment comme des bébés. L'un à côté de l'autre, bouche ouverte et ronflement sonore en prime. Il doit être 6 heures du matin. Après une prière somnolente, ils sont venus enlever mes chaînes, puis ils sont allés se recoucher, et peu de temps après, les ronflements m'ont décidé. Je vais en profiter pour grimper au sommet de la colline. Je connais leurs habitudes, ils n'émergeront qu'à partir de 9 h 30, au plus tôt. Ça me laisse largement le temps. Je n'ai rien pris avec moi. Je monte, observe et redescends aussitôt, un aller-retour. Dans la fraîcheur du matin, j'entreprends de gravir la colline de pierre noire sans perdre de vue le camp et mes geôliers que j'aperçois en contrebas. Ma plus grande crainte : un visiteur inattendu qui arriverait et les réveillerait pendant que je suis sur la colline – c'est mon pire cauchemar. La sanction serait immédiate et terrible. L'ascension me paraît plus ardue que ce que j'imaginais. À plusieurs reprises, je manque de glisser sur certains rochers trop lisses pour mes semelles usées. Je parviens finalement au plateau que constitue le sommet. De là, j'ai une vision panoramique sur toute la vaste plaine qui nous entoure. Tout ici semble se fondre dans un dégradé de brun, vert et marron. Le tableau saisissant et désolé qui s'étale devant moi ne me révèle rien, aucun village, aucun campement. Je parviens à deviner des pistes, mais très éloignées. Difficile de déceler quoi que ce soit. Peut-être que les tentes des campements se fondent dans les couleurs de cet immense décor. Il me faudra revenir, de nuit cette fois-ci. Peut-être alors des feux, des lumières dans l'obscurité me permettront d'identifier des traces de vies vers lesquelles me diriger lorsque je m'évaderai…

Je redescends de la colline un peu déçu. Au camp, Talha et Abou Yahya sont toujours endormis. J'ai repéré un grand arbre, dans la langue sablonneuse, à quelque 400 mètres de mon abri. Je marche jusqu'à lui et me réfugie sous sa canopée protectrice. Les vrombissements d'abeilles et de bourdons, nombreux à venir butiner les fleurs roses et odorantes de l'arbre, me poussent à marcher plus loin. La langue de sable semble s'étirer jusqu'à l'horizon. Quelque chose me pousse à continuer. Je progresse difficilement dans le sable sous le soleil du matin, m'éloignant progressivement du camp. En face de moi, de vastes étendues d'herbes séchées se déploient. Quelques chameaux blatèrent doucement. Je me sens bien à chaque pas, léger, libre. Je pourrais marcher ainsi pendant des heures, je m'éloigne et j'aime ça, je pourrais ne plus revenir, continuer et disparaître. La chaleur et le manque d'eau me font considérer le retour. Je les imagine à présent réveillés, légèrement amorphes, préparant machinalement le thé qui leur donnera un nécessaire coup de fouet. Je rebrousse chemin. J'ai bien dû marcher plus de deux kilomètres tout droit dans la langue de sable.

Le retour me ramène brutalement à la réalité. J'aperçois à quelques centaines de mètres du camp, Talha, kalachnikov en bandoulière qui marche à vive allure dans le sable dans ma direction. Le masque de rage qu'affiche son visage ne me laisse aucun doute sur son état et ce qu'il me reproche. Abou Yahya le suit à une vitesse plus modérée. Leurs silhouettes tendues se découpent dans la lumière matinale. Je comprends immédiatement que ma petite excursion va me coûter cher.

– Tu t'es cru où !? explose Talha, le visage déformé par la colère sous son chèche. Tu pars loin comme ça, c'est pour que tout le monde te voie !!?

Sa fureur résonne dans le silence du désert.

Je tente de m'expliquer, évoquant mon besoin de marcher, de bouger et assurant que je n'ai croisé personne, mais mes mots se heurtent à un mur de méfiance. Pointant du doigt les arbres qui camouflent mon abri, il me fait signe d'un geste de la tête de me dépêcher d'y retourner. Le reste de la matinée se déroule dans une atmosphère glaciale. Mes geôliers me lancent des regards lourds de sens, et je sens ma fragile liberté de mouvement se réduire comme peau de chagrin. Retour à la case départ.

Bashir passe au camp dans l'après-midi. Je profite de sa présence pour demander de nouvelles chaussures, montrant mes semelles usées jusqu'à la corde. Il hoche la tête sans s'engager. Ce soir, allongé sous ma bâche, enchaîné, je pense à Gigi. Si j'avais réussi ma dernière tentative, nous serions ensemble maintenant. Je visualise son sourire, j'imagine la fête que nous aurions faite pour son anniversaire. Au lieu de ça, je suis là, à compter les étoiles, prisonnier de ce désert qui semble s'étendre à l'infini. Me déplacer va être compliqué ces prochains jours. Je dois me tenir à carreau, me faire le plus discret possible. Mon escapade de ce matin était une erreur, surtout après l'ascension de la colline qu'ils n'ont même pas remarquée. Il faut que je me reprenne, que je me concentre sur une issue. Il y a toujours une issue.

Note du 11 juin 2021 : *Bon anniversaire Gigi !!! J'aurais tant aimé être là pour tes 13 ans. Ma T.E. n'a pas été possible. Je suis à présent au beau milieu d'un désert, loin de tout, mais malgré la distance, je pense bien à toi et vais tout faire pour être de retour très bientôt. Je t'ai dédicacé une palme*[7] *que j'ai créée ce matin en bagua. Je l'ai nommée* Gigi's palm *et elle fracasse ! Un bon anniversaire !! Profite de tes amis et de la famille.*

7. Une technique de la main, en bagua zhang.

C'est quand on est loin de ceux que l'on aime qu'ils vous manquent le plus cruellement. Je t'embrasse, je t'aime, je vous aime. Olivier.

Et en 2022 ? Serai-je encore en pleine brousse comme un con, à souhaiter un bon anniversaire à ma fille sur un bout de papier ? Et en 2023 ? Je n'ose penser aux années suivantes. Mon estomac se noue. Aurai-je encore la possibilité d'écrire ces mots dans les années qui viennent, ou serai-je… ?

Talha est venu tôt ce matin m'enlever ma chaîne, le visage fermé. D'un geste, désignant les alentours, il m'a intimé l'ordre de ne pas me balader. J'ai passé la majeure partie de la matinée allongé et j'ai eu tout le loisir de faire plus ample connaissance avec mes amis les insectes. J'ai découvert deux nids de fourmis, les noires et les argentées qui semblent toujours être sur booster. Elles sont chez elles et n'ont cure des règles d'hospitalité. Si j'avais de l'essence, j'aspergerais leur nid et j'y mettrais le feu.

Le soir, un dégel s'opère. Quand je vais chercher mon morceau de tajilla, Talha m'invite à m'asseoir à côté d'eux. Il me dit qu'il faut que je fasse attention aux bandits et aux loups qui rôdent aux alentours. Qu'il ne faut pas que je me promène trop loin, car ça peut être dangereux. *Est-ce que c'est plus dangereux que d'être retenu en otage par des jihadistes ?* La nuance m'échappe, mais je joue un parfait auditeur. Je le sens satisfait de penser que j'ai compris ce qu'il a dit. Il me montre une vidéo sur son téléphone. Sur l'écran, des cadavres de ce qui devait être des Occidentaux. « *Sahafi*, *Sahafi*, Burkina ! » me dit-il. Les photos me ramènent à ma condition et me glacent le sang. Il poursuit par une vidéo où je peux voir, filmé en caméra subjective du point de vue d'une kalachnikov, un homme pénétrer dans un bâtiment et y abattre de sang-froid les gens qui s'y trouvaient. « Al-Qaïda, Al-Qaïda », répète-t-il, sourire aux lèvres. Je détourne le regard et tente de changer de sujet en demandant qui deviendrait le chef du Mali si le JNIM conquérait le pays. Talha me répond qu'Iyad Ag Ghaly serait le chef. Je demande alors comment peut-il être sûr qu'il travaille pour Dieu et non pour mettre au pouvoir son chef qui ne rêve sans doute que de cela. Il ne semble pas comprendre ma question. Il finit par lâcher :

– En France, vous avez président Macron, Mali, futur président, Iyad Ag Ghaly.

Je hoche la tête, peu satisfait de sa réponse. En couvrant les 100 mètres de sable qui mènent à mon abri ce soir-là, je songe à l'atrocité des images que j'ai vues et au côté incertain de ma vie en captivité. Je ferme les yeux pour chasser de toutes mes forces ces pensées, et m'imaginer Gigi, quelque part à plus de 1 000 kilomètres vers le sud, penchée sur un gâteau d'anniversaire et soufflant ses bougies.

*
* *

Les visages changent mais le captif reste. Deux nouveaux geôliers ont remplacé Talha et Abou Yahya, partis en trombe en milieu de matinée. Le premier, Sidi Mohamed, semble être le chef ou alors il aime à le montrer. Grand type élancé, cheveux frisés marron, fine barbe et la moustache soignée. Il cultive une image de guerrier saint qui transparaît dans chacun de ses gestes. Sa voix haut perchée, presque précieuse, lui donne des airs de bourgeois égaré dans le désert.

Je l'observe depuis plusieurs jours maintenant. Il a ses rituels. J'ai l'impression qu'il est en perpétuelle représentation, il change de costume selon les circonstances : tenue décontractée au camp, puis habit de combat avec chèche soigneusement ajusté pour la prière ou quand il daigne s'adresser à moi. Dans ces moments-là, il se transforme, comme un acteur de théâtre qui enfile son costume de scène. Il a une haute opinion de lui-même, il est en mission divine, il se sent investi.

Son acolyte, Termizi, détonne dans ce tableau. Plus jeune, plus accessible aussi, il semble être ici en apprentissage. Je le surprends souvent à griffonner des versets en arabe sur des bouts de papier qu'il m'a demandés – je lui en ai tendu avec une réticence masquée, le papier étant précieux. Il répète comme un écolier les paroles que Sidi Mohamed lui enseigne, absorbe sa doctrine avec application.

Ce qui m'intrigue le plus, c'est leur absence d'armes. Comment peuvent-ils être si confiants dans leur capacité à me garder ? Même leur radio n'est arrivée que plusieurs jours après eux. Seul Bashir – que certains appellent Aboubacrine – fait le lien avec l'extérieur. Il apparaît régulièrement comme un fantôme pour apporter provisions et nouvelles. À ma grande surprise, il m'a remis une lampe de poche. Qu'est-ce qu'il parle ! J'entends sa voix aiguë tard dans la nuit, à la fois enjouée, informée et cultivée, et les autres écoutent attentivement l'important flot de paroles qu'il déverse. À chacune de ses visites, je guette l'arrivée de nouvelles chaussures pour remplacer mes semelles usées, mais rien. Je devrai peut-être me contenter de cette paire fatiguée quand je mettrai les voiles.

Sidi Mohamed ne me quitte pas des yeux pendant mes séances d'exercice. D'abord surpris, je le vois qui épie mes pompes, mes étirements, comme s'il cherchait à m'évaluer. Il n'aime pas ça. Il sent aussi, quand il vient me voir en tenue de superhéros, que je ne suis pas impressionné. Il n'a pas d'autorité. La chaleur du désert a souvent raison de sa vigilance. Comme Termizi, il finit toujours par s'assoupir dans l'après-midi, sa respiration lourde se mêlant au bourdonnement des insectes. Je note ces moments, leur durée, tout ce qui pourrait me servir. Plus j'en apprends sur eux, plus je me sens reprendre le contrôle, même enchaîné.

Sidi Mohamed est aussi l'un des pires cuisiniers qu'il m'ait jamais été donné de rencontrer. J'ai très rapidement voulu partager avec lui mon opinion à ce sujet. Il a compris tout en feignant de ne pas comprendre. Un soir, il s'est surpassé en jetant pêle-mêle dans la Cocotte-Minute du mouton séché, des sardines en boîte et le riz. La couleur était étrange et peu ragoûtante. Le tout noyé dans l'eau du riz tiède. L'odeur seule suffisait à me retourner l'estomac.

Le lendemain midi, rebelote. Le riz en fait encore les frais. Une masse blanchâtre, spongieuse, où flottent quelques morceaux de viande sans saveur. Je fixe mon bol, partagé entre la faim et le dégoût. Le lait en poudre finira par l'emporter.

Un soir, alors que je m'approche comme d'habitude de leur abri pour le repas, d'un geste, Sidi Mohamed m'ordonne de m'immobiliser à une cinquantaine de mètres. Il ajuste son chèche avec une lenteur cérémonieuse, masquant son visage et passant donc en mode jihadiste. Je dois alors lancer mon bol vers lui. Il le remplit avec des gestes d'une précision maniaque, évitant que la cocotte ne touche mon bol d'infidèle. Tant de précautions pour me servir, ça me fait bouillir. Une fois sa tâche accomplie, il se frotte consciencieusement les mains et fait signe à Termizi. Le jeune homme parcourt docilement la distance qui nous sépare, portant mon bol débordant d'une mixture fumante et sombre.

Je regarde la scène, figé entre consternation et colère sourde. Je laisse tomber le bol dans le sable, tourne les talons sans un mot et m'éloigne. J'entends des « Zeitoun » désapprobateurs et autoritaires dans mon dos. Je regagne mon abri et m'allonge, l'estomac vide.

*
* *

Le vrombissement des moteurs ne cesse pas. Depuis hier, les avions de Barkhane quadrillent le ciel, invisibles, mais omniprésents. En enlevant ma chaîne ce matin, Termizi a mis son doigt devant la bouche en montrant le ciel et m'a indiqué de ne pas bouger de mon abri. Les jerricans ont été maculés de boue et planqués sous des arbres. Nos réserves de nourriture enterrées. On reste immobiles sous le couvert des arbres. Je scrute le ciel à travers le feuillage. Ces avions, savent-ils que je suis là, quelque part sous leurs ailes ?

La nuit venue, le ballet aérien continue. Les moteurs vrombissent au-dessus de nos têtes, réguliers, méthodiques. Au milieu de la nuit, je me redresse silencieusement. Je ne peux pas rester là sans rien faire. Ils dorment et j'ai une lampe de poche à présent. En m'éloignant suffisamment des arbres, je devrais pouvoir faire avec ma lampe des signaux que les avions pourraient voir. Avec le bruit de fond des moteurs dans le ciel, mes geôliers ne pourront pas m'entendre, mais d'un autre côté ce bruit peut les empêcher de dormir. Je chasse cette deuxième idée. Je me délivre de ma chaîne et je rampe pour sortir de la canopée que j'ai modelée à l'opposé de l'entrée de mon abri. J'arrive sur un terre-plein sablonneux. Je me relève doucement, la lampe de poche pèse dans la poche de mon boubou. Les nuits précédentes, j'ai réussi à m'éloigner de plus en plus. Quelques dizaines de mètres d'abord, puis davantage. Je peux y arriver.

Accroupi, à pas lents, je m'éloigne du camp. Je rejoins à quelques centaines de mètres de là un bosquet d'arbres ; derrière cette barrière végétale, ils ne pourront pas voir les signaux. Le ciel est criblé d'étoiles. Le vrombissement des avions emplit l'obscurité. Je sors la lampe, le doigt sur l'interrupteur. Je le presse en direction du ciel pendant 2 secondes, puis 1 puis 2 secondes en grimaçant. Puis je reste figé dans la nuit et j'attends une exclamation venant de leur part, des cris d'étonnement. Je tends l'oreille. Rien.

Ensuite, tout devient silencieux. Les moteurs se sont tus, comme si quelqu'un avait appuyé sur un bouton. J'attends, la lampe serrée dans ma main moite. Une minute passe, puis deux. Rien. Plus d'avion. Je préfère rentrer, on ne sait jamais. Je fais demi-tour et regagne précautionneusement mon abri.

Une fois allongé, j'entends les avions reprendre leur ronde. Je serre les dents. Je tente quelques signaux brefs depuis ma couchette, mais le feuillage est trop dense.

La nuit est une alliée. Pendant que mes gardiens dorment, je cartographie mentalement chaque recoin du camp. J'ai repéré une issue au nord, là où la canopée de mon arbre s'abaisse presque jusqu'au sol. Le passage est étroit, mais praticable. Mes muscles se souviennent de chaque branche, de chaque aspérité.

La grande colline me nargue dans l'obscurité. De son sommet, je pourrais peut-être apercevoir des lumières, des signes de vie. Mais la Lune transforme le sable en page blanche où chaque pas s'inscrit comme une signature. Je dois être patient, attendre les nuits les plus sombres.

*

* *

Note du 17 juin 2021 : *On a bougé d'endroit en milieu de matinée. Tout a été chargé sur deux motos. Je monte derrière Aboubacrine et nous fonçons à travers le désert rocailleux. Les patrouilles fréquentes de Barkhane dans le ciel ont dû les inquiéter. Il connaît comme sa poche ces immenses territoires désolés. Fréquemment, nous faisons des embardées pour quitter* *la piste et nous enfoncer dans la brousse. Il stoppe la moto sous un arbre et nous restons là, immobiles, dans le silence, aux aguets. Quelques secondes après, le bruit d'un moteur d'avion se fait entendre. Barkhane dans le ciel. Mais comment fait-il pour percevoir le bruit d'un avion avec le moteur de sa moto qui tourne à fond? Nous roulons ainsi 45 minutes environ. Puis nous stoppons dans une brousse sablonneuse composée d'arbres épineux. « Tu dormiras sous celui-ci », m'indique-t-il. Je suis débarqué comme un paquet de linge sale.*

Comme je le pensais, nous ne sommes restés là que quelques heures. On a roulé ensuite un quart d'heure/vingt minutes et me voilà à présent sous un arbre plus petit, avec ma natte et mon matelas sur le sable. Dans une situation idéale : je suis au-devant d'eux, à une centaine de mètres. Une petite muraille de piquants me dissimule à leurs yeux. Idéal pour T.E. Mais où aller?

Le site est niché dans un *wadi* sablonneux, encaissé entre de petites collines pierreuses. Au loin, une chaîne de montagnes dessine une dentelle à l'horizon. Leurs sommets, parfois d'un blanc éclatant, se découpent sur le bleu du ciel quand la visibilité est bonne. C'est étrangement beau.

Dès le lendemain, Sidi Mohamed se met en tête de camoufler et fortifier leur position. Il me faut à présent emprunter une sorte de petit labyrinthe naturel pour les rejoindre, avec, disposés sur le sol, des objets pour détecter celui qui vient. Je ne peux m'empêcher de ricaner : « *C'est moi que les Français recherchent, et c'est vous qui vous protégez !* »

Aboubacrine, lui, se montre plus pragmatique. Il construit au-dessus de ma zone de couchage une sorte de toit végétal qui étend l'ombre de mon petit arbre. « Comme ça, impossible de te voir du ciel », explique-t-il avant dc repartir.

Les nuits dans ce nouveau camp sont un défi. Des insectes massifs, à la carapace noire zébrée de blanc, envahissent ma natte dès que l'obscurité tombe. Leurs larges mandibules dentées sont une menace constante pour mes orteils. Emmailloté serré dans ma couverture, je les observe parfois s'attaquer à des scarabées avec une violence surprenante. Ces bestioles semblent avoir fait de mon sommeil leur mission personnelle.

Un matin, alors que je viens demander du lait, Sidi Mohamed me fait attendre, absorbé dans sa propre et inédite séance de sport. Je reste planté là, témoin involontaire de son effort. Ses deux premières pompes sont relativement correctes, puis la difficulté se fait sentir. À la cinquième, ses bras tremblent visiblement. Il se relève satisfait et expire avec fierté. Je ravale le sourire qui me démange le visage.

Les tensions s'accumulent jour après jour. Je pousse de plus en plus loin mes explorations autour du camp, testant les limites et la patience de Sidi Mohamed. Il me surveille, je le sais, mais je fais mine de l'ignorer. Un jour, alors que je tourne autour de mon arbre à la recherche d'un peu d'ombre, sa voix haut perchée traverse le camp. Il donne des ordres à Termizi avec ses intonations caractéristiques. Sans réfléchir, je le singe, reprenant ses modulations exactes. Le silence qui suit est brutal, pesant. Il m'a entendu. Cet incident va sceller notre mésentente. Les jours suivants, dès que j'approche de leur camp pour demander de l'eau ou du lait, il se met à m'imiter. Il reprend chacune de mes phrases en exagérant mon accent. Une petite vengeance mesquine qui en dit long sur son autorité fragile. Je fais semblant de ne rien remarquer, ce qui le contrarie encore plus.

Les survols de Barkhane dans le ciel sont fréquents. Le bruit des moteurs rend Sidi Mohamed nerveux. Il a mal interprété mes propos sur mes balades quand les avions survolent le camp, il pense que je le défie délibérément lors des surveillances aériennes. Ce n'est pas faux, mais je ne lui dis pas. Un matin, il arrive en tenue de combat, son chèche soigneusement ajusté pour dissimuler ses traits. Il m'annonce qu'il veut m'enchaîner aussi pendant la journée. La barrière de la langue complique tout.

Je sens la colère monter en moi. L'idée d'être enchaîné en permanence m'est insupportable. Mes poings se serrent malgré moi. Nous nous faisons face, la tension est palpable. Je me sens capable de lui sauter dessus, chaîne ou pas. Il doit le sentir, car, frustré, il menace d'en référer à Aboubacrine et tourne les talons.

Le soir, des voix m'attirent vers leur abri. Je m'approche discrètement et découvre une scène surréaliste. Sidi Mohamed, drapé dans sa tenue de combat, le visage dissimulé sous son chèche, prononce des phrases en arabe d'une voix forte et rauque. Face à lui, Termizi répète chaque parole. On dirait une sorte de cérémonie d'initiation. Ils semblent galvanisés. Je reste là un moment, fasciné par ce théâtre nocturne. Sidi Mohamed se donne décidément tous les rôles : le gardien sans armes, le mentor spirituel, le cuisinier merdique, le chef d'un culte ésotérique… Des costumes qui semblent trop grands pour lui.

Les jours passent et après mes entraînements, je m'aventure de plus en plus loin dans la forêt. Sidi Mohamed m'a déjà dit plusieurs fois de ne pas m'éloigner, mais ses avertissements nourrissent ma détermination. Je joue avec ses nerfs, je le sais, mais c'est plus fort que moi. Chaque pas au-delà des limites qu'il fixe est une petite victoire. La dernière fois, m'étant aventuré loin au sud, j'ai dû me cacher à l'approche d'une moto qui filait à travers bois. Aboubacrine est de retour. J'ai dû revenir en faisant une large boucle vers le camp, en me demandant si Sidi Mohamed allait lui parler de son projet de m'enchaîner en journée et de mes balades hors limites. Il faut que je sois plus prudent dans mes escapades, plus raisonné.

La nuit, j'écoute le bruit des camions et des motos qui passent au loin. Je suis convaincu qu'une piste importante se trouve quelque part vers l'est. C'est la direction d'où arrivent mes geôliers, et là où ils repartent à moto.

Je décide de tenter un premier repérage nocturne. Mon objectif : remonter jusqu'à l'orée du bois, loin à l'est pour trouver cette piste fréquentée. J'enlève ma chaîne. Le terrain est traître – rocheux par endroits, sablonneux à d'autres. Chaque pas doit être calculé pour ne pas laisser de traces trop visibles. Je progresse lentement, utilisant les zones rocailleuses autant que possible. Au bout d'un moment les rocs deviennent des cailloux puis du sable. Raisonnablement il me faudrait arrêter ou rebrousser chemin, à cause des empreintes trop nombreuses. Mais je me dis que peu de gens en voiture ou à moto auront le réflexe de regarder des traces de pas sur le sol. La plaine qui s'étend devant moi est immense, je n'arrive pas à repérer la route que je cherche. Après une heure d'exploration prudente, je dois faire demi-tour, frustré, mais pas découragé.

Le lendemain matin, Sidi Mohamed me lance un regard appuyé, un sourire mauvais aux lèvres. Aboubacrine l'a contacté – il a repéré mes traces de pas loin vers l'est. Je feins l'indifférence quand il essaie d'être autoritaire, menaçant de m'interdire de quitter le camp. Sans Aboubacrine sur place, ses menaces sonnent creux.

À l'aube, personne n'est venu m'enlever ma chaîne. Ça doit être les conséquences de mon clash avec Sidi Mohamed. Je pense que je vais rester enchaîné jusqu'à l'arrivée d'Aboubacrine. S'adapter, ne rien lâcher. S'ils décident de m'enchaîner la journée aussi, je ferai une grève de la faim !

*

* *

– Tais-toi ! L'interjection a filé naturellement, sans que je n'y prenne garde.

Comme si mon corps avait synthétisé la formule de tout ce que je brûlais de dire soudainement. Sidi Mohamed s'est figé. Aboubacrine me fixe du regard, Termizi relève la tête, surpris.

C'est trop tard, c'est lâché. Maintenant, silence et je finis de remplir mon bidon d'eau. Mes allées et venues sont au centre des discussions. En arrivant à moto ce matin, Aboubacrine s'est soudainement arrêté à quelques centaines de mètres du camp, exactement dans la zone que j'ai foulée du pied avant de grimper la colline hier soir. Il a dû reconnaître les empreintes caractéristiques de mes vieilles sandales. Il est venu directement vers moi me balancer une paire de chaussures toutes neuves et m'a fait signe de le suivre. Sidi Mohamed s'en est donné à cœur joie, il avait beaucoup de choses à dire, et maintenant, c'est le silence.

– Zeitoun, marchi c'est bien, marchi loin pas bien ! lance Aboubacrine d'une voix aiguë.

Il désigne avec son bras des arbres un peu plus loin, à quelques centaines de mètres.

– Là, ci bien !

Sa main montre au-delà :

– Là, pas bien !

Il montre du doigt le ciel.

– Francia, Francia.

Puis ses yeux et les alentours :

– Gens, gens, problèmes !

S'il savait comme j'aimerais croiser des gens.

Sidi Mohamed boit les paroles d'Aboubacrine comme la meilleure des eaux fraîches.

Le moudjahidine me fixe avec insistance, fronce les sourcils. Je repense à son visage de mort. Il désigne mon abri et me fait le signe du coucher. Il imite grossièrement des arts martiaux avec ses mains, puis fait le signe de marcher vers mon abri pour y rester. En résumé, je dois rester la plupart du temps sous mon abri et ne pas me balader à plus de 400 mètres du camp. Je fais un signe positif de la tête pour montrer à Aboubacrine que j'accepte. Je ne veux pas de problèmes avec lui. Mes explorations la journée sont à présent limitées. Reste la nuit.

J'ai tout de même réussi, l'après-midi, après le départ d'Aboubacrine et pendant leur sieste, à monter au sommet de la colline. Je n'y suis resté que quelques minutes. Il faut monter un peu plus haut pour tout voir, mais j'ai pu repérer les endroits où poser ses pieds pendant l'ascension. Les grandes gerbes d'herbes séchées seront un paravent durant mon itinéraire accroupi qui me permettra de revenir discrètement jusque dans mon abri. J'ai appris à peaufiner mes sorties. Je veille à présent à rouler mes affaires en boule sous la couverture pour imiter un corps qui dort, si l'un de mes geôliers venait à passer rapidement s'en assurer, ça passerait.

Je me glisse hors de mon abri. La nuit est claire, la Lune presque pleine. Le sable crisse doucement sous mes pieds. Je m'immobilise. Rien. Les ronflements de mes geôliers continuent leur mélodie régulière.

L'espace entre mon abri et la colline est un terrain découvert, un damier de sable et de roches qu'il faut traverser. Mon boubou beige me trahit dans la clarté nocturne – il brille comme un signal. Je dois m'en débarrasser. Le froid de la nuit mord ma peau nue, mais c'est le prix de l'invisibilité.

L'ascension est délicate. Je teste chaque prise, chaque appui, avant d'y mettre mon poids. Une pierre se détache, je la rattrape de justesse. En bas, le camp est silencieux.

Au sommet, la visibilité est médiocre malgré la Lune. Pas de véhicules au loin, pas de feu, pas de lumières. Je reconnais la direction de la forêt lugubre où j'ai passé trois semaines. Celle où je voulais m'enfuir pour l'anniversaire de Gigi. Bizarrement, je repense souvent à cet endroit quand je veux m'évader. Cette forêt, malgré son aspect sinistre, avec sa cabane et son puits, me semble un repère, un havre. Va savoir pourquoi.

*

* *

Note du 29 juin au 2 juillet : *T.E. du 29 juin annulée, car on est allés dormir dans un autre endroit juste pour la nuit. La T.E. du 1er juillet a été lancée tard dans la nuit. J'ai mis un peu plus d'une heure à me changer et à préparer mon sac. Au moment de partir, un de mes geôliers se racle la gorge, crache, puis se lève pour aller pisser. Je reste pétrifié, un pied en dehors de mon abri. Je reprends silencieusement une position allongée. Il revient, allume son téléphone et commence à le consulter. Ça dure près de 30 minutes. Je commence à fatiguer, et avec la sortie du bois qui va réclamer beaucoup d'efforts et les dix kilomètres que je comptais parcourir dans la nuit, je sens que je n'aurai pas l'énergie. Je remets au 2 juillet. Le 2 juillet, on part en milieu d'après-midi pour un nouvel endroit. En arrivant là-bas, la grande tente beige et un container d'eau de 900 litres me font comprendre que l'on va rester là un moment. La T.E. finale doit être planifiée ici.*

J'ai annulé toutes mes tentatives d'évasion jusque-là, parce que je n'étais pas prêt, parce que j'ai mis du temps à trouver ma route, parce qu'un jihadiste a décidé d'aller pisser au moment où je voulais me faire la malle. Parce que je ne suis pas allé jusqu'au bout. Je suis resté cloué sur place par la peur de ce grand saut dans l'inconnu que représente une évasion dans un désert, dans ce contexte. Les scénarios de mort sont nombreux : mort de soif, mort attaqué par des bêtes sauvages, tué sur la route par des hommes armés, tué de la main de mes geôliers qui m'aurait rattrapé… Me tueraient-ils ? La question m'obsède. Si j'avais un otage qui vaut potentiellement des millions et qu'il s'échappe, le tuerais-je après l'avoir retrouvé ? Pourquoi se fatiguer à le retrouver, si c'est pour le tuer ? Tout ce temps, cette logistique, les recherches… Je serai certainement battu, traité comme la pire des merdes, mais vivant. Je n'en sais rien. C'est cet entre-deux, soit tout gagner, soit tout perdre qui, inconsciemment, me fait revenir. Une peur sourde et cachée d'échouer et de mourir. Mais ça, c'est fini ! Ce soir, le sort en est jeté.

Voilà trois jours que je me prépare et c'est pour ce soir. J'ai discrètement enlevé toutes les branches craquantes sur le chemin qui part de ma tente et que j'emprunterai de nuit pour m'éloigner du camp. J'aurai avec moi dans mon pantalon-sac une petite couverture, trois bouteilles d'eau, mon bloc orange, la moitié d'un paquet de lait en poudre et quatre biscuits. À la main, des longues branches d'herbes sèches pour balayer mes traces derrière moi.

La configuration est idéale. Abou Yan et son jeune acolyte me gardent – deux dormeurs que j'ai déjà testés. Pendant leur sieste, je me suis approché à les toucher. Ils n'ont réagi qu'en sursautant quand je les ai appelés. Seul Aboubacrine m'inquiète. Il passe souvent, plus froid depuis qu'il a repéré mes traces près de la colline.

Ma tente est percée de trous d'observation. Je m'amuse à les saluer quand ils viennent m'épier, savourant leur surprise. Aujourd'hui, je reste allongé, économisant mes forces. Je ne me lève que pour des besoins urgents et quelques dernières vérifications techniques.

Mon plan tient en cinq étapes, simples sur le papier, mais vertigineuses dans la réalité : sortir du camp, trouver une piste, intercepter un camion, convaincre le chauffeur de me prendre avec lui, atteindre une base militaire.

Chaque étape soulève des questions glaçantes. Si je ne trouve pas de camion avant l'aube? Sans provisions, traqué sous le soleil, mes chances de réussite sont nulles. Si le chauffeur refuse de m'aider? Je peux lui promettre de l'argent, supplier pour un appel téléphonique… Mais s'il me dénonce? Et si eux me rattrapent…?

Dans la nuit du 7 au 8 juillet, je lance ma T.E. finale. Il est environ 22 heures. J'écoute leurs souffles lourds. J'attends encore dix minutes, immobile dans le noir. Rien ne bouge.

Mes doigts trouvent la chaîne dans l'obscurité. Le métal est froid contre ma peau. Je fais tourner avec force l'écrou dans mes mains, le souffle suspendu. Parfois, capricieux, il refuse de se laisser dévisser.

Je drape ma tête et fais disparaître mon visage dans mon chèche. Mes yeux sont deux grandes lentilles noires dilatées qui absorbent tout. Je glisse ma main sous la couverture, attrape mon pantalon transformé en sac. Trois bouteilles d'eau cognent doucement l'une contre l'autre. Je les immobilise. Le moindre bruit peut tout faire échouer. J'ai vérifié cent fois ce paquetage, pesé chaque option. Plus léger signifierait mourir de soif. Plus lourd ralentirait ma fuite.

La toile de la tente bruisse quand je me redresse. Je reste accroupi quelques secondes, laissant mes yeux s'habituer à l'obscurité. C'est une nuit sans lune, parfaite pour disparaître, ou pour se perdre. L'air est encore brûlant, chargé des dernières chaleurs de la journée. Il doit faire dans les 35 degrés.

Je sors par l'arrière de la tente. Je serre les branches d'herbes sèches dans ma main libre – mes instruments pour effacer mes traces. Accroupi, lentement, je fais trois pas, puis cinq. Le chemin que j'ai nettoyé ces derniers jours s'étend devant moi, invisible, mais gravé dans ma mémoire. Je suis allé faire mes besoins de plus en plus loin pour pouvoir explorer mon itinéraire de fuite, ils n'y ont vu que du feu.

À dix mètres du camp, je m'arrête. J'écoute. Les ronflements ne me parviennent plus maintenant. Le camp se détache encore discrètement derrière moi. Un vent léger fait bruisser les feuilles des arbres. Je distingue la silhouette massive d'un acacia, mon premier repère. Le désert autour de moi n'est qu'une masse noire, sans limite. Le sud devrait être par là, dans la direction de ces bruits de moteurs entendus les jours précédents.

Je me mets en route, essayant de balayer chaque trace de pas derrière moi. La sueur commence déjà à perler. Mon tee-shirt colle à ma peau sous mon boubou.

Le terrain change sous mes pieds. Le sable laisse place à une surface plus dure, pierreuse. Je n'ai plus à effacer mes traces, le sol gardera moins d'empreintes. La nuit est si noire que je dois avancer à tâtons, testant chaque pierre avant d'y poser le pied. Je me repère aux étoiles, cherchant l'étoile Polaire. Mais les nuages jouent à cache-cache avec mon outil principal de navigation. Je pourrais être en train de tourner en rond sans m'en rendre compte.

Une heure passe, peut-être plus. Pas de camion. Zéro véhicule. La fatigue commence à se faire sentir. Mes jambes sont lourdes. La bouteille d'eau m'appelle, mais je résiste. Pas maintenant. Chaque gorgée est précieuse. Je dois être à environ trois kilomètres du camp. Peut-être plus, mais dans quelle direction ? L'angoisse monte doucement. Je tends l'oreille, espérant entendre le grondement salvateur d'un moteur au loin. Rien que le silence du désert et le battement sourd de mon cœur.

Je marche, mais je n'ai toujours pas trouvé de piste. J'étais pourtant certain d'avoir entendu des camions dans cette direction les jours précédents. Le doute s'installe. Au loin, un grondement sourd attire mon attention. Des phares percent l'obscurité, bien plus à l'est de ma position. Je change de cap, le cœur battant.

Soudain, une lueur vacillante attire mon regard. Une lampe torche ? La lumière danse entre les branches d'un bosquet distant. Je me fige. Mon esprit s'emballe. Et si c'était un campement jihadiste ? Ou des bandits ? La région en est infestée, disent-ils. Je recule lentement, pas à pas, les yeux rivés sur cette lueur menaçante.

Je prends une autre direction, suivant la Lune, enfin levée, qui baigne le désert d'une clarté spectrale. Je marche ainsi pendant ce qui me semble une éternité avant qu'une pensée terrifiante ne me frappe : la Lune se déplace. La suivre aveuglément pourrait me ramener droit au camp. Je m'arrête, désorienté, épuisé, obsédé par le temps qui passe et la sanction que ne manquera pas d'amener l'aube.

La panique me serre la gorge. Je voudrais être ailleurs, être quelqu'un d'autre. N'importe qui sauf cet homme perdu dans l'immensité du désert, fuyant des jihadistes qui le traqueront dès le lever du jour. La fatigue pèse sur mes épaules comme une chape de plomb. Mes jambes tremblent. Il faut que je me repose, que je réfléchisse.

Je repère un arbre solitaire, silhouette tordue se découpant dans la nuit. Son tronc noueux m'offre un semblant d'abri. Je m'allonge, utilisant mon sac de fortune comme oreiller. Ma fatigue est physique et mentale. J'ignore les insectes qui pullulent. L'épuisement l'emporte sur l'angoisse. Je sombre dans un sommeil sans rêves, comme si mon esprit refusait même une évasion onirique.

L'aube me réveille brutalement. Une lueur grise à l'est déchire la nuit. Mon corps est engourdi, mes vêtements légèrement humides. Que me réserve cette journée ? Serai-je encore vivant ce soir ? Pendant quelques secondes, désorienté, je fixe le ciel qui s'éclaircit. Puis la réalité me frappe comme un coup de poing : l'aube se lève. L'heure de la prière. L'heure où mes gardiens vont découvrir ma fuite. Dans peu de temps, ils découvriront mon absence. Les motos vrombiront. La traque commencera.

Je récupère mon paquetage et reprends ma route vers l'est, longeant ce qui ressemble enfin à une piste. Le jour se lève rapidement maintenant. Le soleil, encore bas sur l'horizon, projette des ombres démesurées. Le vent se lève, soulevant des nuages de poussière qui dansent dans la lumière matinale. J'ai peur des bruits de moteur, j'ai peur que ce soit une de leurs motos qui me trouve et fonde sur moi.

Un grondement lointain me fait sursauter. Je scrute l'horizon, le cœur battant. Un nuage de poussière accompagné du bruit puissant d'un moteur s'élève au loin. Une forme massive émerge de la brume de chaleur matinale. Un camion. Cette fois, c'est bien réel. Le bruit se rapproche. Je cours dans sa direction. Je dépose mon sac derrière un arbre et me mets à courir à toute allure, je dois l'intercepter, il doit s'arrêter. J'agite les bras en courant, criant avec l'énergie du désespoir.

Le camion ralentit dans un grincement de freins. La cabine s'arrête à ma hauteur, imposante. Le chauffeur me dévisage, surpris. Un homme à la peau sombre, le visage partiellement masqué par un chèche vert, assis côté passager, me toise avec curiosité.

Les mots se bousculent dans ma bouche.

– S'il vous plaît, aidez-moi, je suis français !

Le chauffeur fronce les sourcils, secoue la tête. Il ne comprend pas. Je montre mes poignets mimant un enchaîné.

– *Hatif*[8] *! Hatif ! Moudjahidine hatif !*

8. Prisonnier.

Quelque chose change dans leur attitude. Les yeux du passager au chèche vert se plissent, deux fentes sombres qui me fixent avec une intensité nouvelle. Son regard ne me quitte plus. Je sens un malaise monter. Je ne sais pas qui sont ces hommes. Qui sont-ils ? Des sympathisants jihadistes ? Des simples routiers ?

En entendant le mot moudjahidine, le chauffeur s'est figé. Il me regarde et fait non de la tête comme s'il ne pouvait rien faire pour moi. Le regard de son compagnon s'est étréci quand j'ai mentionné ma nationalité.

Je recule lentement, feignant la résignation. Le moteur du camion redémarre dans un grondement sourd. Par la fenêtre, le passager au chèche vert continue de me fixer, son visage indéchiffrable tourné vers moi. L'instinct me hurle de m'éloigner de ce camion, de ces hommes, de leurs regards. Je rebrousse chemin à une allure rapide. Il faut que je parte d'ici, ils vont peut-être me dénoncer par radio aux jihadistes, il faut que je disparaisse, que je me cache.

Au loin, une colline massive se découpe dans la clarté matinale. Mon cœur fait un bond – elle ressemble à celle de la forêt lugubre, avec sa cabane et son puits. Un refuge possible avec de l'eau.

Le camion n'est plus qu'un point à l'horizon, mais je sens encore ce regard brûlant sur ma nuque. Je pars à grandes enjambées vers la colline, mettant autant de distance que possible entre moi et la piste. Ces hommes vont-ils me dénoncer ? Je suis étonné par ma forme, par la vitesse de ma marche. Le soleil maintenant brûle dans mon dos. La colline grandit à mesure que j'avance. Je traverse des zones désertiques et des décors où les roches, d'un bleu irréel, me donnent l'impression d'être sur la Lune. Le soleil monte inexorablement, transformant l'air en fournaise. Je bois plus que je ne le devrais. J'ai grignoté un biscuit, il n'en reste plus que trois. Mes pas s'enfoncent dans le sable, chaque enjambée demande plus d'effort que la précédente. Je marche depuis longtemps, peut-être deux heures. La soif me tenaille, mais je tente de la contrôler. Il ne me reste qu'une gourde à moitié pleine et une bouteille. Il faut les économiser.

La distance est trompeuse dans le désert. La colline semble à la fois proche et inaccessible, comme si elle reculait à chaque pas. La chaleur fait danser l'air, et déforme les contours. Je fixe mon objectif : encore quelques kilomètres et je retrouverai la forêt lugubre, son ombre, sa cabane, son puits. L'idée de l'eau fraîche me fait presser le pas malgré la fatigue.

Cinq kilomètres. Six peut-être. Mes jambes sont lourdes. Le sable a envahi mes chaussures, râpant mes pieds à chaque pas. Je m'arrête, prends une gorgée d'eau tiède. C'est en relevant la tête que le doute s'installe. Quelque chose ne va pas. Les contours de la colline sont différents, plus abrupts.

Je reprends ma progression plus lentement. L'évidence me frappe comme le vent brûlant qui me repousse : ce n'est pas la bonne colline. Pas de forêt. Pas de cabane. Pas de puits. Alors que j'atteins ses flancs, elle s'avère être une ouverture vers une immensité hostile, un océan de pierres et de sable qui se perd à l'horizon. Le paysage se moque de moi, dupliquant à l'infini le même décor désolé.

Cette vision m'assomme. J'ai atteint l'un des pires scénarios que j'avais imaginés. Je vais peut-être tout simplement mourir de soif ou de faim. Je contemple le gigantesque cimetière à ciel ouvert où chaque direction mène au néant. Ma bouche est sèche. Je vérifie mes réserves d'eau : seule une bouteille intacte.

L'épuisement me tombe dessus d'un coup, comme si cette prise de conscience avait sapé mes dernières forces. Je dois trouver une planque à l'ombre, bien cachée. Dormir durant la journée et je redescendrai à la nuit vers les pistes où je croiserai peut-être un camion. Ils doivent me chercher maintenant, c'est sûr. Mon eau et mes provisions ne sont pas dimensionnées pour une autre journée et une seconde nuit en plein désert. Je repère un arbre touffu, un peu en retrait. Son ombre sera mon refuge. Je m'y traîne, étale péniblement ma couverture et m'allonge épuisé.

Je vais fermer les yeux, juste un instant. La fatigue, la chaleur, la déception m'écrasent. Le silence du désert bourdonne dans mes oreilles. Me reposer, reprendre des forces, quelques minutes, pas plus…

Le vrombissement des motos déchire le silence. Je sursaute avant même que mon esprit ne réagisse. Le bruit se rapproche, impossible de savoir d'où il vient exactement – le son rebondit contre les rochers, semble venir de toutes les directions.

Je me redresse légèrement, le cœur battant à tout rompre. Je vois passer une moto à quelques centaines de mètres de moi. Ils sont deux : Aboubacrine et un autre derrière lui. Ils passent non loin de moi sans me voir, pistant certainement mes traces de pas sur le sol qui vont jusqu'au sommet de la colline. Je me plaque encore plus au sol, comme pour me fondre en lui et devenir invisible. Ils ne m'ont pas vu. Mais quand ils redescendront, immanquablement, ils me verront, allongé sur ma petite couverture rose et bleu. La moto surgit rapidement dans un nuage de poussière. Je n'ai plus de force. Leurs silhouettes se découpent dans la lumière aveuglante, comme des spectres vengeurs. Je me lève lentement. Je sais que c'est fini.

Ils foncent droit sur moi. La moto s'arrête dans un dérapage et projette du sable brûlant sur mes jambes. Le visage d'Aboubacrine est déformé par la fureur. Il empoigne sa kalachnikov qu'il pointe vers moi. Je tombe à genoux, suppliant.

– Mes enfants… je balbutie, la voix brisée. Je voulais voir mes enfants…

– Non ! Non ! répète-t-il avec insistance hors de lui. Il ordonne quelque chose à son compagnon qui s'approche, méfiant, puis me saute dessus en agrippant mon chèche. Mes lunettes se brisent tandis qu'il enveloppe ma tête et mes yeux sous la toile. J'entends la voix d'Aboubacrine aboyer des ordres en tamacheq. Le chèche s'enroule autour de mes yeux, serré jusqu'à la douleur. On me noue les mains dans le dos.

Je suis à genoux dans la fournaise. L'obscurité est totale sous le tissu. Étrangement, je suis rassuré. Avec les yeux bandés, je ne verrai pas venir la mort. Pas de canon pointé sur moi, pas d'éclair de feu. Juste le noir. Quand j'entendrai la détonation, je serai mort, c'est tout.

J'entends le mécanisme métallique de l'arme qu'on charge. Un son net, précis, définitif. Je pense à mon fils, à ma fille, à Déborah. Pardon d'avoir échoué. Une étrange paix m'envahit. Le canon doit être là, en face, pointé sur moi. Je retiens mon souffle. Le temps se fige. Je serre les paupières sous le chèche. Tout va finir brutalement.

Un silence assourdissant pèse dans l'air brûlant. Pas de détonation. Pas de balle.

– AK[9] ! AK ! La voix d'Aboubacrine claque comme un fouet.

Je suis toujours là, tremblant, à genoux dans le sable brûlant. Je tends le bras.

Quelque chose de frais touche ma main. Le contact inattendu me fait frémir. Mes doigts reconnaissent la surface humide d'une gourde en peau. L'eau suinte à travers le cuir. De l'eau, ils m'offrent de l'eau.

Les sanglots montent, incontrôlables. Mon corps est secoué de spasmes. Les larmes imbibent le chèche sur mes yeux. Je m'accroche à la gourde comme à une bouée de

9. Tiens !

sauvetage, incapable de comprendre comment je suis passé de la mort certaine à ce contact frais contre ma paume.

Je suis saisi sur les côtés sans ménagement et posé sur leur moto. Nous démarrons en trombe, je manque d'être renversé par la puissance de l'accélération. Le vent me fouette le visage, pendant que j'entends Aboubacrine, répéter avec instance, « *Hamdoulillah, hamdoulillah !* » Nous sommes le 8 juillet 2021, j'ai été kidnappé, il y a 3 mois. Je suis toujours vivant.

8

Mauvaise réputation

Note du 8 juillet 2021 : *Aboubacrine est passé me voir en fin d'après-midi et a été très clair :*

– Avec les moudjahidines, si tu te comportes bien, que tu ne pars pas comme tu l'as fait, alors tout ira bien. Tu auras des biscuits, tu pourras te balader, etc. Si tu pars, c'est la chaîne – aux pieds, aux mains, autour du cou. Si tu refais ce que tu as fait, partir, t'évader… Il mime alors un tir de kalachnikov. Tu as compris ? Si tu tentes encore de t'évader… ses doigts ont tracé un mouvement tragique sur sa gorge, c'est la mort.

Il a dû dire ça pour me faire peur. J'ai compris que ma vie a de la valeur pour eux, sinon ils m'auraient tué sur-le-champ. Et à présent ? On m'a ramené au camp, cassé, dépossédé de tout espoir de fuite. Je suis sous ma tente, enchaîné. Un retour à la case départ, dans une situation bien plus désastreuse qu'avant : je suis désormais attaché la nuit, mais aussi le jour. Fini les chaussures, la couverture, et même le bidon d'eau. Toute tentative d'évasion est suspendue. J'ai mauvaise réputation.

Les heures qui suivent mon retour forcé au camp sont marquées par un tumulte intérieur. Est-ce qu'ils vont venir me tuer ? La terreur se faufile dans mes pensées, chaque son à l'extérieur devient une menace potentielle. Mon esprit se débat avec l'incertitude. Attendent-ils un ordre qui viendra du talkie suspendu à une branche qui émet aléatoirement ? Quel sort m'attend réellement ? Sont-ils en train de décider de qui viendra me tabasser, m'humilier davantage ? Qu'ils viennent ! Et nous verrons combien j'en emmènerai avec moi avant de succomber sous les coups.

Soudain, un pan de ma tente s'abat, dévoilant Aboubacrine. Il démantèle la structure de ma tente et crée une large ouverture qui donne sur leur abri pour s'assurer que la nuit ne puisse plus m'offrir la liberté. Je vois bien qu'il prend un certain plaisir à me déposséder de chaque bribe de sécurité que j'aurais pu m'octroyer. Zeitoun, discipliné, et à qui l'on faisait un peu confiance malgré les soupçons d'espionnage au service des Français, se joue de moi, usant de l'hypocrisie comme tous les *kouffar*. Zeitoun est un menteur. Laissez-le seul et il prendra la poudre d'escampette. Les jihadistes, préoccupés par ma tentative de fuite, sont aussi en colère d'avoir été surpris. Je suis un problème, une source de chaos plantée au cœur de leur méfiance. Ils tiennent à me faire bien comprendre que ça ne marchera pas deux fois.

J'ai maintenant une deuxième chaîne à la cheville gauche. Aboubacrine a veillé à serrer les boulons qui attachent mes jambes avec force, les ayant au préalable vissés avec de la colle super glue mélangée à du sable. Il est impossible de les enlever avec mes mains et très difficilement avec une clé. Durant tout le processus, il me fixe du regard, un sourire ironique aux lèvres ; je ne peux m'empêcher de réfléchir à ce qu'il fait. À quel moment lui est venue la vocation de vouloir enchaîner ou tuer des gens ? Quelle satisfaction en tire-t-il ?

Paradoxalement, ces chaînes, ce métal froid qui entrave mes mouvements, deviennent une partie intégrante de ma détermination. Malgré ce que les jihadistes pensent, avec ces nouvelles entraves, je continue à m'entraîner. Je peux moins bouger, qu'à cela ne tienne, je développe le postural, reste immobile de longues minutes tout en perfectionnant mes techniques de mains. Ma tente jouxte un arbre dont deux des branches basses sont comme des bras ouverts. J'y travaille mes routines d'entrées, mes frappes. La flexibilité des branches, qui reviennent rapidement après que je les ai balayées d'un geste, me permet de travailler réflexes et esquives. La frustration se transforme en motivation ; j'apprends à m'adapter à mes chaînes, comme si chacune devenait une opportunité de perfectionnement.

Il va toutefois falloir éteindre le feu dans mon esprit, cette machine à cogiter qui n'en finit pas de s'emballer depuis que j'ai été ramené. Je veux reprendre le contrôle de mon esprit. Mon bloc orange, un stylo bleu. Pourquoi ne pas écrire une nouvelle, une fiction ? Une arme contre la fatalité, une occupation dans cet abîme d'incertitude.

L'hologramme scintille, projetant la silhouette d'un jeune homme en costume impeccable, ses traits pixélisés par les interférences bleues du projecteur bas de gamme.

– Désolé pour cette bien triste nouvelle. Je reste à votre disposition en cas de besoin, assure-t-il avant de se dissoudre dans un nuage de pixels.

Axel reste figé dans son appartement, un sanctuaire de technologie hype au cœur de Caracas. Son regard glisse le long des câbles de fibre optique qui serpentent sur le sol comme des veines fluorescentes. À l'extérieur, la mégapole pulse, transpercée par les néons publicitaires et le vrombissement des aérodynes qui déchirent le smog, leur ballet incessant créant une cacophonie urbaine familière.

La nouvelle de la mort de son père résonne dans son crâne. Un choc glacial, même s'il n'avait pas de nouvelles de ce géniteur fantôme en dehors des trois appels annuels cryptés. Maintenant, Axel hérite de quelques milliers de cryptoyuans et d'une chose plus précieuse encore : les clés d'accès à sa vie numérique. Quelque part dans le deep web gisent les secrets d'un homme qu'il n'a jamais vraiment connu.

Une fourmi grimpe sur mon bras ; d'un geste rapide, je l'écrase avec impatience. C'est la quatrième en quelques minutes. Je referme mon bloc et pose mon stylo. Il faut que je découvre d'où elles viennent. J'avise à l'entrée de mon abri deux ou trois trous discrets dans le sol par lesquels elles vont et viennent. Ma détermination se transforme en instinct de destruction. Je saisis mon bol et, d'un geste rapide, l'enfonce presque entièrement dans le sable à l'endroit où je vois la fourmi disparaître. La carotte de sable ainsi extrudée emporte avec elle une bonne partie du nid.

Satisfait, je reproduis mes extractions à différents endroits où j'observe leurs allées et venues. Cela me prend une bonne partie de l'après-midi ; inéluctablement, elles finissent toujours par ressortir d'un des trous. J'observe leur organisation face aux catastrophes que je déchaîne. J'ai tenté du sel, du savon, des braises. Tout est bon. C'est comme si ces fourmis étaient devenues un exutoire, ma manière de focaliser mon ressentiment. Pensant avoir éradiqué une de leurs bases et envoyé un message clair pour signifier que cet endroit m'appartient, je suis surpris de constater le lendemain matin que la situation a radicalement changé pendant mon sommeil. Ce ne sont plus deux ou trois trous, mais une succession de petites dunes de sable, chacune marquée par autant d'entrées que de sorties. C'est comme si le sort que j'avais déchaîné à leur encontre avait décuplé leur force et leur détermination. Je me sens fébrile face à ce spectacle ; les fourmis survivent quoi qu'il advienne et moi, je suis confronté à mes propres échecs… elles seront toujours là, bien après moi.

D'autres gardes se sont succédé, et les jihadistes transmettent aux nouveaux arrivants à voix basse, ou dans un murmure, des directives spéciales que mon nouveau statut me vaut. J'ai décidé de scinder le monde en deux, le mien et le leur. Je ne leur adresse plus la parole, pas plus que nécessaire. Mes chaînes m'obligent à déféquer à quelques mètres de ma tente, et je les déteste pour ça. Je dois créer à chaque fois un trou assez profond pour l'enterrer. J'ai l'impression d'évoluer dans un champ miné par moi-même. Cette situation est insupportable.

Pour leur faire payer, au début, j'allais uriner et déféquer devant mon entrée, pour qu'ils aient tout loisir de voir l'absurdité de ce qu'ils avaient créé. Mais ils sont rapidement venus me dire de faire cela de l'autre côté de la tente, là où je m'entraîne. De rage, j'ai envoyé valser tout ce qui se trouvait dans mon abri, ma colère bouillonnante a mis de longues dizaines de minutes à s'apaiser. Ne pas leur parler, pas plus que nécessaire. Je dois laisser passer du temps. Dans quelques mois, peut-être, ma réputation aura changé. Ce temps me permettra de mieux observer leur environnement, leurs habitudes, d'apprendre à mieux m'orienter. En attendant que la situation évolue, je mets en veille mes ambitions d'évasion.

Pour m'occuper, tout est bon. Hier après-midi, j'ai passé deux heures à façonner un abri sous un arbre hérissé d'épines. Impossible de s'y glisser, mais j'ai coupé toutes les branches sèches et piquantes, dangereuses pour ma tête et mes yeux, une à une. L'entraînement ne suffit plus à m'occuper l'esprit. J'ai décidé de faire des listes, de revisiter ma vie passée et de consigner tout mon univers : familial, sentimental, pop-culturel… Je passe mes après-midi allongé sur ma natte, à peaufiner ma nouvelle de science-fiction ou à lister les titres de mes films, livres, disques préférés. Les gardes passent périodiquement pour surveiller mes activités, comme s'ils prenaient un certain plaisir à me déranger. Je suis tellement absorbé par ma nouvelle ou mes listes que leurs visites impromptues m'agacent ; tout me met hors de moi.

L'eau de source devient rare. J'assiste, ahuri, à cette étrange réalité : en pleine saison des pluies, on boit l'eau tombée du ciel qui affleure sur le sol. La nuit dernière, lorsque les cordes de pluie se sont déversées en trombe, je les ai entendus s'activer toute la nuit pour récupérer l'eau et la verser dans le grand jerrican de 900 litres. Ils peuvent toujours rêver; il est hors de question que j'en boive. L'eau a une couleur marron, et je ne peux m'empêcher de penser qu'elle a charrié nos propres déjections avant d'être récupérée et transférée dans le grand jerrican.

Hier après-midi, la monotonie de mes journées d'otage a volé en éclats. Fini le rituel bagua-sieste-bagua-sommeil. Nous quittons la langue de sable, ce lieu chargé de souvenirs : les patrouilles aériennes de Barkhane, ma tentative d'évasion… Notre nouvelle position est une sorte de cuvette isolée. Le soir, j'aperçois au loin des phares de véhicules, lueurs fantomatiques dans l'obscurité. Depuis cinq jours, nous économisons l'eau de pluie, et la viande a disparu de nos repas. Le menu se résume à du riz, des macaronis ou de la tadjila nature. Pour ma part, je survis avec des biscuits et du lait en poudre. Par « générosité », ils m'ont donné un bout de leur nylon, une bâche plastique censée me protéger des averses nocturnes.

La première nuit dans ce nouveau lieu restera gravée dans ma mémoire. Je m'installe sous un arbre qui abrite une véritable cité fourmilière. Le sommeil vient difficilement, et vers une heure du matin, je sursaute : un chien sauvage rôde tout près de ma couche. Recroquevillé sous ma couverture, je n'ose bouger alors que j'entends son souffle. Je calcule pendant de longues secondes le temps qu'il me faudra pour d'un geste repousser la couverture et saisir le bâton qui est à côté de moi. Talha m'avait dit avec un détachement inquiétant : « Ils ne mordent pas les hommes… »

Vers deux heures du matin, le ciel se déchaîne. Un vent violent s'engouffre dans la cuvette, accompagné d'une pluie diluvienne. Mon nylon, trop petit, devient une prison suffocante qui ne me protège qu'à moitié. L'eau s'infiltre sournoisement sous mon corps, d'abord par petites flaques, puis en véritables ruisseaux qui charrient mes maigres possessions. Même les jihadistes, dans leurs abris, ne sont pas épargnés. Je passe le reste de la nuit debout sous un arbre, ma couverture coincée dans les branches, grelottant de froid. Le bagua devient mon seul rempart contre l'hypothermie jusqu'à l'aube.

Depuis notre arrivée, ils m'ont confisqué mes chaussures, sans explication. Je vis pieds nus, comme un animal. Un jeune garde a même eu l'audace de me prendre ma gourde militaire pour la remplacer par une vulgaire bouteille en plastique sans bouchon, enfouie dans une chaussette. La rage m'a submergé, mes mains ont tremblé du désir de lui sauter à la gorge. Mais la raison l'a emporté – attaquer l'un d'eux serait signer mon arrêt de mort. Cette colère qui bouillonne en moi est dangereuse, je dois la maîtriser.

Mon bol aussi a disparu, après ma tentative d'évasion. Je mange maintenant dans une sorte d'auge, un vieux plat troué trouvé à moitié enfoui sous terre, que j'ai nettoyé tant bien que mal. Ils passent me voir à l'improviste trois fois par nuit. Une torche m'aveugle :

– Zeitoun, dormi ? Zeitoun, pas partir, pas bien !

Des mains vérifient mes chaînes, remontent jusqu'aux boulons. Trois fois par nuit, ce même rituel sinistre.

Ce matin, pendant mon entraînement, j'ai aperçu des chameliers au loin. J'ai amplifié mes mouvements, espérant attirer leur attention, en vain. Leurs silhouettes se sont fondues dans le désert, emportant avec elles un espoir de plus.

Aujourd'hui marque un nouveau tournant. Ils m'ont pris mon bloc – ma stratégie fonctionne, mais au prix de mes dernières feuilles. Deux moudjahidines corpulents sont arrivés en pick-up après le repas. Ils ont tenté de retirer mes chaînes, sans succès. Je dois partir avec eux. Quand je demande pour mes affaires, mon geôlier lâche avec un rictus :

– Là où tu vas, ils auront ce qu'il te faut.

Face à l'impossibilité d'ôter mes chaînes, il fait signe de m'embarquer tel quel. Je monte dans le pick-up, mes chaînes cliquetant contre le métal. Alors que nous partons, j'agite la main, lui faisant un signe d'au revoir le sourire aux lèvres. Je l'entends siffler avec dégoût entre ses dents :

– *Zeitoun, miskwiss, problem.*

9

Prison de sable

La secousse manque de me renverser. Je me stabilise et reprends place rapidement sur la tente pliée, posée en équilibre sur deux grands jerricans d'eau à l'arrière du pick-up. Nous filons à vive allure sur une piste au sol accidenté. Je me cramponne. Des paysages désertiques saisissants de beauté nous engloutissent. J'oublie la douleur qui irradie de mes mains à mes bras crispés, je me concentre pour ne pas être éjecté par une secousse brutale.

Mais pourquoi roulent-ils si vite?! Les deux gros ravisseurs, à l'intérieur du pick-up, sont comme des coqs en pâte. Il est loin le temps où on ne devait pas faire voyager Zeitoun à l'arrière.

La région de Kidal se dévoile comme un livre d'images : des vallées profondes sculptées par des rivières disparues, des plateaux rocheux aux teintes grises ou noires qui surgissent du sable comme des forteresses naturelles, des formations granitiques qui défient les lois de l'équilibre, et soudain, une vaste poche végétale luxuriante, vive et naturelle sous la voûte bleue du ciel. Les nuages n'ont pas tardé, d'abord percés par les rayons acérés du soleil, puis le ciel a progressivement pris une teinte contrastée, grise et encre. Il a plu. Je me suis réfugié sous la toile de tente, celle qui grouillait d'insectes il y a encore quelques heures. Les longues chaînes qui alourdissent ma cheville s'agitent comme un serpent, secouées par les cahots de la route, et me mordent la peau. Avec la chaleur, le métal a dessiné un bracelet de chair irritée qui laissera peut-être une marque indélébile. Un tatouage involontaire qui imprimera toute cette expérience dans ma mémoire.

Tout semble décuplé : le rugissement du moteur et l'air qui siffle dans mes oreilles et fait claquer une partie de mon chèche contre mon visage. Au bout d'un moment j'aperçois au loin un Touareg qui marche comme au ralenti dans un immense décor qui le transforme rapidement en un point infime.

Les muscles éprouvés par les aléas du terrain, en route pour une destination inconnue, je repasse dans ma tête les semaines précédentes.

Sauront-ils, là-bas, que je me suis évadé ? La question me taraude. Me mène-t-on vers une punition, un truc pour me faire comprendre ? Les deux gros jihadistes avaient l'air surpris de la façon dont j'étais enchaîné, ils n'ont pas pu me délivrer. Est-ce qu'Aboubacrine a parlé de ma tentative d'évasion ? Probable. Mais peut-être l'a-t-il caché pour ne pas exposer son manque de vigilance. Dans ce cas, je pourrai me remettre à l'ouvrage plus tôt que prévu. Alors que les paysages défilent, je ne peux m'empêcher d'imaginer ce qui m'attend au bout de ce voyage, mais chaque secousse du véhicule fait tinter mes chaînes, comme pour me ramener à la réalité. Les deux sumos enturbannés ont fait halte pour la prière de la fin d'après-midi. Puis nous avons repris la route, nous enfonçant au cœur des sables, dans un labyrinthe de dunes.

Au petit soir, après cinq heures de route dans cette portion du septentrion malien, le pick-up a commencé à renâcler puis s'est immobilisé. Ils acceptent que je me dégourdisse les jambes. Je balance mon rouleau de chaînes sur le sable et saute au sol. Chaque pas est un soulagement après ce périple de plusieurs heures. Je suis étrangement zen, calme. Je fais quelques pas en portant les chaînes dans mes bras et m'assieds face à la grande barrière de dunes qui nous barre le passage et dont le sommet semble être notre but. À côté de moi, l'un des deux Touaregs désensable, avec une pelle de fortune, le pick-up qui nous a conduits au milieu de nulle part. Le deuxième mastodonte a traîné lourdement son imposant bloc de chair drapé de bazin bordeaux au sommet d'une dune de taille moyenne. Sa silhouette corpulente se découpe dans le crépuscule. Radio à la main, le bras gauche levé vers le ciel, il répète et allonge les mêmes mots d'une voix grave, une sorte d'appel ou de signal. Puis il redescend dans un éboulis de sable vers le véhicule.

Comme en réponse à son appel, quelques minutes plus tard, des silhouettes émergent des dunes – quatre jeunes, armés et hilares. Ils saluent chaleureusement mes geôliers, puis éclatent de rire en voyant le pick-up ensablé. Tout ce beau monde pellète dans la bonne humeur. Quand ils ont fini, je me lève, rassemble mes chaînes en rouleau et remonte à bord. Les quatre jihadistes partagent la benne avec moi, excités par le run à venir. D'une marche arrière nerveuse et rapide, le pick-up avale la dune opposée, puis s'élance pleins gaz sur l'immense rampe de sable. Arrivé aux trois quarts, la course du véhicule devient soudainement poussive. Dans un hurlement de moteur, le chauffeur arrache le pick-up à ses hésitations. Propulsés en avant, nous parvenons à franchir la barrière, puis plongeons aussitôt dans une descente vertigineuse au creux des grandes collines de sable, là où s'étend le camp-prison.

Le pick-up dévale la pente et se gare devant une grande tente de toile sombre, ancrée dans le sable par des câbles et de lourds plots de béton. Un feu brûle non loin, éclairant de façon aléatoire les alentours. Il y a des formes dans la nuit qui se déplacent avec lenteur, au pas. Des silhouettes dont le cou, les mains et les pieds sont alourdis par des chaînes. Des prisonniers comme moi. J'en dénombre une dizaine. Le cliquetis de leurs entraves, leurs pas lents qui se traînent sur le sable, le crépitement du feu et les conversations de nos hôtes brisent le silence dans ce cratère de sable niché au cœur des dunes monumentales.

Un des jeunes jihadistes s'approche et me désigne l'endroit que je vais désormais occuper. Je lui demande s'il parle français ; il me fait signe avec ses doigts qu'il comprend et parle un petit peu. Il tourne les talons puis se ravise :

– Tu parles anglais ?

– Oui, fais-je surpris.

Il m'indique une toile de bâche plantée dans le sable par quatre piquets. Dans ce minuscule abri où l'on ne peut se tenir qu'allongé, il me désigne un occupant masqué par la pénombre.

– Lui aussi.

Je frémis à l'idée de rencontrer un autre otage, un de ceux sur lesquels j'ai travaillé, dont j'ai sélectionné les photos pour des articles.

Je m'approche et m'accroupis, tentant de percer l'obscurité.

– *Excuse me, they say you speak english?*

L'occupant a un brusque sursaut en entendant ma voix. Il se glisse à l'extérieur de l'abri. Long corps, démesuré ; il m'apparaît comme un géant, un colosse quand il se dresse devant moi. Il est quasiment chauve, une longue barbe blonde virant au poivre et sel lui mange le bas du visage jusqu'à mi-poitrine. Il me salue d'une voix calme, fixant son regard bleu perçant sur moi.

– *My name is Gert, I come from South Africa.*

Je lui rends son salut en me présentant, encore incrédule. Je suis interloqué, je ne vois pas qui il est. Je pense connaître les ressortissants occidentaux qui se sont fait enlever au Mali. Je pense à un certain Steven Woodke, je ne suis pas très sûr du nom. Ça pourrait être lui. Il semble attentif à tous les bruits et particulièrement aux voix des jihadistes sous la tente.

C'est dans ce décor absurde, ce monde carcéral, que nous nous sommes rencontrés pour la première fois, Gert Jacobus van Deventer et moi.

Mes deux corpulents gardiens nous font signe de les rejoindre autour du feu. Je sens des regards sur moi quand je marche. Certainement les autres prisonniers qui m'observent. Les pensées se bousculent dans mon esprit. Je n'avais pas prévu cela. C'est inattendu. Le sort met un autre otage sur ma route. Après plus de quatre mois de captivité seul, c'est inespéré. L'une des baleines qui m'a amené jusqu'ici demande à Gert de m'expliquer comment les choses fonctionnent ici et de m'aider à monter ma tente demain matin. Pour ce soir, je dormirai à la belle étoile. Je tente de poser une question à Gert, mais cela ne plaît pas à nos gardiens. Le Sud-Africain murmure :

– *We will talk tomorrow.*

Nous nous saluons réciproquement, un peu abasourdis par ce changement de donne. Pour cette nuit, on ne m'enchaîne pas, les mètres de chaînes que je traîne avec moi ne me permettraient pas d'aller bien loin de toute façon. Je m'allonge sur de petites dunes irrégulières qui me déforment le dos. Cette nuit-là, je n'arrive pas à trouver le sommeil.

*
* *

J'ouvre les yeux sur le 3 août 2021. La nuit a été interminable, mon dos est meurtri par les aspérités du terrain. Le ciel s'éclaircit doucement tandis que l'un des prisonniers achève l'appel à la prière. Dans la pénombre du petit matin, les jihadistes accomplissent leur rituel, passent de la position debout à celle de prosternation, leur front touche le sable dans une chorégraphie millénaire. Pour un bref instant, gardes et prisonniers semblent unis dans une même communion, leurs psalmodies s'élèvent vers le ciel qui s'embrase.

Le jour se lève sur la prison à ciel ouvert, dévoilant peu à peu ses habitants. Nous sommes une dizaine de captifs, peut-être plus au-delà des dunes. En hauteur, certains regagnent déjà leurs abris. Un homme à la peau sombre, barbe et chevelure hirsutes, traîne sa carcasse famélique. Le cliquetis de ses chaînes ponctue chacun de ses pas. Ses mains entravées tentent maladroitement de préparer du thé dans une tasse métallique cabossée. Plus loin, de l'autre côté du cratère, un géant – il doit bien faire deux mètres – enroule un turban autour de sa tête tout en m'observant. Du côté de la tente marron, des conversations et des rires fusent, contrastant avec le silence pesant des prisonniers.

La soif me tenaille. Sur une dune en surplomb, j'aperçois un réservoir d'eau bleu qui ne doit pas faire plus de 600 litres – notre réserve pour quelques jours. Je n'ai même pas une gourde, pas le moindre bidon. Les paroles du jihadiste de mon ancien camp me reviennent comme une moquerie : « Ils auront tout ce qu'il faut pour toi là-bas. » Il va falloir prendre patience.

Notre surveillance est assurée par les quatre jeunes d'hier soir, tous armés de kalachnikovs. Leur chef, aperçu furtivement, m'a déjà gratifié de plusieurs regards hostiles. Deux motos sont garées près de leur tente, et je réalise que j'ai dormi sur la piste qu'elles empruntent, celle qui serpente vers l'horizon brûlant.

Gert sort un bras de son abri spartiate pour attraper une tasse métallique. Il verse un peu d'eau sur son bidon recouvert d'osier et de tissu – un système ingénieux pour garder l'eau fraîche à l'ombre. Je me lève et m'approche, cherchant mes mots dans un anglais rouillé :

– *Hi, did you sleep well?*

Il me répond d'une voix posée, presque détachée. Nous échangeons une poignée de main, et je découvre son espace de vie, si on peut appeler ça ainsi. Son abri est d'un dénuement saisissant : quelques morceaux de bois supportant une bâche élimée, un bidon et deux grands sacs plastiques d'où émerge le bric-à-brac qu'il a dû collecter et accumuler au fil des années. À côté, la tente que je m'apprête à installer fait figure de palace.

– Ils ne t'ont pas donné de tente ? je demande, surpris par cette précarité.

– Non, juste ces bouts de bois et cette bâche.

De la tente des jihadistes s'échappent des exclamations. Il se fige quelques secondes, puis reprend calmement.

– Avant, je dormais à cinq mètres de leur tente. Puis le nouveau chef est arrivé. Il a décidé que je devais bouger et ils m'ont mis là où ils coupaient les intestins des chèvres et des moutons, leur dépotoir à ordures. Plus tard, j'ai pu venir ici.

Je jette un œil à son abri ne pouvant imaginer vivre ainsi, en restant allongé toute la journée.

– Mais le reste du temps, tu fais quoi ?

– Je vais chercher de l'eau, la bouffe qu'ils préparent, je vais pisser, chier, et quand il fait trop chaud, c'est-à-dire tous les jours, je me glisse dans mon abri, je m'allonge et je sue à grosses gouttes.

Sa façon laconique de décrire son quotidien m'arrache un sourire nerveux.

– J'ai été kidnappé le 8 avril dernier à Gao par le JNIM. Et toi, depuis combien de temps es-tu leur otage ?

Il cherche rapidement dans sa mémoire, comme si le temps avait perdu son sens.

– Trois ans et demi !

Sa réponse me glace. Moi qui rumine sans cesse des plans d'évasion, l'idée même de passer autant de temps ici m'est insupportable.

– Wow, ça fait long…

Les mots m'échappent dans un souffle, trahissant mon malaise. Je ne me vois pas rester aussi longtemps en captivité. Des années… Je préfère mourir que de rester aussi longtemps prisonnier. Une certitude m'habite depuis le début : ils peuvent tout me prendre, sauf le choix de ma fin.

Gert m'explique qu'il est dans cette prison depuis mars. Il y avait plus de prisonniers avant. Selon lui, c'est un camp de transit – des hommes arrivent, d'autres repartent. Je remarque alors qu'il n'a pas de chaînes, contrairement à nous tous. Il peut se déplacer librement dans le camp. Quand je l'interroge à ce sujet, il hausse les épaules : depuis quelques mois, ils ne lui demandent plus d'être enchaîné la journée. Le soir, ils lui jettent simplement la clé, et c'est lui qui attache ses propres chaînes pour la nuit.

Il s'excuse et s'éloigne pour uriner. À son retour, il va chercher du lait dans la tente des geôliers, qu'il partage avec moi – mon premier petit déjeuner dans ce nouveau camp. Le breuvage à peine avalé, nous nous dirigeons vers les éléments épars de ma tente qui gisent sur le sable.

Le soleil est déjà haut dans le ciel quand nous achevons enfin de la monter. Deux heures de labeur, à creuser profondément dans le sable pour enterrer les sacs d'ancrage aux six points d'arrimage. Gert supervise l'opération avec l'assurance de celui qui en a vu d'autres. Ses mains calleuses tapotent les cordages tendus avec satisfaction.

– Ça devrait résister à une tempête, affirme-t-il en contemplant la vaste toile beige qui se dresse maintenant au cœur des dunes.

– Elle est vraiment que pour toi ? demande-t-il plusieurs fois, visiblement impressionné par les dimensions de l'abri.

Je lui propose spontanément d'abandonner son refuge de fortune pour me rejoindre. Son visage s'illumine à cette perspective.

Un garde s'approche, circonspect. Il tourne autour de la structure avec suspicion, le regard rivé vers son sommet.

– Trop haut ! lance-t-il en pointant le ciel. *Kashifa !* Le mot résonne comme un avertissement. Après quelques négociations tendues, nous nous résignons à baisser la hauteur de la tente. Autour de nous, je sens les regards des autres. Comment perçoivent-ils ces privilèges accordés à deux hommes, prisonniers comme eux, mais étrangers ?

Gert commence à déménager ses possessions, un bric-à-brac impressionnant, qui raconte trois années de captivité. Il me tend une cuillère cassée, une brosse à dents quasi neuve et un bol pour me rééquiper. Ces dons scellent quelque chose entre nous. Nous étalons nos nattes sur le sable, plaisantant sur notre « cottage cinq étoiles », le rire exprime aussi notre soulagement mutuel de ne plus être seuls.

À l'ombre de la toile, il me raconte son histoire. Sa voix posée détaille son parcours de paramédic. Huit ans en Afghanistan dans des stations électriques à gérer les problèmes de santé et de sécurité, puis ce jour fatidique du 4 novembre 2017, à Ubari, en Libye. L'attaque du convoi, l'enlèvement avec trois ingénieurs turcs, leur séparation, après huit mois de captivité commune, quand la compagnie a payé une rançon, deux millions de dollars, pour chacun des trois Turcs. Sur le téléphone d'un ravisseur, Gert verra les images de leur libération. Lui restera.

Plus il parle, plus je suis surpris par sa précision, sa mémoire – directions, dates, lieux. Il raconte comment, après la libération des Turcs, ses ravisseurs l'ont fait monter dans une voiture. Quatre jours d'un éprouvant voyage à travers le désert, via le Niger, jusqu'à la frontière algérienne, puis le Mali. Sans qu'il sache vraiment où il était et qui le détenait. La poussière, la chaleur, l'inconnu. Puis cette transaction : des hommes qui le « réceptionnent » comme une marchandise. D'abord présentés comme de simples bandits, ils se révéleront pour certains être des jihadistes. Depuis, il a été déplacé de camp en camp, a croisé d'innombrables moudjahidines, certains violents, d'autres plus cléments, et n'a pas eu de nouvelles de ses proches ni de son gouvernement.

– Pourquoi n'as-tu jamais cherché à comprendre qui étaient tes ravisseurs et où tu étais ?

Je suis intrigué par ce flou sur les trois dernières années.

– Difficile de savoir, ils prient tous, ils se ressemblent. Mais avec les bandits on sent très vite qu'ils n'en ont que pour l'argent, la religion est secondaire, explique-t-il.

Il lisse sa barbe, s'installant plus confortablement sur sa natte, la tête appuyée sur un sac en guise d'oreiller.

– Je ne parlais pas la langue, et je pensais qu'ils ne me diraient rien de toute façon.

Je lui explique ce qu'est le JNIM, qui est leur chef, leur emprise sur le pays, leur business model d'enlèvements. Il écoute attentivement, comme si ces informations éclairaient enfin plus de trois années d'errance.

Un Suzuki blanc surgit soudain des dunes, soulevant un nuage de sable. Un homme corpulent en bazin marron en descend, lunettes fumées et turban violet. D'un geste nonchalant, il fait décharger une poche d'eau par ses hommes.

– C'est Abou Rhissa, murmure Gert. Il vient pour l'eau et le bois tous les deux ou trois jours.

Mon regard s'arrête sur la cicatrice qui court le long de son bras gauche et qui se termine en un petit moignon de chair. Il suit mon regard et devance mon interrogation. D'une voix étrangement détachée, il raconte l'histoire de cette blessure par balle, quand ses gardiens, paniqués par des drones qui survolaient le camp, lui ont tiré dessus et l'ont laissé pour mort, enchaîné à un arbre. La troisième balle a traversé le bras gauche un peu sous le coude avant de s'enchâsser dans le sol après avoir foré sa course dans la chair de sa cuisse gauche.

Je suis abasourdi par ce qu'il m'apprend et un silence s'installe sous la tente. Pourrait-il être un allié possible ? Son sens de l'orientation, sa mémoire des détails... des talents qui pourraient s'avérer précieux pour mes projets d'évasion. Mais sa résignation apparente m'interroge – comment un homme qui se souvient si précisément de chaque détail de sa captivité peut-il sembler si détaché de son sort ? Comment a-t-il pu ne pas être plus curieux pendant autant de temps ?

J'interromps notre conversation pour aller chercher de l'eau. Quand je sors de la tente, le camp-prison s'étend devant moi. Un cratère naturel cerné de collines de sable majestueuses, comme celles des films mettant en scène Lawrence d'Arabie, leurs crêtes sculptées par le vent s'élèvent comme des remparts. Les abris de fortune des prisonniers sont perchés sur ces hauteurs. Notre tente beige occupe le centre du cratère, tandis que celle des geôliers, une grande toile marron adossée à un rempart de sable qui la protège des vents, se dresse sur la gauche face à la grande barrière naturelle. Sur une pente opposée, trois de nos gardiens sont allongés. Leur chef, grand et fin au teint basané, une fine moustache et une barbe naissante au menton, suit ma progression vers le point d'eau avec un rictus narquois. Son regard perçant ne me quitte pas tandis qu'il murmure quelque chose à ses compagnons qui pouffent.

À mon retour, il crache « *Kāfir, kāfir, kāfir !* », comme on siffle un chien. Je tourne lentement la tête, soutiens son regard quelques secondes, puis reprends ma route, feignant l'indifférence, alors que je bous intérieurement.

De retour sous la tente, je questionne Gert sur ce moudjahidine qui m'a apostrophé. Il ne semble pas surpris. L'ambiance a changé depuis son arrivée, m'explique-t-il. C'est lui qui a envoyé Gert dormir près du dépotoir.

– Ils détestent les gens comme nous, les *kouffar*, lance Gert dans un sourire résigné. Je l'ignore.

Dans le regard de ce chef qui ne doit pas avoir plus de 25 ans, j'ai cru percevoir à un moment de la haine pure.

– Il faudrait lui trouver un nom, dis-je, quelque chose comme *The Fucker King*.

– *Supreme Fucker*! corrige Gert en riant. Le surnom est adopté. Sans le savoir, nous venons d'inaugurer ce qui deviendra une de nos façons de résister à tout ça, en donnant des surnoms à nos geôliers pour mieux supporter leur présence.

Ce moment de légèreté est interrompu par l'arrivée de deux jihadistes. L'un d'eux tient une courte chaîne et un cadenas dont la taille me surprend – il est aussi gros qu'un poing. En silence, il pointe mes chevilles et s'agenouille, m'intimant d'approcher d'un geste. Son compagnon inspecte minutieusement chaque recoin de la tente. Le cliquetis des maillons accompagne chacun de ses gestes alors qu'il fixe la chaîne – six maillons entre chaque pied. Le cadenas se referme dans un *clac* métallique, son poids tirant sur mes chevilles, entravant encore plus mes mouvements déjà limités par la chaîne. Toute tentative de course ou de marche rapide est impossible. La cheville gauche est trop serrée, le métal mord ma chair. J'essaie de le lui faire comprendre, mais il reste sourd à mes protestations.

Gert intervient, traduisant en tamacheq. Le moudjahidine déchire un bout de son chèche et enveloppe la chaîne autour de ma cheville. Le tissu serre davantage, mais au moins le métal brûlera moins ma peau. Je désigne mes liens de métal, mimant l'action d'uriner pour demander comment faire mes besoins. Pour toute réponse, l'homme pointe les dunes face à notre tente avant de sortir avec son acolyte, me laissant découvrir ma nouvelle réalité.

Je dois pisser et le poids des chaînes prend tout son sens – il va falloir grimper cette dune, les pieds entravés, sous un soleil de plomb. J'entame mon ascension, une bouteille d'eau à la main pour ma toilette. Les six maillons de chaîne entre mes chevilles et ce cadenas massif m'obligent à faire des pas minuscules. Un pas trop grand et c'est la chute assurée. Je me traîne plus que je ne marche, le sable glissant sous mes pieds n'arrange rien. D'en bas, je dois avoir la même démarche saccadée que les autres prisonniers que j'observais plus tôt. Me voilà devenu l'un des leurs.

Je ris intérieurement de la situation, car je peine à y croire. Comment ai-je pu en arriver là ?! Cette conque de sable où nous nous déplaçons comme des marionnettes désarticulées me fait penser au film *La Folie des grandeurs*, avec Louis de Funès et Yves Montand – ces bagnards épuisés tournant une roue pour arroser la plante d'un émir vautré à l'ombre.

Au sommet, le champ de grandes dunes s'offre à moi, écrasé par la chaleur et la lumière, je n'ai guère le loisir de l'apprécier. Sur ce plateau de sable, pas le moindre recoin d'intimité. Je tente de creuser un trou à mains nues, mais les grains brûlants s'écoulent, le sable refuse de tenir. La sueur perle sur mon front tandis que le soleil me martèle la nuque. Je baisse mon pantalon, manœuvre délicate avec ces entraves. Un faux mouvement et je manque de basculer en arrière. Les autres détenus détournent pudiquement le regard, trop familiers de ce rituel quotidien d'humiliation.

À peine ai-je terminé qu'une armée de coléoptères noirs surgit du néant, se rue vers mes déjections comme sur un festin royal. Je recule précipitamment, entravé dans mes mouvements par mes chaînes. Ces scarabées à carapace d'ébène transforment en quelques secondes mes traces en une masse grouillante. Je recouvre précipitamment le tout de sable avant une toilette expéditive.

La descente s'avère plus périlleuse que la montée. Le sable se dérobe sous mes pieds. Une chute et je dévalerai la pente sous les rires des gardiens. À mi-pente, j'entends Supreme Fucker interpeller Gert pour le repas. Mon nouveau compagnon sort de la tente, ses bols à la main.

– Plus vite ! lance le chef.

Gert se met à trottiner, puis ralentit.

– Plus vite ! répète Supreme Fucker, encouragé par les rires de ses acolytes. Gert reprend sa petite foulée sous leurs moqueries. Je reste interdit devant ce spectacle, poursuivant mécaniquement ma descente. Une question me taraude : pourrai-je le convaincre de se joindre à mes projets d'évasion ?

De retour sur le plat, j'écarte de mes chevilles les chaînes brûlantes. Supreme Fucker s'approche, un sourire narquois aux lèvres. Il pointe la chaîne du doigt et lève le pouce en une question muette et moqueuse. Je lui renvoie un large sourire forcé, les deux pouces en l'air. Sa surprise me fait jubiler intérieurement tandis que je regagne la tente. La perspective de ma prochaine sortie me hante déjà. Gert, pragmatique, me livre sa solution pour uriner : garder une bouteille sous la tente.

Dans l'après-midi, un pick-up surgit des dunes, chargé de bois mort qu'il faut aller chercher toujours plus loin dans ce désert qui a tout consumé. Les jihadistes déchargent rapidement sous le soleil écrasant avant de prendre leurs postes sur les miradors de sable, kalachnikovs en bandoulière.

La sieste les trouve tous à l'ombre de leur tente, sauf Supreme Fucker qui surveille le camp depuis son promontoire. Je le déteste, mais je dois admettre qu'il est sérieux dans ce qu'il fait – premier debout, dernier couché, patrouilles incessantes entre deux moments de tyrannie.

– L'une des motos est la sienne, murmure Gert. Il garde les talkies et peut appeler des renforts quand il veut. Il y a un autre jihadiste qui vit avec sa famille à un kilomètre d'ici, bien armé. Il peut être là en quelques minutes.

– Tu sais comment s'appelle ce jihadiste ?

– Abou Zeïd. On l'entend souvent à la radio.

– Je ne parlais pas de ce nom-là, dis-je avec un demi-sourire.

Le visage de Gert s'éclaire d'un coup :

– Euh... *He's a fucker and ugly. Fugly!*

– Parfait!

Au crépuscule, le grand feu s'allume. Je regarde Gert rapporter notre repas – une mixture informe et nauséabonde. Trois ans de captivité lui ont appris à tout avaler. Je préfère grignoter un bout de tadjila et boire du lait, mon estomac refuse obstinément le reste. Alors que la nuit tombe, deux jihadistes s'éloignent dans les dunes, titubant sous le poids de leur marmite débordante. Je me promets une chose : demain, je ne demanderai que la tadjila, du concentré de tomates, de l'huile et du sel. De quoi me faire une sauce mangeable.

Il fait noir quand Supreme Fucker surgit dans notre tente. Le faisceau de sa torche nous aveugle avant qu'il ne lance la clé à Gert. Pendant que mon compagnon s'enchaîne, Supreme Fucker reste immobile, jouant négligemment avec le faisceau de sa torche entre nous, sa silhouette longiligne se découpe dans l'entrée de la tente. Gert verrouille son cadenas et renvoie la clé. D'un geste sec du menton, il m'ordonne de montrer mes chevilles. La lumière inspecte mes chaînes puis remonte brutalement vers mon visage. Il maintient le faisceau dans mes yeux, assez longtemps pour que je comprenne le message, puis sort sans un mot. Je sens que les problèmes avec lui ne font que commencer. Mais nous sommes deux maintenant. Gert n'est pas encore un allié, mais sa présence change tout. Il comble mes lacunes et moi les siennes. Il s'est résigné à son sort. Moi, j'ai encore la force de vouloir en sortir.

*

* *

Il dort encore. Je me suis réveillé brusquement, comme si j'avais entendu un bruit. Mes yeux tentent de percer la pénombre de l'aube, mais tout me paraît flou. Depuis que mes lunettes ont été piétinées lors de ma tentative d'évasion, je mesure chaque jour un peu plus ce handicap. Je plisse les yeux pour tenter de distinguer les formes au-delà de l'entrée de la tente. Il me semble apercevoir quelqu'un sur une crête. Je force encore plus sur mes yeux, mais tout reste flou au-delà de quelques mètres. Cette myopie va singulièrement compliquer mes projets. Tout sera plus difficile dorénavant.

Je tourne la tête vers Gert qui remue sur sa natte. Il sort lentement du sommeil ; au-delà de la tente, une lumière dorée commence à envelopper les dunes.

– *Morning*, murmure-t-il.

– *Morning. Well slept?*

– *Not bad… You?*

Je fais un signe de la main pour dire que ça a été plus que moyen.

Je me redresse pour préparer le lait en poudre à la manière touareg en utilisant deux tasses et en y déversant successivement le mélange de lait en poudre, sucre et eau, ça l'aère et c'est meilleur. Le camp s'éveille, des voix étouffées nous parviennent depuis les tentes voisines. Des scarabées traversent en zigzaguant ma natte et disparaissent dans un pli de la tente. Je lui tends mon bol.

Les questions surgissent naturellement, il y a tant à se dire. Je suis pour lui une fenêtre sur l'extérieur, et il est pour moi celle sur l'intérieur. La musique, les films, les séries, l'actualité s'invitent dans nos conversations. En trois ans de captivité, il a tout manqué. Je comble ses trous et il comble les miens en me parlant de son pays, de l'apartheid, de l'Afghanistan. Mon anglais bancal suffit à faire le pont entre nos deux mondes, à oublier pour un moment le désert brûlant qui nous entoure.

Un silence confortable s'installe. Le bruit des chaînes quand je bouge me ramène à la réalité. Gert joue distraitement avec le sable, traçant des motifs du bout des doigts.

– Olivierr…

Son accent afrikaner roule les « r » d'une façon presque germanique.

– Il y a quelque chose que je n'ai jamais dit aux autres…

Je me redresse, attentif. Son regard balaie l'entrée de la tente.

– *I was in the army*, murmure-t-il. *Eleven years as a medic.*

Il parle bas, me raconte ses années dans l'armée sud-africaine. Les échelons gravis comme aide-soignant militaire, son travail avec le régiment de reconnaissance des forces spéciales. Je découvre son rôle auprès de Mandela et de Mbeki, puis sa reconversion dans le privé, entre l'Afghanistan et la Somalie.

Je laisse cette information faire son chemin dans mon esprit.

Un ex-militaire… Son expérience pourrait être précieuse si un jour il décidait de tenter quelque chose avec moi.

– Avec toutes les armes que j'ai pu voir ici, j'aurais vraiment aimé savoir m'en servir. Mais je crois que ce qui m'a toujours retenu, c'est l'idée de devoir tuer quelqu'un, dis-je.

Gert hoche la tête en silence. Il comprend.

Ces confidences en appellent d'autres. Je lui parle de mes tentatives d'évasion. Les repérages nocturnes, les plans échafaudés. Ma voix tremble légèrement quand j'évoque le jour où ils m'ont fait croire à mon exécution.

Il écoute sans m'interrompre. Son visage s'anime de surprise, ses yeux s'écarquillent à mesure que je lui raconte.

– *You're crazy, man*, souffle-t-il en secouant la tête. Ils auraient pu te tuer.

– J'y ai pensé, mais j'étais trop focalisé sur la réussite du plan.

– *Listen*… Il baisse encore la voix. Quand ils m'ont tiré dessus, j'ai tout arrêté. Je me maintenais en forme avant, mais j'ai tout laissé tomber. J'ai compris que ça ne servait à rien de tenter quelque chose. Le gouvernement, la famille, quelqu'un finira par payer.

Je regarde son bras gauche, là où la balle l'a traversé. La cicatrice dessine une ligne irrégulière sous son tatouage.

– Trois ans, Gert. Tu es là depuis trois ans. Combien de temps encore pourras-tu supporter ça ?

– Le temps qu'ils mettront à venir me chercher, dit-il dans un soupir.

Il détourne le regard vers l'entrée de la tente. Au-dehors, les voix des gardes se rapprochent. Le bruit de leurs pas dans le sable nous ramène à notre quotidien.

Ils pénètrent dans la tente, le premier balance la clé à Gert qui la rattrape en vol. Il semble avoir des difficultés à ouvrir le lourd cadenas qui l'entrave. Du sable s'est glissé dans la serrure, sa mécanique est moins fluide. Le moudjahidine tourne la tête vers moi, je découvre mes chevilles pour révéler mes liens. Il s'accroupit, vérifie les boulons et l'intégrité du cadenas. J'ai constaté que lorsqu'il s'adresse à Gert, il l'appelle « Rérote », certainement leur prononciation de son prénom. Je me tiens debout quelques minutes, puis je me rallonge. Gert va chercher de l'eau. J'ai décidé de ne pas bouger. Je préfère ça à marcher comme un pantin et manquer de tomber toutes les cinq secondes. À la mi-journée, tout devient fournaise. Allongés et pantelants, nous restons de longues heures sous la tente à endurer la chaleur. Je n'ai pas recouru beaucoup à la bouteille en plastique pour uriner, même après avoir bu des litres. C'est comme si chaque goutte d'eau était entièrement absorbée par mon corps pour pallier la chaleur ambiante.

Grâce à Gert, qui traduit mes demandes, j'obtiens des jihadistes l'autorisation d'avoir quelques condiments : du sel, de l'huile, du concentré de tomates. Je confectionne une sauce dans laquelle je trempe des morceaux de tadjila. Je fais découvrir cette recette improvisée à Gert qui trouve ça meilleur que la nourriture des jihadistes, même s'il continue à se nourrir avec leurs plats pour calmer sa faim.

Le lendemain matin, deux moudjahidines arrivent en faisant rouler devant eux deux imposantes jantes de poids lourd. L'un d'eux déroule ma chaîne qui fait environ six mètres. Nous les observons en silence, stupéfaits, tandis qu'ils attachent l'une des extrémités de la chaîne à l'une des jantes et l'autre à ma cheville droite. Ils placent ensuite la seconde devant notre tente, comme pour nous avertir, au cas où, qu'elle est disponible.

– Maintenant, plus de colline, m'avertit l'un d'eux en désignant le sommet où nous allions faire nos besoins. Tu fais autour de la tente.

Je hoche la tête sans mot dire. Je transforme mentalement cette nouvelle contrainte en avantage : le rayon de six mètres me permettra de reprendre une activité physique plus aisée. Faire ses besoins sera aussi plus simple, même si pour Gert, ce n'est pas l'idéal. Je devrai creuser profondément pour enterrer mes déjections, les bousiers étant particulièrement actifs dans la zone.

Deux jours s'écoulent, rythmés par les prières et la chaleur. Cette routine forcée n'est brisée que par le ballet incessant des scarabées, qui semblent toujours savoir où chercher leur festin, malgré nos précautions.

Une nuit, je me réveille en sursaut dans l'obscurité. Le vent s'est levé, faisant claquer doucement la toile de la tente. Rien d'inhabituel, je me rendors.

Un nouveau claquement, plus fort cette fois, me tire du sommeil. Les rafales ont gagné en intensité. La tente vibre, ses amarres gémissent sous la tension.

– *Olivier, wake up!* La voix de Gert est tendue. *A storm is coming.*

Puis soudain, le silence, épais, presque palpable. Comme si le désert retenait son souffle.

Et la tempête s'abat d'un coup. Un rugissement assourdissant déchire la nuit. L'air se sature de sable, l'espace sonore n'est plus que sifflements et grondements. La toile se gonfle comme une voile en pleine tempête. La tente grince, lutte, puis cède un pan à la fureur des éléments. Je ne peux qu'observer, impuissant, enchaîné à ma jante.

Elle s'effondre sur nous dans un claquement brutal. Le tissu, alourdi par le sable, nous emprisonne. Nous sommes pris au piège, Gert et moi, dans ce linceul de toile qui continue de claquer furieusement. Le sable s'accumule, nous recouvre progressivement.

Une fine pluie perce les ténèbres, ruisselle sur la toile effondrée. L'humidité s'infiltre partout, transformant notre abri de fortune en une étuve suffocante.

Étrangement, malgré le chaos qui nous entoure, l'épuisement l'emporte. Mes paupières sont lourdes. Le vrombissement de la tempête devient une berceuse distante. Je glisse dans un sommeil paradoxal, bercé par les éléments déchaînés.

*
* *

La chaîne, au maximum de sa tension, mord ma cheville et me rabat en arrière. Je grimace en revenant vers la grosse jante qui m'ancre dans une zone définie. S'entraîner dans le sable n'est pas ce que je préfère, encore moins dans la pénombre. Je saisis à deux mains la large circonférence en acier qui constitue mon fardeau et, imprimant toute ma force, la soulève et la tire vers l'avant sur une quarantaine de centimètres. J'ai dû m'adapter à cette limitation : pas plus de trois mouvements consécutifs à la fois.

Le prisonnier grand et famélique qui habite la dune en hauteur sur la gauche de notre tente est déjà réveillé. Il psalmodie dans la nuit qui se retire, pointant du doigt ce qui doit être les quatre points cardinaux. Il a été le premier à lancer la prière. Les autres se sont tous levés, me lançant des regards, curieux côté prisonniers, et soupçonneux côté moudjahidines. Nos gardiens ont prié ensemble, les autres chacun dans leur coin, puis sont retournés se coucher rapidement. Seul Supreme Fucker est resté quelques minutes à me regarder pratiquer, le visage empreint de dédain.

Mais ce prisonnier-là ne suit pas le mouvement. Il ne s'est pas recouché, s'activant aussitôt après la prière. On ne le verra disparaître qu'en milieu de journée, quand la chaleur commencera à cogner.

Il fait jour à présent, je détaille tranquillement le camp depuis l'extérieur. Quatre gardes nous surveillent. Ils se relaient toutes les deux semaines, selon Gert, comme pendant ma captivité auparavant. Ils servent deux repas par jour, plus le lait le matin. L'eau est amenée par les jihadistes tous les 10 à 15 jours environ. Les principaux mouvements que j'ai observés depuis mon arrivée se résument au même pick-up blanc qui apporte le bois et l'eau et quelques allées et venues de motos. Ils en ont deux. Nous sommes loin de tout, au cœur d'une zone désertique, mais il y a des arbres et du bois à quelques kilomètres d'ici, à l'est.

Nous sommes onze au total, en comptant celui qu'on ne peut pas voir, mais dont on entend parfois la radio derrière la dune, à l'arrière de notre tente. Un prisonnier avec une radio, et moi, on me la refuse ! L'importance de leurs crimes se mesure à la manière dont ils sont enchaînés.

Notre premier prieur est doté du «*full pack*» : chaîne liée au cou, poignets et pieds enchaînés reliés à la jante d'un camion. La plupart des autres ont le pack «*médium*» : pieds et/ou poings liés. Et moi, j'ai le pack «*guest*» : une jambe enchaînée à une jante de camion. Nous, les «mécréants», sommes relativement mieux traités que leurs propres frères musulmans emprisonnés.

Je pénètre dans l'ombre fraîche de la tente. Gert est réveillé et allongé. Je lui fais part de mes observations concernant notre voisin. Nous nous amusons à donner des surnoms aux autres prisonniers pour mieux les distinguer. Il y a «Cobus», nom typiquement sud-africain, pour ce Touareg situé à mi-hauteur de dune à l'arrière de notre tente. «Pistol Pete», un nom tout droit sorti d'un western pour le prisonnier très pieux et occupé que j'observais ce matin. Le mystérieux «Pierluigi», qui de l'autre côté de la dune, semble jouir d'un statut particulier avec ses privilèges – charbon, radio, paquets de lait. Les gardiens le disent mauvais, ils disent qu'il fait partie de Daesh. Et puis «André», le géant d'au moins deux mètres, avec son allure dégingandée et ses pieds qui dépassent de son abri. Il y en a un autre derrière la dune de Cobus, mais Gert ne l'a quasiment jamais vu.

Un moudjahidine lui a confié, à propos de ces prisons à ciel ouvert, qu'elles abritent également des bandits et des membres de mafias locales. Je réalise alors que les jihadistes ne se contentent pas de faire régner leur loi : ils se sont totalement substitués au système judiciaire. Cette prison improvisée dans le sable en est la preuve vivante – un tribunal, une prison et des gardiens, tout un appareil répressif parallèle qui s'est installé dans le vide laissé par l'État malien.

Je propose à Gert de leur demander si nous pouvons cuisiner nous-mêmes. À notre grande surprise, les moudjahidines acceptent. C'était prévu apparemment. Ils sont peut-être soucieux de nous éviter l'empoisonnement avant de nous avoir échangés contre d'importantes sommes d'argent. Ils nous invitent même à dresser une liste de ce dont nous aurions besoin. C'est une première pour Gert, habitué ces dernières années à prendre ce qu'on lui donne sans jamais demander.

Je remarque des changements subtils chez mon compagnon de captivité. Il me pose de plus en plus de questions sur mes tentatives d'évasion, veut savoir comment j'ai réussi à me libérer de mes chaînes, comment j'ai préparé mes plans. Son regard s'attarde différemment sur notre environnement. Depuis qu'on lui a tiré dessus, il s'était résigné à attendre patiemment sa libération. Mais je sens que quelque chose change dans son attitude. Peu à peu, il passe d'une posture passive à une forme de résistance plus collaborative. Il commence même à observer discrètement leurs allées et venues.

Un soir, alors que le soleil décline, Supreme Fucker vient faire sa ronde habituelle. Il vérifie méticuleusement mes chaînes, s'assurant qu'elles sont toujours bien fixées. Après avoir vérifié l'attache sur la jante, il s'assied dessus, prend son temps, semble inspecter ce qu'il y a à l'intérieur de la tente. Son visage masqué par son chèche noir ne laisse apparaître que son regard. Il le plante dans le mien, me détaille froidement, pointe son doigt vers moi, puis glisse son pouce lentement le long de sa gorge dans un geste sans équivoque. Il opine de la tête doucement, une lueur froide dans ses yeux qui ne me lâchent pas, comme pour entériner cette promesse silencieuse.

Cette menace me secoue autant qu'elle m'enrage. Je refuse de céder à l'intimidation. Je m'approche de lui, feignant l'incompréhension, le forçant à soutenir mon regard.

– Quoi ? Qu'est-ce que tu veux dire ?

Je répète ma question, encore et encore.

Gert a vu la scène, je le sens secoué, lui aussi. Le message est limpide. Mais je ne lui donnerai pas la satisfaction de me voir trembler.

Quelques jours plus tard, une silhouette imposante fait son entrée dans le camp. Un jihadiste à la carrure massive, vêtu de sombre, visage masqué, déboule à moto dans le camp. Sa présence semble alourdir l'atmosphère. Son autorité est palpable. Gert me souffle son nom : Abou Zeid. Ce nom résonne immédiatement dans ma mémoire – l'autre Abou Zeid, le fondateur d'AQMI, le ravisseur des otages d'Areva, mort en 2013 dans les montagnes de l'Adrar des Ifoghas. Mais celui-ci est bien vivant.

Il habite non loin de notre prison, à moins d'un kilomètre au nord, dans un campement près d'un tanker d'eau bleu des Nations unies. Son nom résonne souvent à la radio, scandé comme un écho : « Abou Zeid, Abou Zeid. » Il supervise visiblement la zone.

Le visage souvent masqué en notre présence, il ne laisse apparaître que ses yeux froids et méfiants. Les rares fois où il retire son voile révèlent un gros nez en patate, une peau crevassée et une longue barbe noire qui fait penser à une touffe de cheveux fins.

Dans nos conversations, Gert me livre un épisode révélateur : un prisonnier s'était échappé pendant une tempête de sable. Abou Zeid était arrivé en trombe à moto, avait disparu dans les dunes et ramené le fugitif quelques heures plus tard.

– C'est lui qu'on contacte en cas d'évasion, précise Gert.

Il me confie aussi avoir entendu Abou Zeid dire à son fils, un gamin de 7 ou 8 ans qui l'accompagne parfois sur le camp-prison, d'aller chercher son AK.

Un jour, Abou Zeid revient alors que je termine mon entraînement. Un pick-up chargé de provisions pour Gert et moi l'accompagne. Les cartons s'empilent : sardines et thon en boîte, desserts Halwa sous vide, pâtes, riz, farine, semoule, concentré de tomates, gâteaux, un carton de harissa, sucre, sel, poivre. Il y a même des plaques à gaz transportables, du charbon, du savon et du shampoing. Cela dépasse amplement notre petite liste rédigée à la hâte.

Nous sommes surpris par cette générosité – ils nous veulent certainement autonomes pour un certain temps. Nous déballons les marchandises sous le regard incrédule des jihadistes et hostile de Supreme Fucker. Mais de toute façon, ce dernier part avec sa bande aujourd'hui, remplacé par un autre groupe de quatre, arrivé à moto.

Les prisonniers observent avec attention les cartons que nous entreposons dans notre tente. Je conseille à Gert de couvrir les provisions avec du nylon en cas de tempête et de pluie, et d'en enterrer une partie. Je suis certain que des jihadistes viendront se servir régulièrement. Je ne me trompe pas. Plusieurs d'entre eux viennent déjà prendre leur part et bien vite les plaques à gaz passent dans d'autres mains. Parmi ces jihadistes, un jeune parle parfaitement français ; il a connu Sophie Pétronin. Il ne m'aime pas, me raille sur ma nationalité et finit par ordonner à Gert de ne me donner à manger que des pâtes et du riz.

L'arrivée des provisions a bouleversé notre fragile écosystème. Les nombreux cartons et sacs de nourriture créent autant d'anfractuosités et de zones d'ombre, des refuges parfaits pour les scarabées-ânes qui envahissent notre espace par centaines. Même les emballages hermétiquement fermés les attirent inexorablement. La nuit, les bruissements incessants dans les sachets nous empêchent de dormir. Ils grimpent sur nous, colonisent chaque recoin de la tente. Un matin, j'observe fasciné un de ces coléoptères s'épuiser à faire rouler une boulette marron plus grosse que lui. Gert m'explique alors leur manège : ces bousiers, avec leurs quatre pattes avant, découpent méthodiquement les excréments en boules avant de les enfouir dans le sable. Ils recueillent la merde et l'enterrent tout autour de nous, comme si les miennes ne suffisaient pas. Nous en tuons des dizaines chaque jour, mais ils reviennent toujours plus nombreux. Un jour, à bout de nerfs, nous en brûlons des centaines dans la jante devant la tente. Un vrai bûcher. Les jihadistes nous observent, déconcertés. Il y a quelque chose de surréaliste à voir ces hommes qui terrorisent des populations entières, choqués par notre cruauté envers des coléoptères. Ce massacre est aussi libérateur qu'inutile – les scarabées reviendront.

Mais ce sont les scorpions que nous redoutons le plus. En ouvrant une boîte ou en soulevant un carton, nous risquons à tout moment une piqûre. C'est déjà arrivé à Gert. Moi, j'ai réussi à l'éviter jusqu'ici, mais je reste sur mes gardes.

Tous deviennent malgré nous des compagnons de captivité, objets de notre fascination autant que de notre dégoût. Le soir venu, je m'emmaillote dans ma couverture pour empêcher toute intrusion. La chaleur et la sueur rendent le sommeil difficile. La fraîcheur et le sommeil ne viennent que vers une heure du matin.

*

* *

Cuisiner change mon quotidien. Je découvre une autre façon de m'occuper dans cette vie sous contrainte, développant une cuisine de peu, mais qui apporte des moments de réconfort dans nos journées. Gert, lui, rechigne à s'impliquer. Pour lui, des pâtes avec une cuillère de concentré de tomates suffisent amplement. Je comprends sa réticence – après des années de captivité, il s'est habitué à une routine minimaliste, à survivre plutôt qu'à vivre. Moi, je cours peut-être après des chimères, mais elles me permettent de tenir, de garder moral et détermination pour ne pas flancher.

Pour la toilette, chacun a développé sa méthode. Gert utilise le savon traditionnel. De mon côté, j'ai opté pour le shampoing. Sous cette chaleur écrasante, le savon nécessite trop d'eau avant de mousser et assèche la peau. Le shampoing s'étale plus facilement, se rince plus vite.

Nos différences s'affirment dans ces petits riens du quotidien. J'apporte la cuisine qui enjolive les journées, le sport avec le bagua, qu'il pratique avec moi quelquefois. Lui apporte son expérience, sa patience.

Puis au fil des jours, il s'implique de plus en plus, notamment en cuisine et nos expérimentations culinaires sont couronnées de succès. Après plusieurs tentatives, nous réussissons à faire cuire du pain dans une Cocotte-Minute sur le feu.

Nos actions de résistance communes se mettent en place de façon plus ou moins discrète, mais sans être découvertes. Quand un drone passe au loin, nous guettons les gardiens depuis l'arrière de la tente. Si la voie est libre, nous agitons frénétiquement les bras vers le ciel, espérant attirer son attention. Les jours de vent, nous profitons du feu de cuisine pour faire plus de fumée que nécessaire. J'élabore un plan pour signaler notre présence : tracer un immense « SOS » dans le sable, invisible depuis le sol, mais repérable depuis les airs. Gert, profitant de sa liberté de mouvement, dessine progressivement les lettres sur les dunes pendant la journée, une bouteille d'eau à la main pour justifier ses déplacements si on l'interroge. Mais entre la vigilance constante des gardiens, le sable mouvant et le vent qui efface nos traces, l'entreprise s'avère rapidement vaine.

Un jour, lors d'une conversation sous la tente, Gert évoque la possibilité de faire de la bière avec de la levure. Nous tentons l'expérience : eau, sucre, levure, thé pour le goût. La bouteille passe trente minutes au soleil avant d'être dissimulée à l'ombre.

– Le temps de fermentation est important, m'explique Gert, il faudrait au moins une semaine.

Nous n'attendons que trois jours. Dans la nuit silencieuse, le «*pschitt*» lorsque le bouchon s'ouvre nous fait jubiler. Le liquide est à peine gazeux, pas très bon, mais nous croyons – ou voulons croire – détecter un vague goût d'alcool. Enhardis, nous préparons une nouvelle mixture, plus sucrée, avec des dattes, que nous enterrons au soleil avant de nous réfugier sous la tente.

L'arrivée d'Abou Ridjana rompt notre routine. Ce moudjahidine est un vrai concert ambulant, il diffuse tout le temps, et à plein volume, des chants du jihad – ce qui nous poussera à le surnommer «Abou Jukebox». Son arrogance nous surprend – on pourrait l'entendre à des kilomètres. Mais peut-être n'y a-t-il vraiment personne aux alentours pour nous repérer.

Une détonation déchire l'air. Nous nous figeons stupéfaits. Gert comprend immédiatement : notre bouteille de bière improvisée a explosé sous la pression de la chaleur. Deux jihadistes rappliquent dans la tente. Mon compagnon explique en tamacheq que c'est du thé oublié au soleil. Le regard suspicieux du moudjahidine balaie la tente, s'arrête sur plusieurs bouteilles en plastique sur le sol.

– *Awass*, dit Gert.

Le mot pour «urine» provoque une grimace de dégoût chez notre gardien. Il s'apprête à partir, se ravise :

– Gâteau! s'exclame-t-il, main tendue.

Nous lui donnons un paquet de biscuits rouges, les plus basiques, ceux que nous appelons «les biscuits pour ânes».

Il repart, mais revient bientôt accompagné de trois autres, dont Abou Ridjana.

Ce dernier, la vingtaine, est habillé avec recherche malgré ses habits traditionnels. Il s'installe comme chez lui avec ses acolytes et interpelle Gert :

– Pourquoi tu lui as donné ces biscuits et pas ceux-ci qui sont meilleurs ?

– Il m'a demandé des biscuits, il n'a pas précisé lesquels, répond calmement Gert.

Abou Ridjana désigne un carton de biscuits bleus :

– Donne, donne.

Puis il se tourne vers moi, claque des doigts :

– *Ismouk enta*[10] ?

Je l'ignore.

– Hey ! lance-t-il.

Je le regarde enfin et claque des doigts à mon tour, lui renvoyant, agacé, son impolitesse.

– Zeitoun, dis-je sèchement.

Il me fixe quelques secondes avant de partir brusquement avec ses compagnons. Leurs rires résonnent jusqu'à tard dans la nuit.

*

* *

Elles se dressent devant moi, semblables à un fond d'écran Windows – ces dunes parfaites qu'on voit défiler en écran de veille. C'est là-bas une image d'évasion, ici, elles incarnent notre prison. Cobus, accroupi sur sa dune, dessine un arc de cercle avec la main, puis montre ses yeux et les alentours. Il semble attendre, puis frénétiquement exécute des signes que je ne peux comprendre à quelqu'un sur la dune en face, certainement Pistol Pete. Effectivement, ce dernier lui répond. Le camp est calme, nos gardes dorment encore. J'ai fait une pause dans mon entraînement, distrait par cette conversation silencieuse qui se déroule sous mes yeux. Soudain, Cobus remarque mon regard. Il me salue

10. Comment t'appelles-tu ?

cordialement de la main, comme si de rien n'était. Je lui rends son salut machinalement, plongé dans mes pensées en regagnant la tente.

– Tu as déjà eu des contacts avec les prisonniers ici ?

– Non, répond Gert en secouant la tête. Les gardiens m'ont dit qu'il s'agissait de bandits, de gens de Daesh. J'ai préféré les éviter.

– Ils communiquent entre eux. Ils ont un langage de signes.

– Je sais, j'en avais parlé aux jihadistes, mais ils s'en fichaient.

Les provisions que nous avons reçues attirent l'attention. Cobus nous fait des signes depuis son semblant d'abri, mimant quelqu'un qui mange. Il se trouve en hauteur derrière notre tente, sur la dune à l'arrière de celle des jihadistes. Nous continuons d'échanger avec lui par signes à l'insu des gardes, un peu aussi avec Pistol Pete. Gert, qui a des notions de tamacheq et une bonne vue, leur transmet nos messages. Nous commençons à leur faire passer de la nourriture par l'ouverture à l'arrière de notre abri. Du pain d'abord, puis des dattes, du lait. Chacun a son rôle. Gert, libre de ses mouvements le jour, se charge des livraisons périlleuses à travers le camp. Moi, enchaîné à ma jante dans un rayon de six mètres, de la surveillance des gardiens, de la stratégie et l'analyse.

Au bout d'un moment, je propose que nous utilisions notre nourriture pour obtenir des informations et ne pas continuer à l'aveugle. Ces hommes sont prisonniers comme nous, mais nous ne savons rien d'eux, de leurs histoires, de leurs intentions. Je propose à Gert d'utiliser ses quelques mots de tamacheq pour les interroger discrètement.

– Pose-leur des questions simples. « Toi jihadiste ? Mafia ? Daesh ? Toi Kidal ? », pour les faire acquiescer ou réagir afin qu'ils te donnent la bonne réponse.

Gert a hésité, mais il finit par accepter. Sa liberté de mouvement est notre meilleur atout. Lors de ses « livraisons », il glisse ces questions. Des réponses arrivent peu à peu : Cobus et Pistol Pete sont Tamacheqs, anciens du MNLA capturés par les jihadistes, il y a dix mois environ.

Peu à peu, dans nos échanges avec eux, nous entendons parler de Pierluigi. Les rumeurs à son sujet sont troublantes. Gert l'a très peu vu, mais sa réputation le précède. Les gardiens comme les prisonniers semblent s'en méfier. Certains disent qu'il serait de Daesh. Deux ou trois fois, des jihadistes sont venus le voir. À chaque fois, leurs discussions ont rapidement dégénéré en violentes engueulades qui résonnaient dans tout le camp. Quand nous évoquons son nom avec les autres prisonniers, ils nous disent qu'il est mauvais, qu'il est fou, et nous conseillent de le laisser tranquille.

Les journées se suivent et se ressemblent, interminables. Le soleil tape sur notre tente dès 8 heures du matin. À midi, c'est un four. Un sauna. On s'allonge, on ne bouge plus, on attend. Même parler est un effort. Les mouches, elles, ne semblent pas affectées par la chaleur. Elles tournoient inlassablement autour de nous. C'est l'heure où tout est calme, quand le soleil brûle. J'en ai vu les effets sur les coléoptères. Un malchanceux s'élance pensant rapidement rallier l'ombre. À toutes pattes, il fait deux bons mètres puis ralentit et s'immobilise. La température dans sa carapace a dû monter rapidement. Les Touaregs disent qu'un homme ne peut pas marcher plus de deux heures sans eau sous le soleil.

Les heures s'égrènent au rythme des prières de nos gardiens et de la distribution des repas. Entre ces repères, c'est le vide. Le néant. On boit, on attend, on ressasse. Je regarde l'ombre de notre tente ramper sur le sable comme une aiguille dérisoire sur un cadran solaire.

Gert somnole. Les grains de sable qui s'accumulent lentement sur mes chevilles, déposés en vaguelettes par le vent, m'hypnotisent…

La nuit n'apporte qu'un bref répit. Le froid remplace la chaleur. On s'enroule dans nos couvertures, on attend le jour. Et demain, tout recommencera.

Quand je vais pisser dans la nuit, tout est d'un calme absolu. Nos gardiens dorment, les prisonniers aussi. C'est comme si le désert avait repris ses droits, sa quiétude millénaire. Le silence est total, presque pesant. Un moment parfait pour venir nous libérer. J'imagine des parachutistes largués au loin, progressant dans le sable jusqu'au camp, le bruit de leurs pas amorti par le sable. Ils repéreraient et neutraliseraient les jihadistes un par un. Fin de l'histoire.

Je lève les yeux vers la voûte céleste. Avant ma captivité, je n'avais jamais vu autant d'étoiles. Ici, loin de toute pollution lumineuse, la Voie lactée déroule son ruban lumineux d'un bout à l'autre de l'horizon. Parfois, un avion strie le ciel de ses feux clignotants. Avec Gert, on s'imagine souvent à bord, confortablement installés dans nos sièges, un verre à la main, regardant les dunes défiler sous nos pieds. On se demande où il va. Europe ? Asie ? Peu importe, il nous emmènerait loin d'ici.

Un vrombissement de moteur au loin brise soudain notre léthargie quotidienne. L'effet est immédiat : les gardiens s'agitent, leur radio crépite d'appels frénétiques. « Il arrive. » Le camp s'anime soudain d'une énergie nouvelle. Les jihadistes se précipitent, nettoyant leur tente, ramassant les détritus qui traînent. Cette effervescence inhabituelle pique ma curiosité. L'un d'eux accourt dans notre tente et balance sur le sable les plaques de cuisson à gaz puis s'en retourne rapidement. Gert se penche vers moi :

– C'est le chef de la prison, murmure-t-il, enfin, de cette zone du moins.

Un pick-up Toyota double cabine émerge des dunes comme une apparition. Au volant, un homme massif – la quarantaine, le visage partiellement masqué par un chèche. Son imposante carrure nous poussera plus tard à le surnommer « Fat Mohamed ». Chacun de ses pas lourds dans le sable affirme son autorité. Les gardiens gravitent autour de lui comme des satellites.

Quand il entre dans notre tente, l'atmosphère change. Il salue Gert d'abord, puis s'accroupit face à moi.

– *Salam aleikoum.*

Le silence qui suit est chargé d'attente. Sa main plonge dans la poche de son bazin – mon cœur s'arrête un instant quand il en sort une enveloppe. Une lettre, qui apporte une réponse, me dit-il. Mes doigts tremblent en l'ouvrant. Cette écriture… Déborah. Les mots de ma compagne sont comme une source dans ce désert. Elle me parle des enfants, de leur vie à Bamako, de son amour. Je dévore chaque ligne, encore et encore, savourant ce moment de pure connexion avec mon autre vie.

C'est le mouvement de Gert qui me ramène à la réalité. Il s'est éloigné, fixant l'horizon, perdu dans ses pensées. Je mesure soudain que lui n'a pas eu de nouvelles de Sherin, sa femme, et de ses enfants depuis des années. Sans hésiter, je déchire une feuille de papier et la lui tends. Il hésite.

– On peut demander aux jihadistes d'envoyer aussi ta lettre. Trois ans sans nouvelles, trois ans de silence. Il faut tenter.

Il finit par accepter.

– Tu te souviens de l'adresse ?

Son hochement de tête est presque imperceptible. Bien sûr qu'il s'en souvient. L'adresse de sa femme en Afrique du Sud, celle de ses parents – comment pourrait-il oublier ? Fat Mohamed accepte de prendre la lettre de Gert, mais elle doit être écrite en français pour qu'ils comprennent ce qui est écrit. Dans la pénombre de la tente, Gert me dicte fébrilement en anglais une lettre pour une femme et une famille dont il n'a plus de nouvelles depuis des années.

Les jours qui suivent prennent une nouvelle dimension. Chaque bruit de moteur nous fait dresser l'oreille, chaque nuage de poussière à l'horizon fait naître l'espoir. Serait-ce Fat Mohamed avec des réponses ? L'attente est presque douloureuse, mais c'est une douleur différente de celle de la captivité. L'espoir et l'impatience nous rongent, mais au moins, nous attendons une réponse concrète, tangible. Pour la première fois depuis longtemps, nous avons quelque chose à espérer, un fil ténu qui nous relie au monde extérieur.

Les jihadistes arrivent en groupe, restent une dizaine de jours, puis repartent, remplacés par d'autres. Cette valse de gardiens révèle leurs failles. Souvent, ils demandent à Gert de s'enchaîner lui-même, mais ne viennent pas vérifier, ou alors tard dans la nuit. Le sable, ce satané sable qui s'infiltre partout, grippe les mécanismes des cadenas. Les jihadistes s'acharnent dessus, puis après deux tentatives infructueuses, finissent par les tendre à Gert. Il parvient mieux qu'eux à les débloquer.

Une nuit, alors que le camp somnole, un faisceau de phares balaie l'intérieur de notre tente à travers ses trous. Notre abri est situé le long de la piste de sable qui mène à ce cul-de-sac désertique. Le pick-up ralentit en passant devant nous. Dans la lumière des phares, nous observons la scène : un jeune homme, la vingtaine peut-être, escorté par plusieurs gardes. Des ordres fusent en tamacheq. Ils l'enchaînent rapidement avant de le conduire au fond de la dépression, non loin d'André.

Le matin suivant l'arrivée de notre nouveau compagnon d'infortune, l'agitation règne dans le camp.

Les jihadistes se plaignent d'avoir perdu une clé de serrage et fouillent frénétiquement partout. Ils viennent interroger Gert, inspectent minutieusement notre tente. Soudain, le bourdonnement des drones les fait tous regagner précipitamment leurs abris. Ces machines qui survolent notre camp me fascinent – comment peuvent-elles ne pas repérer ce campement en plein désert où des hommes se déplacent enchaînés ?

Dans la matinée, un nouvel échange avec les prisonniers fait basculer la situation. Gert me murmure leur requête : le nouveau venu a subtilisé une clé de serrage à l'un des gardes lors de son arrivée. Profitant de l'installation de son abri, il l'a discrètement enterrée dans le sable. L'information a circulé entre les prisonniers. Leur plan est simple : ils veulent que Gert, qui peut se déplacer librement, fasse passer la clé de l'un à l'autre pour qu'ils puissent se libérer de leurs chaînes. L'objectif : maîtriser les gardes avant qu'ils ne donnent l'alerte, puis disparaître dans le désert.

Dans l'obscurité de notre tente, Gert et moi parlons en chuchotant. Leur projet d'évasion pourrait être une opportunité, mais en nous associant avec eux, ne risquons-nous pas d'empirer notre situation ? Qui sont vraiment ces hommes ? Peut-être des criminels, capables de se retourner contre nous une fois libres. À cinq contre deux, nous serions à leur merci. Et avec seulement deux motos disponibles, comment fuir tous ensemble ? Le spectre d'une trahison plane : ils pourraient nous prendre en otage, nous revendre, nous tuer, ou nous abandonner en plein désert.

Je pèse chaque option. Notre implication doit rester mesurée – si les jihadistes reprennent le dessus, notre situation empirerait considérablement. Hors de question de participer à des violences. Il nous faut d'abord sonder leurs intentions pour décider si nous devons les suivre ou non, faciliter leur plan en les aidant et prévoir un plan B, autonome, au cas où nous aurions à partir de notre côté ou à rester et défendre notre implication « modérée » avec des arguments crédibles.

Un jeu dangereux commence. Gert transmet notre réponse à Cobus : nous acceptons de prendre le risque de distribuer la clé de serrage. Si les jihadistes le surprennent avec une clé dans la main, les conséquences seront terribles. Une fois la clé en notre possession, nous aurons un moyen pour en savoir plus sur leur plan. Ce sera à ce moment-là que nous déciderons de nous joindre à eux ou non. Pour l'instant, mieux vaut garder toutes nos options ouvertes.

En attendant le moment propice pour passer à l'action, nous nous fondons dans la routine du camp. Chacun s'adapte à sa manière. Les prisonniers, particulièrement, ont développé des stratégies. Certains demandent à lire le Coran, d'autres engagent de longues discussions théologiques avec les gardiens. Je les observe, intrigué par ce manège qui revient de temps à autre. Est-ce une quête spirituelle sincère ou une tactique de survie ? Les frontières sont floues. Ce qui est certain, c'est que ces échanges détendent l'atmosphère. Les gardes se montrent plus amicaux après ces discussions, comme si la religion créait une passerelle temporaire par-dessus les barreaux invisibles de notre prison.

Un matin, des cris d'animal rompent la torpeur habituelle du camp. Le son se rapproche, accompagné d'exclamations en tamacheq. Un chameau est amené sur le camp-prison. Nous n'avons plus de viande depuis quelques semaines, l'excitation est palpable. Les jihadistes convergent vers le mammifère, leurs gestes précis trahissant une habitude ancestrale. Le rite de l'égorgement est suivi à la lettre. Je les observe découper méthodiquement la bête, se réservant les morceaux de choix. Le foie grillé, enrobé de graisse, est distribué aux prisonniers. Dans notre tente, ils jettent sans cérémonie un imposant morceau, le cou sanguinolent encore surmonté de la tête. Les premières mouches arrivent déjà, attirées par l'odeur du sang frais.

Face à cette masse de chair, je réalise l'ampleur de la tâche. Jamais je n'ai extrait la viande d'un cou de chameau, encore moins dans ces conditions. Le couteau émoussé d'un des gardiens pèse dans ma main moite. La chaleur est suffocante sous la tente, et le bourdonnement des mouches s'intensifie. La peau résiste sous la lame – épaisse, coriace. Je tâtonne, cherche les points faibles à attaquer. Les textures se révèlent : la résistance des tendons, la souplesse de la chair, l'onctuosité de la graisse. Le sang colle à mes doigts. La danse frénétique des mouches autour de mon visage en sueur devient insupportable. L'odeur forte, presque métallique, emplit l'espace confiné.

Les morceaux s'accumulent lentement dans le tissu à mes côtés – lamelles, copeaux, amas de chair que je tente de rendre réguliers. La sueur brûle mes yeux. À côté de moi, Gert ne peut réprimer une grimace en maintenant les morceaux que je dois encore découper.

Tout à coup, le comportement des gardiens change. Ils s'agitent. Leurs regards inquiets balaient sans cesse l'horizon, leurs gestes deviennent fébriles tandis qu'ils s'empressent d'empaqueter leurs affaires, de tout mettre à l'abri. La contagion gagne les prisonniers qui démantèlent déjà leurs fragiles abris. Le désert se rappelle à nous qui dormons en son sein, il se change en menace. Nous abandonnons la découpe de la viande, et Gert se précipite pour aller jeter la tête du chameau au loin, assez loin pour que son odeur n'attire ni les charognards ni les chiens sauvages du désert.

En sortant de la tente, le spectacle me cloue sur place. À l'horizon, une immense muraille de nuages sombres avance sur la plaine désertique. Elle se rue vers nous avec rage, masse sombre et menaçante qui dévore le paysage sur son passage. Le temps presse. Nous nous préparons fébrilement. Les ancres de la tente sont mieux enterrées cette fois, plus lestées que lors des précédentes tempêtes, mais le pilier central reste notre point faible. Sous les bourrasques qui s'intensifient, il se soulève déjà dangereusement – s'il cède, non seulement la tente s'effondrera, mais il pourrait nous blesser dans sa chute.

L'air se transforme progressivement. Une teinte rouge envahit l'atmosphère, baignant notre monde d'une lumière irréelle, comme un paysage en lomographie. Puis la tempête nous frappe de plein fouet – chargée d'électricité statique, de sable brûlant et de colère. Le pilier central devient notre ligne de front – nous nous y agrippons à deux, muscles tendus à l'extrême, luttant contre la force du vent qui menace de l'arracher comme un simple brin de paille. Les rafales s'engouffrent sous la toile avec une violence croissante, leur hurlement couvre tout autre son.

Soudain, un pan entier de la tente menace de céder. Gert réagit instantanément. Il se précipite, transformé en piquet humain, agrippant les coins de la toile à bout de bras. Les vents de poussière le fouettent sans merci, mais il tient bon. Je reste seul contre le pilier qui vibre dangereusement sous les assauts répétés.

Pendant deux heures interminables, nous luttons contre les éléments déchaînés. Au bout d'un moment, épuisés, malmenés par les vents qui semblent avoir pris une dimension surnaturelle, nous comprenons que cette bataille est perdue. Nos forces nous abandonnent. Dans un dernier effort, nous nous laissons glisser au sol, nous enroulant dans nos couvertures. La pluie commence à tomber, puis s'abat sur la toile dans un bruit de mitraille, roulés en boule, les yeux fermés, nous attendons que la colère épuise sa fureur.

*

* *

La transmission de la clé se planifie dans les moindres détails. Chaque matin, nous affinons notre plan, observant la chorégraphie des gardiens, leurs habitudes, leurs angles morts. Pendant deux jours, nous regardons attentivement la distribution du lait. C'est un rituel immuable : chaque matin, les gardiens partent dans les dunes avec leur grande marmite et leur bol en métal. Le bruit caractéristique du récipient qui cogne contre la marmite nous permet de suivre leur progression, même quand ils disparaissent derrière la grande dune. Une fenêtre de 120 secondes. C'est le temps dont dispose Gert : ramasser la clé près de l'emplacement de Crazy One, surnom que nous avons donné au nouveau venu au vu de son audace, l'apporter à André pour qu'il desserre son écrou, puis revenir avec à notre tente avant que les gardiens ne réapparaissent.

Le matin choisi arrive. L'air est encore frais, le soleil à peine levé. Les gardiens commencent leur routine. Le tintement familier de la marmite résonne. Mon cœur bat la chamade tandis que Gert s'éloigne. Les gardiens disparaissent derrière la dune. Le décompte commence.

Vingt secondes. Le temps s'égrène dans ma tête. À travers les trous de notre tente, je guette le moindre mouvement suspect. Le vent fait claquer les toiles, masquant les bruits de pas. Gert file au pas de course, bouteille à la main. Un éclair argenté traverse l'air – la clé retombe sur le sable. Il la récupère et prestement la jette en direction d'André. Je ne quitte pas la dune des yeux. André la récupère, dévisse rapidement son écrou, puis la renvoie. Gert la rattrape et revient à toute allure, juste à temps. Premier objectif atteint.

Dans l'après-midi, c'est au tour de Pistol Pete. Un lancer trop long nous fait tous retenir notre souffle – la clé atterrit près de ma zone de toilette improvisée. Gert va la récupérer, nouveau lancer, plus précis cette fois. Pistol Pete peut maintenant se libérer. Il ne reste plus que Cobus.

Ce dernier nous a fait comprendre par des signes qu'ils nous aideront dans notre fuite. Mais je reste hésitant. Se lancer dans une évasion collective hasardeuse serait lourd de conséquences. Les avertissements des moudjahidines résonnent encore dans ma tête.

Le soir venu, une fois enchaînés, nous passons une nuit blanche, l'oreille attentive au moindre bruit. À tout moment, ils pourraient tenter leur coup.

Le lendemain matin, le vrombissement de plusieurs moteurs nous tire brutalement de notre torpeur. Trois pick-up surgissent des dunes dans un nuage de sable, leurs conducteurs multipliant les embardées comme pour marquer leur territoire. La scène ressemble à une descente de police en plein désert. Les véhicules s'immobilisent dans un concert de portières qui claquent. Parmi la dizaine d'hommes qui descendent, je reconnais la silhouette massive d'Abou Zeid accompagné de deux de ses hommes. Les autres, tous armés de kalachnikovs en bandoulière, me sont inconnus, mais je vois Gert se raidir – certains visages lui sont familiers.

Les nouveaux venus se déploient rapidement dans les dunes, encadrant un homme en boubou blanc et chèche bleu qui semble diriger les opérations. Un à un, il va visiter les prisonniers. Les interrogatoires s'enchaînent, plus ou moins longs. Puis les geôliers rassemblent les prisonniers, tous ceux avec qui nous avons échangé. La scène est baroque – on dirait un marché aux esclaves, des gardes-chiourmes traînant leurs captifs enchaînés jusqu'aux véhicules.

– Où les emmènent-ils ? je murmure à Gert. Tu penses qu'ils sont au courant, qu'ils savent que nous sommes impliqués ?

– *Fuck... I don't know...* répond-il soucieux, fixant la scène à travers un trou de la tente.

Chaque pas qui s'approche pourrait être celui qui va nous séparer. Des ordres en tamacheq fusent. Des chaînes tintent. Nous retenons notre souffle, attendant notre tour. À voix basse, je répète à Gert notre version des faits. Si on nous interroge, notre ligne est claire : non, nous n'avons jamais volé de clé. Oui, ils nous ont contactés, mais nous avons refusé de les aider. Si les gardes ont trouvé la clé, nous dirons que ce doit être celle dont ils nous ont parlé.

Étrangement, notre tour ne vient pas. Les moteurs rugissent, les pick-up démarrent en trombe, puis s'éloignent progressivement, emmenant avec eux nos compagnons d'infortune vers une destination inconnue. Seul Cobus reste à la même place. André a été placé plus loin, mais reste visible. Le projet d'évasion collectif est désormais noyé dans l'œuf.

*

* *

– Tu as reçu ta radio ? me demande Fat Mohamed. Je le regarde, interloqué. Après ma tentative d'évasion, je ne m'attendais plus à ce genre de privilège.

– Non... je réponds simplement.

Quelques heures plus tard, un jihadiste s'arrête :

– Tu as des piles pour la radio ?

Je le regarde incrédule. Mais qu'ont-ils, tous, aujourd'hui ? La journée s'écoule, puis elle arrive – une KCHIBO KK9803 SW Trump, 10 band, world receiver, dans sa boîte, neuve. Nous la déballons avec des gestes précautionneux, comme un objet sacré. L'antenne se déplie. Gert et moi nous penchons sur les ondes courtes, tournant délicatement les boutons. Soudain, un jingle familier perce les parasites. « RFI ! » Le cri nous échappe en même temps. Nos regards se croisent, brillants d'excitation.

Cette radio va devenir le pivot de nos journées. Dès 4 h 30 du matin, nous captons les premières émissions en ondes courtes. Je me réveille systématiquement pour le journal de 5 h 30, puis je vais m'entraîner et enchaîne avec Appels sur l'actualité. Les programmes s'interrompent vers 11 heures, reprennent à 13 heures avec le journal international suivi du journal Afrique. Le soir, de 18 h 30 jusqu'à tard, c'est un défilé d'émissions : Priorité santé, Archives d'Afrique, Décriptage, Débat du jour, journal, Couleurs Tropicales, Musique du monde, Géopolitique, Orient hebdo… Ces voix familières, ces émissions, structurent notre temps, nous relient à notre monde; ce sont des rendez-vous qui nous apportent espoir, détente, des bribes de liberté.

Quand je n'écoute pas RFI, Gert cherche des stations anglophones. L'actualité sud-africaine le captive particulièrement. Un matin, en parcourant les ondes, il apprend que les Springboks ont remporté la Coupe du monde de rugby en 2019. Lui qui y a joué dans sa jeunesse ne tient plus en place, me raconte les matchs historiques qu'il a vus, les légendes du rugby sud-africain. Ces moments où le sport transcende la captivité sont précieux.

La radio nous permet aussi de suivre l'évolution de la situation au Mali. Les nouvelles du pays se succèdent : coups d'État, tensions avec la France, avancées des groupes armés. Le soir, allongés sur nos nattes, nous écoutons en sourdine des reportages, de la musique jusqu'à ce que le signal s'évanouisse.

Les nouvelles du monde, qui nous parviennent désormais par les ondes, ne peuvent pas à elles seules effacer notre réalité. Ces derniers jours, nos yeux restent rivés vers le ciel. Les drones deviennent nos visiteurs réguliers. Leurs ronronnements lointains nous font lever la tête. Nous agitons des bouts de tissu, allumons des feux. Des tentatives désespérées de communication.

– Ne faites pas ça, lance Cobus depuis sa tente. Convertissez-vous et vous verrez, ils vous libéreront.

Le lendemain, les Touaregs scrutent le ciel, inquiets. Il n'y a pourtant pas de drones ce matin dans le ciel uniformément gris. L'un d'eux en passant nous voir nous a prévenus, c'est pour cette nuit. Une autre tempête devrait s'abattre. Nous nous sentons démunis. Le soir venu, nous convenons que Gert me réveillera quand il la sentira venir. Je m'endors. Soudainement je suis secoué.

– Olivier, maintenant ! me lance-t-il.

Nous nous ruons sur le pan qui ferme la tente. Après un court silence, comme si la tempête nous arrivait en décalage, la déferlante s'installe dans le cratère et s'infiltre partout. Notre tente résiste. Nous nous terrons, cramponnés à l'intérieur.

Au matin, alors que l'air redevient transparent, une silhouette se découpe au sommet de la dune. Un berger, ses chèvres éparpillées autour de lui. Il observe tranquillement le camp, puis repart comme si de rien n'était. Cette scène surréaliste nous laisse sans voix.

La nuit suivante, avant de dormir, Gert m'interpelle. Dans la pénombre, il découvre ses chevilles et, d'un geste fluide, fait glisser sa chaîne, et se libère. Je le regarde stupéfait. Son clin d'œil complice en dit long – cette simple démonstration change radicalement la donne de sa captivité.

*

* *

Ils ont surgi peu avant midi de l'horizon. Deux Land Cruiser couleur sable soulevant des nuages de poussière. À leur bord, douze hommes qui semblent sortis d'un western-spaghetti version Sahel. Une meute de loups revenant de la chasse, encore animés par la fièvre de la traque. Leurs regards sont étrangement vifs sous des visages burinés par le soleil et la vie en brousse.

Ils se déploient avec l'assurance de ceux qui en ont vu, autonomes, indépendants, amenant leurs propres provisions et leur bois comme s'ils constituaient une unité à part.

– « *The Dirty Dozen* », dis-je en me tournant de mon point d'observation vers Gert.

– « *The Filthy Twelve* », corrige-t-il.

Le surnom leur colle parfaitement à la peau. Ils ont quelque chose de différent des autres jihadistes.

Gert reconnaît l'un d'eux, qui est au volant de l'un des Cruiser : Abdulhadi, un moujahidin qui l'a gardé auparavant, un ex-soldat malien passé au jihad. Il y a aussi Jabbar, un autre grand aux yeux malins, qui possède un téléphone Samsung dernier cri et que nous surnommons « Samsung », leur leader apparent, en bazin moutarde, qui dégage une certaine aura d'autorité et Abou Taïeb, qui parle français.

Abdulhadi, son chèche marron négligemment noué, passe près de Gert. Il observe ses chevilles et lance avec un sourire moqueur :

– Tiens, comment se fait-il que tu n'aies plus de chaînes ?

Gert hausse les épaules, feignant l'indifférence.

Leur présence soudaine, après des semaines de calme, nous intrigue. C'est vrai qu'il y a eu des passages de drones dernièrement. Est-ce lié ? Ce sont des renforts ? Quelque chose se prépare dans la région, nous le sentons. Même Abou Zeid est présent.

Samsung et Moussa, un jihadiste tunisien à la voix calme qui a des talents d'infirmier et parle français, pénètrent dans notre tente. Le débat qui s'ensuit prend rapidement une tournure théologique :

– Qu'est-ce qui n'est pas bien avec le jihad ? lance Samsung, le ton provocateur.

– Ce qui n'est pas bien, c'est que vous tuez !

– Nous ne tuons pas les musulmans, ceux qui croient en Allah, réplique-t-il, comme si cela justifiait tout.

– C'est comme s'il y a un verre d'eau et que je te dis bois, mais tu ne veux pas. J'ai une arme. Je te force à boire sous peine de mort. C'est un peu ce que vous faites.

– Nous diffusons la parole de Dieu, nous appliquons ses commandements.

– Il y a plusieurs dieux, plusieurs croyances…

– Non, il n'y a qu'un seul Dieu !

La véhémence dans sa voix trahit une conviction inébranlable.

– Le problème, c'est que chaque religion dit exactement la même chose…

Les autres membres de la horde se sont installés en demi-cercle dans le sable, comme un public attendant le début d'un spectacle. Ils rient de mes réactions et des arguments de ce *kāfir* qui ne comprend rien à rien. Leur chef dirige la prière, puis le débat s'intensifie. Je me retrouve au centre de leur attention, confronté à des questions sur l'islam, l'Occident, l'histoire. La discussion s'enflamme quand j'évoque l'esclavage arabe des Noirs. Ils me répondent par la tolérance raciale de l'islam. Le débat s'arrête là, comme un spectacle qui a trop duré, laissant un goût amer d'incompréhension mutuelle.

Les jours passent. Cobus a repris ses communications discrètes avec d'autres prisonniers. Nos échanges se font plus rares. La découverte de leur plan d'évasion a brisé quelque chose. Les possibilités se sont réduites comme peau de chagrin. L'espoir d'une fuite collective s'est évanoui dans les sables.

Un matin, une agitation inhabituelle nous alerte. Les prisonniers sont déplacés un par un. Nous les voyons partir, silhouettes enchaînées disparaissant dans des véhicules qui s'enfoncent dans les dunes. Nous sommes les derniers. Je reconnais les deux imposants jihadistes qui m'avaient amené ici – il y a une éternité, me semble-t-il.

C'est notre tour. Méthodiquement, nous démontons la grande tente qui a été notre refuge pendant ces deux longs mois. Nous enterrons consciencieusement toute trace de notre passage, comme si nous n'avions jamais existé ici. Le sable avalera nos derniers vestiges.

Le pick-up est chargé à ras bord quand nous grimpons à l'arrière. Nous nous cramponnons où nous pouvons. Le moteur rugit, et nous nous enfonçons dans l'immensité du désert. Vers où ? Pour combien de temps ? Les questions restent sans réponse tandis que le camp disparaît derrière nous. Au loin, je distingue la silhouette d'un *wadi* bordé d'arbres. Nous sommes le 2 octobre 2021, j'entame mon septième mois de captivité.

10

Papa, je t'aime

Ses segments abdominaux se contractent puis se détendent. Elle ondule, son corps mou et poilu formant un arc vert tacheté de noir, puis ses minuscules crochets terminaux, de véritables ventouses, entraînent l'arrière de son corps vers sa tête. Je contemple la chenille processionnaire avec dégoût, tandis qu'elle progresse lentement vers mon épaule. Mes avant-bras, mon cou, mes jambes sont couverts de plaques rouges éparses, de boutons qui me démangent et me brûlent. D'une pichenette je l'envoie au sol et l'écrase sous ma sandale. Elle s'étale dans une purée verte et visqueuse qui me fait grimacer. Nos semelles en écrasent des dizaines chaque jour, transformant le sol de notre abri en un cimetière de taches répugnantes qui sèchent au soleil.

– Dans peu de temps, elles disparaîtront et feront des cocons, explique ce moudjahidine, témoin ironique de la guerre quotidienne que nous menons.

– Peu de temps, c'est combien de temps ?

– Quand elles auront mangé la majeure partie des feuilles de l'arbre, répond-il laconiquement en s'éloignant.

Mes yeux scrutent, inquiets, la canopée épaisse et feuillue qui nous surplombe.

Au sol, les chenilles défilent en colonnes interminables, traçant leurs routes invisibles d'un arbre à l'autre. Leur progression laisse derrière elle un sillon visqueux qui brûle la peau au moindre contact. Elles sont partout : grimpant le long des troncs, dévorant méthodiquement chaque feuille à leur portée, tombant en pluie vivante de la canopée sur nos chèches. Il y en a tellement qu'elles semblent avoir conquis chaque centimètre de notre espace, s'infiltrant dans nos vêtements, nos chaussures, nos couvertures.

La première nuit fut un cauchemar. Impossible d'échapper à leur invasion silencieuse. Au matin, mon corps n'était plus qu'une constellation d'éruptions cutanées, chaque poil urticant ayant marqué sa présence dans ma chair. Elles tissent maintenant leurs cocons dans nos couvertures et dans les branches au-dessus de nos têtes, elles préparent leur métamorphose.

Je regrette déjà le sable et les bousiers. Notre nouvelle « résidence » se trouve à une dizaine de kilomètres à l'est de la prison des sables, sous un grand arbre qui nous offre son ombre en échange de ces locataires indésirables. Les jihadistes ont tendu la toile de tente haut dans les branches – nous n'avons pu retenir un sourire complice en imaginant ce point de repère visible à des kilomètres. Gert connaît déjà l'endroit, il y est passé en mars dernier. « Une prison plus forestière et mieux adaptée à l'après-saison des pluies », selon lui. Avant nous, c'était la place de Pierluigi, ce mystérieux prisonnier que même nos geôliers disent être de Daesh. En creusant le sable à mains nues pour nos besoins, nous prions pour ne pas déterrer ses excréments.

Les nuits sont plus fraîches ici, les arbres et l'hivernage y sont pour quelque chose. De notre position, le camp ressemble à un verger morbide. Sous chaque arbre, comme un fruit trop mûr tombé au sol, un prisonnier est enchaîné. Face à nous, un jeune homme que nous n'avons jamais vu. Plus au nord, un deuxième détenu. Deux autres sont dissimulés à notre vue : l'un derrière notre arbre, l'autre plus loin sur la gauche. Quatre gardiens jihadistes veillent sur cette sinistre plantation.

Le calme de la forêt est brisé par le vrombissement d'une moto qui se rapproche. Abou Zeïd, un chef jihadiste que j'ai déjà croisé, surgit brusquement dans le campement. On nous a intimé l'ordre de rester assis ou allongés, de peur d'être vus depuis la piste si un véhicule ou un berger venait à passer. Mais je me tiens debout quand il arrive.

– Assieds-toi ! m'apostrophe-t-il d'une voix tonitruante depuis le camp.

Je ne bouge pas, défiant son ordre du regard. Abou Zeïd empoigne alors son fusil d'assaut et le pointe dans ma direction.

– ASSIEDS-TOI IMMÉDIATEMENT ! hurle-t-il en s'approchant à grandes enjambées.

À mes côtés, Gert me conseille à voix basse de ne pas le provoquer davantage. Lentement, je m'assieds tandis qu'Abou Zeïd me toise avec une fureur non dissimulée. Puis il repart d'un pas décidé vers le campement. Je le déteste.

Un peu plus tard, le chef des moudjahidines qui nous gardent ici débarque à son tour. En découvrant la hauteur de notre tente de fortune dressée sous les arbres, il manque de s'étrangler de rage. Il ne cesse de regarder nerveusement l'horizon, craignant qu'on puisse l'apercevoir depuis la piste.

– Baissez-moi ça immédiatement ! nous ordonne-t-il en désignant la toile tendue.

Nous nous exécutons en hâte pour ne pas attiser davantage sa colère. Le soleil décline à l'horizon quand vient l'heure de ma douche hebdomadaire.

Aidé de Gert, je traîne péniblement la jante de camion à laquelle ma cheville droite est enchaînée jusqu'à un endroit discret. Trop visible des autres prisonniers pour me mettre entièrement nu, je procède en deux temps. D'abord le haut : torse, tête, cou et bras que je lave en gardant mon pantalon sur les hanches. Mais l'eau savonneuse qui ruisselle vient inévitablement imprégner le tissu.

Je renfile ensuite rapidement mon boubou sur mon corps mouillé avant d'ôter mon pantalon souillé, le faisant glisser le long de ma jambe puis de la chaîne jusqu'à la jante. Un lent et délicat mouvement pour ne pas rester engoncé dans ce vêtement. Je peux enfin me laver le bas du corps, dissimulé sous l'ample vêtement. Mais mes mouvements ne manquent pas de faire remuer la chaîne, qui tire et pousse le pantalon humide dans la poussière, formant une boue terreuse qui vient le salir davantage.

À la fin, c'est un pantalon crasseux que je dois renfiler sur mes jambes encore dégoulinantes. Frissonnant sous les bourrasques de ce vent de fin de journée, je patiente ensuite jusqu'à ce que mes vêtements et moi-même ayons suffisamment séché pour pouvoir retourner au campement. Je m'inflige ce calvaire une fois par semaine, les autres jours je me contente d'une toilette rapide après le sport, avec ma tasse en métal d'un litre.

Ce soir, Gert et moi avons décidé de déserter notre arbre et ses chenilles. Nous traînons nos chaînes sur une soixantaine de mètres, jusqu'à sortir de la canopée. Là, nous déroulons nos nattes sur le sable, à la belle étoile. La radio grésille doucement dans la nuit. Ce 5 octobre 2021, RFI rapporte que Sosthène Kambidi, journaliste de Actualité.cd, est toujours détenu à Kinshasa. Il est accusé de « terrorisme » et de « complicité d'assassinat » dans l'enquête sur la mort des experts de l'ONU, Zaida Catalán et Michael Sharp, tués en mars 2017 au Kasaï. L'information résonne étrangement dans notre situation. Le sommeil nous gagne, sous ce ciel piqueté d'étoiles, loin des chenilles.

« … *Olivier, sois rassuré ! Nous allons bien, on s'accroche fort et tu ne quittes jamais nos cœurs. Ne t'inquiète jamais de cela. La rentrée s'est bien passée pour les enfants…* »

Le signal grésille légèrement.

« *On est forts tous ensemble, je pense à toi et je t'aime.* »

Je colle mon oreille contre le haut-parleur de la radio, tandis que le vent fait fluctuer la réception.

« *Papa, je t'aime, je t'aime de tout mon cœur, bisous, bisous.* »

Les ondes courtes oscillent dans la chaleur matinale.

« *Nous attendons des informations depuis six mois et l'espoir d'un entretien avec les plus hautes instances de notre gouvernement qui malheureusement tarde à nous recevoir. Nous n'abandonnons pas. Force et courage, mon fils, nous pensons tous à toi.* »

Le son s'éloigne puis se rapproche, comme porté par la brise.

« *J'espère que tu te portes le mieux possible (…) Sois courageux. Nous ne t'oublions pas et espérons ton retour, le plus vite possible.* »

« *Cet éloge de la lenteur doit cesser, le chrono doit s'emballer. Il est l'heure de s'empresser et d'agir pour te retrouver.* »

Je ne m'y attendais pas, j'écoute hébété dans la fraîcheur du matin ces messages de ma famille, de cet autre monde que je rêve de rejoindre. Une bouffée de chaleur m'envahit, une aura chaude et apaisante qui me recharge. L'annonce qui clôt ces messages me remplit de joie : ils seront diffusés chaque 8 du mois. Une mesure inédite pour RFI.

Mais la réalité politique me rattrape aussitôt. Le présentateur enchaîne sur les relations au plus bas entre Paris et Bamako, le « lâchage » présumé avec le redéploiement de Barkhane. Je secoue la tête, résigné. Il va falloir que je me sorte de là tout seul, c'est sûr.

Non loin, Gert continue de pétrir la pâte à pain sur sa pierre plate.

– Ce sont tes enfants que j'ai entendus à la radio? demande-t-il en s'approchant.

– Oui. Le son de la voix enfantine de mon fils résonne encore en moi. Ils diffuseront des messages chaque 8 du mois… C'est juste extraordinaire.

Gert hoche la tête silencieusement. Je sais que sa famille lui manque et qu'il n'a plus de nouvelles depuis presque quatre ans. Nous n'avons toujours pas à ce jour reçu de réponses à nos lettres.

– Il faut que tu passes bien en revue les radios anglophones, comme ça, toi aussi, tu pourras capter leurs messages.

Il sourit, mais je sens qu'il n'y croit pas trop.

– Raconte-moi encore une fois comment ça s'est passé ton enlèvement, je demande, intrigué par certains détails de son récit qui ne collent pas.

– C'était le 3 novembre 2017, commence-t-il en versant le thé. À la sortie de l'aéroport d'Ubari, j'ai rejoint le convoi. Il y avait plusieurs véhicules, dont un avec trois ingénieurs turcs de la société Anka, une entreprise turque qui construit des centrales électriques. Nous étions sous la protection de soldats libyens. Dans ma voiture, nous étions trois : le conducteur, un soldat libyen et moi.

Il marque une pause.

– Sur la route, nous sommes tombés dans une embuscade, et les Turs et moi avons été pris. Ils m'ont crossé et arraché violemment du véhicule, jeté dans une autre voiture qui a démarré en trombe.

– Attends, je l'interromps, le soldat était payé pour protéger le convoi et il range son arme comme ça, sans résister ?

Gert acquiesce lentement.

– Huit mois plus tard, j'ai été livré aux jihadistes. Des armes faisaient aussi partie de la transaction.

Je fronce les sourcils.

– Tu as certainement été l'objet d'un deal entre eux. Soit ils ne parvenaient pas à obtenir de l'argent de toi, donc ils t'ont cédé aux jihadistes en négociant une part sur une éventuelle rançon, soit ce sont les jihadistes qui t'ont fait enlever et ils ont donné quelque chose pour ça. Il faudrait essayer d'en apprendre plus là-dessus, dis-je.

La radio est notre fenêtre sur le monde. Ses grésillements familiers accompagnent maintenant chaque instant de notre quotidien. Un matin, la voix du présentateur perce le silence pendant que je tente d'améliorer notre abri contre le vent :

« *La présidence du Mali a annoncé ce 9 octobre la libération de Gloria Narváez. Cette religieuse colombienne avait été enlevée le 7 février 2017 à Karangasso, dans le cercle de Koutiala, à la frontière entre le Mali et le Burkina Faso. Elle est arrivée à Bamako ce samedi et a embarqué dans la nuit de samedi à dimanche sur un vol pour l'Italie.* »

Nous nous figeons. Quatre ans de captivité avant sa libération. Son soulagement doit être immense, mais ce chiffre nous glace. Je suis heureux pour elle, bien sûr. Cette nouvelle qui devrait me réjouir ne fait que souligner l'incertitude de mon propre sort.

Notre routine s'installe entre les corvées d'eau et nos repas frugaux. Entre deux bulletins d'information, nous observons le camp. Gert me fait signe du menton vers le nord : Crazy One est ici, on peut l'apercevoir sous un arbre un peu plus loin. Je chasse machinalement une chenille qui descend le long de mon épaule. Ces derniers jours, impossible de boire un thé sans en repêcher deux ou trois, tombées des branches. Hier soir, j'ai dû jeter toute mon assiette après avoir découvert leurs corps ébouillantés qui flottaient à la surface.

Au loin, un camion émerge lentement dans la plaine, minuscule point noir entre la ligne d'horizon et le ciel bleu éclatant. Sa progression semble suspendue dans cette immensité. Il traverse notre champ de vision avec une lenteur hypnotique avant de disparaître, avalé par la platitude du paysage.

« *Le Premier ministre malien, Choguel Maïga, dénonce avec virulence un "abandon en plein vol" de la France. Il accuse Paris d'avoir unilatéralement décidé de se retirer du Mali, laissant le pays face à son sort...* »

Cette nouvelle me préoccupe. L'opération Barkhane s'est enlisée dans le bourbier malien au fil des ans, les groupes terroristes n'ont cessé d'étendre leur influence malgré les moyens déployés. L'image de l'armée française s'est dégradée, son utilité même est remise en question. J'ai vu les relations entre Paris et Bamako se détériorer bien avant le coup d'État des colonels, mais depuis, chaque semaine apporte son lot de tensions supplémentaires.

Un mouvement furtif attire mon attention. Sous les arbres, à une centaine de mètres, une silhouette s'agite discrètement. Un prisonnier touareg, jeune, nous fait des signes.

Je donne un coup de coude imperceptible à Gert. Ses yeux suivent ma direction. Le prisonnier répète ses mouvements : il pointe sa bouche, puis tend les bras dans notre direction. Ses gestes sont brefs, contrôlés, pour éviter d'attirer l'attention des gardes. Il a manifestement l'habitude de communiquer ainsi.

– Tu peux lui répondre ? je murmure à Gert.

Sans hésiter, Gert lève la main et reproduit le geste de manger. L'expérience du camp des sables nous a appris que ces contacts pouvaient être précieux. Le jeune touareg hoche la tête vigoureusement.

– On a encore pas mal de dattes d'hier, je souffle. Et du pain…

Gert observe les alentours, évalue les angles de vue depuis la tente des gardes. Il calcule déjà comment faire passer la nourriture sans se faire repérer.

Les échanges se déroulent d'abord tous les deux ou trois jours, le temps de prendre nos marques. Profitant de la somnolence des gardes, Gert se glisse derrière un arbre qui le dissimule à leur vue. De là, il peut mieux échanger avec le prisonnier. Les informations commencent à filtrer : il dit s'appeler Abdollah, c'est un ancien du MNLA, arrêté à Kidal par les jihadistes. Les raisons de sa détention restent floues.

Ses demandes de nourriture se font plus pressantes, mais bientôt ses gestes changent : il mime quelque chose qui coupe, encore et encore.

Pour le moment, nous nous contentons d'échanger par signes et de lui lancer des petits paquets ficelés remplis de dattes et de pain. Le quotidien dans le camp suit son cours monotone…

*
* *

L'aube perce à peine quand j'émerge, transi de froid. La voix de RFI emplit notre abri qui baigne dans la pénombre. Gert m'aide à déplacer chaque matin l'imposante jante de métal jusqu'à ma zone d'exercice. Depuis deux mois, cette masse d'acier est mon fardeau quotidien. Six mètres de chaîne me relient à elle, un boulet qu'il faut traîner pour chaque geste, à chaque déplacement. Se laver, faire ses besoins, tout devient une épreuve.

La semaine dernière, j'en ai parlé au jihadiste à la démarche lourde, celui dont le ventre déborde de sa veste militaire et dont la barbe noire mange un visage rond et luisant. « Détachez-moi juste pour la douche. » Il a marmonné qu'il verrait. Rien n'a changé.

– Gert, je vais les appeler !

– Non, non, non… souffle-t-il.

Je crie quand même. Une fois, deux fois, la troisième fois à tue-tête. Silence. Puis leur abri s'agite. J'entends des exclamations, des jurons. Deux d'entre eux émergent et arrivent à grands pas. L'un d'eux, en approchant, recharge son arme d'un claquement sec qui résonne dans l'air.

– J'aimerais me laver et…

– ASSIS ! il me coupe, la colère déformant ses traits. Tu te prends pour qui ? Tu crois que tu peux nous réveiller comme ça ? Son doigt pointé vers moi tremble de colère.

Tu resteras attaché. Tout le temps. Et la prochaine fois que tu cries comme ça, ce sera la dernière !

Je reste prostré tandis qu'il tourne les talons, et s'éloigne d'un pas rageur. La nausée me prend. Ma vie ne tient à rien. Un mot de trop, et tout s'arrêtait là, dans les sables.

Dans notre abri, nous creusons des niches pour nos feux. Je montre à Gert comment transformer nos dattes en confiture. Il me parle alors de la « pop », ce plat sud-africain qu'il cuisinait chez lui : de la farine de semoule, du lait, du sucre. Nous l'agrémentons avec ce que nous avons, des dattes écrasées, du pain émietté, créant notre version que nous baptisons « poplenta ».

Une fois par mois, à la relève des gardes, nous pouvons soumettre nos demandes. Nos listes s'allongent : farine, lait frais, ustensiles, vêtements propres… C'est peu, mais chaque nouvelle acquisition améliore notre quotidien.

Je passe des heures à réfléchir à une sorte de four pour cuire notre pain. Après différents essais infructueux, un feu au sol, un bol d'acier pour contenir la pâte, un autre par-dessus, couvert de braises, constituent notre four. La chaleur circule, emprisonnée entre les deux récipients. Notre premier pain cuit ainsi me fait l'effet d'une petite révolution. La captivité génère chez moi une créativité née de la nécessité.

*
* *

Abdollah fait deux brefs signaux, debout, de profil derrière l'arbre qui lui sert d'abri. Quelques centaines de mètres plus loin, Crazy One lui répond. Leurs échanges de signes ont commencé après la prière et se sont intensifiés quand les moudjahidines sont allés se recoucher. Le jeune Touareg dessine un dernier signe puis s'accroupit et disparaît dans l'ombre.

Son comportement m'intrigue. Quand nous lui avons fait comprendre que nous allions espacer les envois de nourriture par prudence, il nous a fait trois fois le signe qu'il possédait une clé de serrage, ravivant notre intérêt. J'ai suggéré à Gert de lui demander de la montrer, mais sa réponse fut claire : Gert devait venir jusqu'à lui. De jour, ce serait trop risqué. Pourtant, cette clé, si elle existe, pourrait nous libérer aussi. Il faut l'amener à nous la montrer. La nourriture peut être notre monnaie d'échange.

Mon compagnon de captivité se redresse dans l'ombre de notre abri. Des deux mains, il mime une clé qui tourne, puis se désigne du doigt avant d'indiquer ses yeux. À une centaine de mètres, Abdollah observe attentivement. Il répond par un pouce levé, indique le soleil qui se couche, puis fait signe à Gert de venir.

– Il est d'accord pour nous la montrer, mais la nuit, et il veut que je vienne.

Je m'esclaffe. Il ne manque pas d'audace, mais après tout, si nous voulons voir cette clé, c'est à nous de nous déplacer. Assis sur ma jante de camion, je réfléchis. Techniquement, de nuit, avec la capacité de Gert de se libérer de ses chaînes et le camp des gardes suffisamment éloigné, l'opération est envisageable. Une centaine de mètres nous sépare, et en restant accroupi, les gardes, qui dorment généralement après 22 heures, ne le verront pas. Il pourrait se glisser jusqu'à l'arbre d'Abdollah et, dans l'obscurité, chuchotant, voir la clé, peut-être même se la faire prêter. Rivé à ma jante, je ne peux pas y aller, et j'hésite à lui en demander autant.

– Gert, ta liberté de mouvement la journée est un atout précieux. Mais là, c'est différent, plus risqué. Je le ferais moi-même si je pouvais, mais enchaîné… Alors je dois te poser la question : te sens-tu capable de te lever dans la nuit, quand ils dorment, et d'aller silencieusement jusqu'à lui ? Je ferai le guet et je tousserai une fois si ça bouge de leur côté du camp, deux fois si un moudjahidine vient dans notre direction.

Je le sens hésiter. Cela demande une implication profonde, et les risques sont réels. Il ne pensait pas devoir aller jusque-là. Mais s'il projette de s'évader avec moi, se familiariser avec ces escapades nocturnes et dangereuses lui sera utile.

– Prends le temps d'y réfléchir, quoi que tu décides, ça ne posera pas de problème.

Dans l'après-midi, Gert s'approche de moi.

– Je vais le faire, murmure-t-il, cette nuit. Son visage est tendu, mais déterminé.

Nous passons l'heure suivante à planifier chaque détail. Nous envisageons la route la plus sûre pour parvenir jusqu'à Abdollah.

– Tu devras longer cette ligne d'arbres, je chuchote en la pointant du doigt, et surtout éviter les espaces dégagés. Les traces de pas dans la terre nue nous trahiraient au matin.

Gert hoche la tête, absorbant chaque information. Je l'observe attentivement, cherchant à jauger sa détermination.

– Parle-moi de ce que tu comptes faire une fois là-bas.

La nuit s'installe. Les gardes font leur dernière ronde, leurs voix s'estompent peu à peu. Le silence prend possession du camp, uniquement troublé par les bruits nocturnes du *wadi*.

Après 22 heures, Gert repousse doucement ses couvertures. Dans l'obscurité, je distingue à peine sa silhouette. Il inspire profondément, son souffle légèrement tremblant trahit sa nervosité. Un dernier hochement de tête, et il disparaît, accroupi dans l'ombre.

Allongé sur ma natte, à distance de notre abri, je tends l'oreille. Le moindre bruissement, le plus petit craquement de branche attire mon attention. Mais un sentiment de culpabilité m'envahit. J'ai poussé Gert à prendre ce risque. S'il lui arrive quelque chose… Je chasse cette pensée, me concentrant sur les bruits du camp, prêt à donner l'alerte au moindre danger.

Les minutes s'égrènent. Je scrute l'obscurité, essayant d'imaginer où il en est. A-t-il déjà atteint l'arbre d'Abdollah ? Sont-ils en train de chuchoter dans le noir ? Cette clé existe-t-elle vraiment ?

Un hululement lointain me fait sursauter, rapidement suivi du craquement d'une branche. Ce n'est qu'un rapace nocturne. Mon cœur bat trop vite. Je prends conscience que je retiens mon souffle depuis trop longtemps. Les gardes n'ont pas bougé, leurs ronflements réguliers me rassurent.

Dix minutes se sont écoulées, peut-être quinze. Je fixe l'endroit où Gert a disparu. Un froissement sur ma droite. Il réapparaît le souffle court et les yeux grands ouverts. Sa masse imposante se laisse tomber sur sa natte. Son retour me libère d'un poids que j'avais du mal à porter.

– Il n'a pas la clé, lâche-t-il le souffle court. Il dit l'avoir passée à Crazy One pour qu'il puisse enlever ses chaînes. Il marque une pause. Ils préparent quelque chose. Une évasion, apparemment pour bientôt.

Je me penche vers lui, attentif. Dans l'obscurité, je distingue à peine son visage.

– Pendant que Crazy One a la clé, Abdollah travaille ses chaînes avec une pierre. Il m'a montré le maillon qu'il lime jour après jour.

Gert s'interrompt, hésitant.

– Il n'arrêtait pas de parler de nourriture. Il en veut pour maintenant, mais aussi pour mettre de côté. Pour leur fuite.

Cette histoire de clé qui voyage entre les prisonniers me semble étrange. Comment a-t-elle pu passer d'Abdollah à Crazy One sans que nous remarquions quoi que ce soit ?

Les gardiens surveillent étroitement les prisonniers, leurs déplacements sont limités. Ça ne va pas.

– Demain matin, je murmure à Gert, on essaiera de communiquer avec Crazy One. On lui demandera directement s'il a une clé.

Mon compagnon acquiesce silencieusement.

Je l'observe du coin de l'œil. Cette excursion nocturne l'a éprouvé, mais il l'a fait. Nous nous enroulons dans nos couvertures, la fraîcheur de la nuit nous enveloppe. Peu à peu, les bruits du *wadi* nous bercent vers le sommeil.

*

* *

L'arrivée de Gert et les événements de ces dernières semaines ont bousculé ma routine d'écriture. Je ne prends presque plus de notes, mais les prisonniers m'intriguent. J'aimerais connaître leur histoire, comprendre qui ils sont. Je n'ai plus de papier. À défaut, j'écris sur le verso de mes lettres ou à l'intérieur des boîtes de lait en poudre. Ces notes se voyaient trop dans la poche de mon boubou, j'ai donc changé de tactique. Je les ai glissées dans l'oreiller que Gert m'a donné, exhumé d'un de ses sacs. J'ai lavé la housse poussiéreuse et caché les feuillets dans la bourre de feutrine. La nuit, mes secrets reposent sous ma tête.

Le soleil monte dans le ciel et la chaleur avec lui. Nous vaquons à nos occupations quotidiennes quand un mouvement inhabituel attire notre attention. Dans le camp, un nouveau groupe de gardiens prend possession des lieux. Deux d'entre eux s'approchent de notre abri. Le premier, teint basané, barbe et moustache noires, la quarantaine, porte un chèche bleu ciel. Le second, grand, aux dents marron et manquantes, s'exprime d'une voix forte. Après les présentations, nous apprenons que le premier se nomme Amir et le second Boucrine. Gert connaît Amir, il me glisse qu'il est « correct ».

Amir s'étonne au bout d'un moment que je sois enchaîné à la jante en journée. Il me demande si je veux qu'il me libère. Ravalant ma surprise, j'acquiesce avec conviction. Il revient dix minutes plus tard avec une clé. Malgré les six mètres de chaîne qui pendent à ma cheville, le simple fait de pouvoir marcher sans traîner ce boulet derrière moi me comble de joie. Cette récréation ne dure que peu de temps. Un autre moudjahidine de grande taille, vêtu d'un imperméable gris et au rire sonore, arrive à notre abri. Il discute vivement avec Amir et se tourne vers moi :

– Pourquoi lui as-tu dit de te détacher ?

– Il me l'a proposé…

– Arrête Zeitoun, tu sais très bien pourquoi tu es attaché.

D'un geste, il ordonne à Amir de m'enchaîner à la jante. Ce dernier s'exécute en silence, visiblement contrarié de s'être fait berner.

Pour venir à la prison des sables, puis ici, nous avons majoritairement roulé vers l'est. Je sais qu'au nord-est de la région de Kidal, Tin-Essako et Abeïbara sont des fiefs jihadistes. Pour vérifier mon hypothèse, je lance une question. J'aurais pu dire Abeïbara, mais c'est Tin-Essako qui me vient en premier.

– Ici, nous sommes à Tin-Essako ?

Son air surpris et étonné vaut confirmation.

– Tin-Essako ? rit-il nerveusement. Pourquoi Tin-Essako ? Comment tu peux savoir où tu es ?

Je lui renvoie son rire nerveux.

– Comme ça…

Dans les jours qui suivent, nous intensifions nos échanges avec Abdollah. Le message est clair : s'il veut manger, c'est à lui de venir nous voir. Une façon de tester s'il peut réellement se libérer de ses chaînes.

Quelques jours plus tard, il nous fait comprendre que ce sera pour ce soir. Nous n'y croyons guère. Pourtant, au cœur de la nuit, Gert me secoue. Il a entendu quelque chose. Sur nos gardes, nous scrutons l'obscurité. Le froid du désert s'est installé, et seul le bruissement du vent dans les herbes sèches trouble le silence. Une silhouette émerge : le jeune Touareg, portant ses chaînes avec précaution pour qu'elles ne tintent pas. De près, il paraît maigre, les cheveux en bataille, son boubou sale et déchiré témoigne de sa captivité. Il se déplace pieds nus, sans bruit, comme une ombre.

– *Salam aleikoum.*

Il nous serre la main, nullement troublé par la singularité de cette réunion insolite entre prisonniers. Je l'invite à s'asseoir. Dans l'obscurité, nous échangeons à voix basse.

– Tu as la clé avec toi, tu peux nous la montrer ?

Il regarde autour de lui et fait non de la tête.

– Vous avez du lait ? dit-il.

– Oui, mais après. Nous voulons savoir pour la clé. Vous voulez vous enfuir ?

Il hoche la tête. C'est prévu d'ici quatre jours. Lui et Crazy One partiront en pleine nuit. Leur but : rejoindre Tinzaouatène qui se trouve, selon lui, à 90 kilomètres au nord.

– 90 kilomètres, ça fait loin. Vous avez des amis, un campement aux alentours avec un véhicule ?

Il ne répond pas, se contente de hocher la tête, évasif, et désigne l'abri de Crazy One. Je ne sais pas quoi en penser. Je ne lui fais pas confiance, il ne semble pas très concerné par son éventuelle fuite. Je sens que la nourriture est d'abord ce qu'il est venu chercher.

Je désigne du doigt l'abri au loin de son camarade.

– Lui aussi peut enlever ses chaînes comme toi ? Il confirme de la tête.

– Et vous ? demande-t-il.

Ce n'est pas mon cas, mais avec Gert nous acquiesçons en silence.

– C'est ton camarade qui a des amis à Tinzaouatène?

Il hoche la tête.

– Vous avez à manger?

Je sors de sous ma couverture des dattes et des biscuits que nous avions préparés.

– Sardines, pain?

Je secoue la tête, il semble déçu.

– Il faut bien que tu enterres les emballages de ce que nous te donnons, sinon ils pourraient s'en rendre compte.

Il acquiesce.

Il s'apprête à se relever quand je le retiens.

– Peux-tu demander à ton camarade de venir nous voir une prochaine nuit?

Il hoche la tête et commence à s'éloigner puis se ravise et nous demande de ne surtout pas oublier d'effacer ses traces derrière lui. Il disparaît derrière les hautes herbes. La nuit retrouve son calme, au loin, le ronflement des jihadistes nous parvient.

Cinq jours ont passé et ils ne se sont toujours pas évadés. Par signes, nous avons réitéré notre désir de parler à Crazy One, mais toujours rien. Après vérification, ce dernier nous a confirmé qu'il n'est pas en mesure de retirer ses chaînes. Je suis partisan de zapper l'intermédiaire – Abdollah et ses revirements compliquent tout. Nous prenons le parti de nous adresser directement à Crazy One qui, bien que plus éloigné, semble plus fiable. D'un geste, il nous invite à venir le voir tard ce soir.

Boucrine passe nous voir dans l'après-midi. C'est surtout lui qu'on entend ronfler la nuit. Quand je lui en fais la remarque, ironique, il me répond avec gravité :

– C'est parce que la nuit, quand vous dormez, moi, je monte la garde.

Nous nous retenons de pouffer de rire.

Le chemin qui mène à l'arbre de Crazy One n'est pas aisé. Il faut marcher accroupi la majeure partie du temps, dans une zone majoritairement à découvert. Il faut même traverser la piste qu'empruntent les moudjahidines en voiture ou à moto. Le terrain sablonneux gardera la moindre trace de pas. Gert est d'accord pour tenter cette longue traversée nocturne du camp, même si je sens qu'il est conscient du défi – c'est trois fois plus loin que l'abri de notre glouton voisin. Il sera trop loin pour percevoir mes alertes et, comme cela nous a souvent été répété, les moudjahidines ont ordre de tirer sur tout ce qui bouge dans la nuit. Les traces que nous laissons sont notre talon d'Achille : les jihadistes, en véritables pisteurs, savent les détecter rapidement, comme s'ils connaissaient par cœur le motif spécifique de nos sandales.

Avant le départ de Gert, nous passons en revue les derniers détails. Sous ses couvertures, nous disposons soigneusement des vêtements et des sacs pour recréer la forme de son corps endormi – un leurre qui pourrait tromper un garde faisant sa ronde nocturne. La priorité est d'effacer toute trace de son passage. Dans ce sable qui garde la moindre empreinte, il devra être méticuleux. Sa mission est claire : en apprendre davantage sur leur projet d'évasion, vérifier les informations d'Abdollah sur cette mystérieuse clé, confirmer catégoriquement mes soupçons sur le fait que nous sommes bien dans le cercle de Tin-Essako. Surtout, il doit interroger Crazy One sur la géographie des environs. En tant que Touareg, il connaît certainement bien la région – sa précision sur la distance qui nous sépare de Tinzaouatène, 90 kilomètres au nord, le laisse penser. Nous avons besoin de savoir quels villages, quels points d'eau, quels campements se trouvent autour de nous et, s'ils existent, dans quelle direction. Ces informations s'avéreront précieuses quand nous déciderons de nous enfuir.

– Sois prudent, je murmure dans la nuit froide alors qu'il chausse ses sandales.

Il hoche la tête, m'adresse un sourire rassurant et disparaît dans l'obscurité. Je tends l'oreille, mais au bout d'un moment tout devient silencieux. Je m'enveloppe dans ma couverture et m'assieds sur ma natte, scrutant les ténèbres.

Le camp est plongé dans un silence pesant. Les minutes se traînent, lourdes d'incertitude. Je reste aux aguets, conscient que si un seul d'entre eux se réveillait pour faire ses besoins, tout pourrait être compromis. Une heure passe, peut-être plus. L'attente me ronge. J'imagine Gert progressant furtivement entre les arbres, effaçant ses traces, retenant son souffle à chaque crissement du sable sous ses pas, ou s'étant perdu dans la nuit. Je tente de refréner cette musique lancinante dans ma tête qui n'augure que scénarios dramatiques et fins tragiques. Il faut rester positif et concentré. Mais le doute s'infiltre quand même.

Un bruissement léger me fait sursauter. Une silhouette massive se dessine dans l'obscurité – Gert. Il se glisse sous sa couverture, encore essoufflé. Il prend quelques minutes pour stabiliser sa respiration, malgré le froid, son front est perlé de sueur et son tee-shirt est mouillé par la transpiration. Nous attendons quelques minutes, guettant le moindre signe de mouvement dans le camp. Rien.

– Alors ? je chuchote, impatient.

Dans un murmure, Gert confirme nos soupçons : nous sommes bien dans le cercle de Tin-Essako. Crazy One connaît manifestement la zone. Non seulement il maintient que Tinzaouatène est à 90 kilomètres au nord, mais il parle aussi d'une route fréquentée par des camions de marchandises, plus au nord. Les campements sont rares dans les environs, ce qui pourrait être un inconvénient.

Je bois ses paroles avec intérêt, hochant la tête.

– Il a un message pour toi, souffle Gert. Il veut te parler directement concernant une évasion commune. Il y a la barrière de la langue… Il parle un peu français, ce serait plus simple. Crazy One travaille ses chaînes quotidiennement, sa libération est imminente.

Je suis tout à fait ouvert à une rencontre avec lui, reste à voir comment. Je suis enchaîné, je ne peux pas bouger. Peut-être pourra-t-il venir à nous ?

Pendant trente minutes, dans le noir, nous décortiquons son périple et sa rencontre avec Crazy One. Il pense avoir effacé ses traces correctement.

Le lendemain, un des gardes s'arrête à quelques mètres de l'endroit où nous dormons. Nous l'observons, intrigués, alors qu'il examine quelque chose au sol. Il fait quelques pas, s'arrête à nouveau. Nous restons suspendus à ses actions. Finalement, il disparaît dans les hautes herbes. Ce comportement renforce ma conviction : le problème des traces que nous laissons immanquablement sur le sol doit être résolu. Impossible de continuer nos visites nocturnes, et encore moins de projeter une évasion, en laissant des empreintes aussi visibles.

Je passe la matinée à observer nos sandales, cherchant comment rendre indétectables les reliefs si reconnaissables de nos semelles. Mes premiers essais avec des gerbes de plantes repliées sont peu concluants – elles se détachent trop facilement et laissent des débris qui trahiraient notre passage. La toile de boubou semble plus prometteuse : j'en découpe un morceau, le place sous ma semelle et l'imprime sur le sol. Le résultat n'est pas mauvais, mais on devine encore le poids d'une empreinte.

C'est en manipulant distraitement mon coussin que l'idée me vient. Sa bourre, dense et souple en feutrine, pourrait faire l'affaire. J'en découpe soigneusement un morceau un peu plus large que ma semelle, pour qu'elle puisse se replier sur les côtés de la chaussure. Quatre trous percés dans la feutrine, quelques ficelles passées dedans, et voilà une enveloppe qui entoure parfaitement la semelle.

– Regarde! dis-je en me tournant vers Gert.

Son regard sceptique en dit long. Je teste discrètement les chaussons derrière notre abri. Le résultat dépasse mes espérances : sur le sable, les empreintes sont quasi invisibles. L'épaisseur de la feutrine empêche la semelle de s'imprimer sur le sol et amortit même nos pas. Gert fait plusieurs allers-retours, examine le sol minutieusement. Son expression dubitative se transforme peu à peu en sourire approbateur. Ces chaussons des sables, comme je les baptise, nous offrent enfin la possibilité de nous déplacer sans laisser de traces. Elles nous garantiront de ne pas être pistés lors de notre évasion.

Depuis quelques jours, mon regard est attiré par un prisonnier installé à notre gauche. Je le reconnais – il était avec nous dans le camp des sables, il avait refusé de participer à la tentative d'évasion des cinq Touaregs. Sa silhouette est saisissante : courbé sous le poids des chaînes qui l'entravent au cou, à la taille et aux jambes, il se traîne péniblement dans son abri. Parfois, nous échangeons un salut distant, et je ne peux m'empêcher de me demander quel crime lui vaut un tel traitement.

Sa position est intéressante : son abri, protégé par des arbres et des arbustes, se trouve à l'opposé de celui des jihadistes. Un chemin naturel, dissimulé par la végétation, et qui passe par notre abri y mène presque directement. Cette proximité relative et cette accessibilité réveillent ma curiosité. Qui est-il? Pourquoi est-il là? Pourquoi avait-il refusé de se joindre aux autres? Le poids manifeste de ses chaînes ne fait qu'ajouter à l'énigme.

Je sais que je peux compter sur Gert pour les visites essentielles, celles qui concernent notre survie ou une possible évasion. Mais là, c'est différent. C'est ma soif d'informations, mon besoin de comprendre qui me poussent.

Après plusieurs hésitations, je me décide à lui en parler. Les chaussons des sables nous donnent un avantage certain.

– Il faut que je te demande quelque chose.

Gert lève les yeux vers moi. Je lui explique mon intérêt pour le prisonnier enchaîné, ma conviction qu'il pourrait nous apprendre des choses importantes. Gert m'écoute sans m'interrompre, son visage impassible ne trahit aucune réaction.

– Tu veux que j'y aille cette nuit? demande-t-il simplement.

J'acquiesce, presque gêné de cette requête qui ne sert que ma curiosité. À ma surprise, il accepte sans discuter.

– Tu lui apporteras du pain et un peu de « poplenta » pour faciliter la conversation, lui dis-je

Gert s'éclipse dans la nuit, équipé des chaussons des sables. J'écoute la nuit, prêt à tousser fortement si quelqu'un se manifeste. Il revient peu de temps après. À voix basse il me communique les résultats de leur échange.

– Il s'appelle Kassim, murmure Gert en se glissant sous sa couverture. Il a été très surpris de me voir, il était plutôt réticent à me parler, trouvant mon initiative trop dangereuse, mais la nourriture a brisé la glace. C'est un Tamacheq. Il est là depuis un an.

Il marque une pause, comme pour mesurer l'importance de ce qu'il va dire.

– Ce n'est pas un bandit ou un membre des mafias, il travaillait pour Barkhane. Comme informateur.

Cette dernière information me fait l'effet d'une décharge électrique. Un informateur de Barkhane… J'imagine déjà tout ce que cet homme pourrait savoir sur les jihadistes, sur leur organisation, peut-être même sur l'assassinat de Ghislaine et Claude.

Cette révélation sur Kassim change la donne. Un informateur de Barkhane… Les questions se bousculent dans ma tête, mais je me heurte à un problème de taille : je ne peux pas l'interroger directement. Gert est mon seul lien avec lui, avec ses quelques notions de tamacheq. Mais avant de l'envoyer poser des questions, il va falloir que je le briefe sur le contexte. Gert connaît peu de choses sur les jihadistes maliens, leurs organisations, leurs rivalités, leur organigramme. Ses connaissances sur Barkhane et la lutte antiterroriste française au Mali sont limitées. Sans ces clés de compréhension, difficile de poser les bonnes questions, de comprendre ce qui mérite d'être approfondi. Au-delà du contexte, il faudra aussi que je lui apprenne les bases de l'interview : comment poser des questions simples, mais efficaces, comment rebondir sur une réponse, comment mettre en confiance son interlocuteur. Ce sera un défi avec la barrière de la langue, mais cela pourrait apporter plus que des bribes d'information.

En fin d'après-midi, nous remarquons que Crazy One, depuis son abri, multiplie les signes dans notre direction. Des gestes subtils, mais clairs pour nous : il viendra cette nuit. Depuis plusieurs jours, nous l'observons communiquer avec d'autres prisonniers. Il semble être un pivot dans le camp, quelqu'un qui tisse des liens.

Tard dans la nuit, il surgit silencieusement. Il ne doit pas avoir plus de vingt-cinq ans, une chevelure brune bouclée, une moustache et une barbe naissante. Il nous serre la main chaleureusement, souriant, détendu. Je décide de ne pas aborder tout de suite le projet d'évasion. Je veux d'abord comprendre qui il est, notamment parce que je l'ai vu ici et dans les sables discuter familièrement avec certains jihadistes comme s'il les connaissait. Certains lui apportent thé et lait, et restent parfois à converser longuement avec lui.

Il s'appelle Imran, il est de Kidal. C'est là qu'il a été arrêté. C'est un contrebandier qui trafique cigarettes et haschisch. Abdollah et lui sont amis depuis l'enfance. Il connaît parfaitement cette partie nord du pays, le Niger, et dit même disposer de contacts à Oubari, en Libye. Quand j'évoque ses liens avec les jihadistes, il confirme et hausse les épaules :

– Des fois, ils sont jihadistes, des fois, autre chose, dit-il simplement.

Sur l'évasion, il se montre confiant. Il a des amis à Tinzaouatène qui pourront nous aider. La difficulté sera d'atteindre cette ville frontalière avec l'Algérie, mais cela ne semble pas l'inquiéter. Il est déterminé. Et surtout, il est chez lui. Il connaît ces zones, parle la langue. C'est quelqu'un d'affable qui se fie à son instinct et sait lire les gens.

Quand je lui demande si nous pouvons faire équipe pour l'évasion, il hoche la tête, mais je sens qu'il pense le contraire. Deux étrangers dans le désert seraient un poids, surtout si les jihadistes nous rattrapent. Avant qu'il ne reparte avec la nourriture que nous lui donnons, je tente une dernière chose :

– Si nous ne partons pas ensemble, pourrais-tu, une fois dans une ville, Tinzaouatène ou ailleurs, prévenir les autorités ou quelqu'un d'influent ? Leur dire que tu as été en contact avec les otages français et sud-africain, que tu connais notre position ?

Il acquiesce en me regardant dans les yeux, puis nous demande d'effacer ses traces avant de s'éloigner silencieusement dans la nuit.

Le lendemain, je commence à former Gert aux techniques d'interview. Pas besoin de lui apprendre à poser des questions, mais plutôt à rebondir sur les réponses, à creuser quand quelque chose d'important surgit.

– Qui, quoi, quand, où, comment, pourquoi ! Si on te dit qu'untel est influent, demande pourquoi, depuis quand. Si on mentionne un lieu, cherche à savoir qui y va, pourquoi, ce qui s'y passe. L'important est d'évaluer l'information reçue, de la confronter à ce qu'on sait déjà.

Gert écoute attentivement, pose des questions pertinentes. Je sens qu'il commence à comprendre l'importance de cette approche méthodique.

Deux jours après la visite d'Imran, une agitation inhabituelle secoue le camp. Les jihadistes font des allers-retours précipités entre leur abri et ceux d'Abdollah et Imran. Les deux prisonniers ne sont plus là, ils se sont évadés dans la nuit. Le plus âgé de nos gardiens saisit son fusil et part sur leurs traces, sa silhouette disparaît bientôt entre les arbres. Les radios grésillent, les échanges s'intensifient. Nous sommes nerveux, tentant d'obtenir des informations auprès de nos gardiens. « Ont-ils réussi ? » La question nous obsède, mêlée d'une certaine amertume : ils sont partis sans nous prévenir, sans nous inclure dans leur plan.

Peu avant midi, un pick-up arrive. À l'arrière, trois personnes dont deux enchaînées. Gert les reconnaît aussitôt : Imran et Abdollah. Rattrapés. Ils sont débarqués sans ménagement. La colère des gardes est palpable, les deux fugitifs passent un sale quart d'heure. Leurs chaînes sont raccourcies, leur nourriture rationnée. Imran est déplacé encore plus loin dans le bois, on l'aperçoit à peine, désormais.

Une chape de plomb s'abat sur le camp. Leur échec est comme un miroir de notre propre situation. Si eux n'ont pas réussi – eux qui connaissent le terrain, la langue, qui ont des contacts – quelles sont nos chances ? Je sens quelque chose se briser en moi. Cette flamme qui me poussait vers l'évasion vacille, comme soufflée par la réalité brutale de notre condition. Le désert, les jihadistes, les distances… le temps. Tout me semble soudain insurmontable. Pour la première fois depuis ma captivité, je commence à douter sérieusement de mes capacités à m'échapper d'ici.

À la suite de leur échec, nous les rebaptisons « Failure One » et « Failure Two ». Le camp s'enfonce dans une période de flottement. Les jours qui suivent sont marqués par une morosité pesante, comme si l'échec de leur évasion avait aspiré tout espoir.

Par signes, Failure Two nous raconte leur tentative. Sa nouvelle chaîne, plus courte et attachée à l'arbre, l'oblige à rester courbé, rendant la communication plus difficile. Leur plan était simple : marcher jusqu'à trouver un véhicule. Mais dans le désert, les distances sont trompeuses. La matinée les a trouvés errant sans but, jusqu'à ce que le pick-up des jihadistes les repère. Impression de déjà-vu.

Ce matin-là, les nouvelles s'enchaînent à la radio. Sophie Pétronin, l'ex-otage française libérée un peu plus d'un an plus tôt, est retournée au Mali par la frontière sénégalaise. La gendarmerie la recherche. Trois ressortissants chinois, enlevés dans le sud-ouest du Mali en juillet par des jihadistes, viennent d'être libérés, annonce la présidence à Bamako. Et puis cette date : il y a huit ans jour pour jour, Ghislaine Dupont et Claude Verlon étaient assassinés à Kidal.

Je partage ces informations avec Gert. La nouvelle des Chinois libérés nous donne un bref espoir. Mais c'est l'histoire de Sophie Pétronin qui intrigue le plus nos gardiens quand nous les questionnons, ils la croyaient morte du Covid. L'un d'eux nous apprend qu'elle est passée par ce camp, y est restée quelques mois. Il nous désigne l'arbre où elle était attachée. Il parle d'elle avec une certaine considération, l'appelant Maryam.

Enhardi par leur ouverture, je tente d'en savoir plus sur l'assassinat de Ghislaine et Claude. Ibrahim, un jihadiste à barbe blanche d'une cinquantaine d'années – celui-là même qui a pisté Failure One et Failure Two – se contente de répondre « kashifa » puis de mimer une exécution. Quand je mentionne Hamadi Ag Mohamed, le dernier ravisseur vivant, qui reste introuvable, il secoue la tête. Il ne connaît qu'un Baye Ag Mohamed, dit-il.

Les questions sur l'assassinat de Ghislaine et Claude restent sans réponse, mais un autre prisonnier pourrait peut-être nous éclairer. Kassim est originaire de Kidal, il connaît bien la région et ses acteurs. Je demande à Gert d'aller le voir.

Cette nuit-là, Gert enfile les chaussons des sables alors que le camp est plongé dans l'obscurité.

À son retour, Gert me détaille sa conversation avec Kassim. Il a vécu au Maghreb avant de revenir à Kidal. Il a des relations haut placées parmi les cadres jihadistes, ce qui explique son recrutement par Barkhane. Le prisonnier lui a expliqué son travail pour la force française : sa mission consistait à signaler des positions, à renseigner Barkhane sur ses relations. Il devait aussi allumer son téléphone en présence des moudjahidines pour permettre leur détection par les drones.

– Il a l'air résigné, murmure Gert. Il m'a parlé de sa famille. Il dit qu'il préfère attendre, purger sa peine, quelle qu'elle soit.

Un matin, un pick-up s'arrête près de notre abri. Samsung, l'un des Filthy Twelve rencontrés dans les sables, en descend avec trois autres jihadistes, le teint hâlé par plusieurs jours passés en brousse. L'un d'eux, Housseyni, parle parfaitement français. C'est lui qui avait apporté des médicaments à Gert après qu'on lui ait tiré dessus.

– Comment vas-tu ? me demande Samsung avec son éternel air narquois.

Sans attendre ma réponse, il enchaîne sur la religion. Son sourire s'élargit quand il affirme :

– Tu vas te convertir, inchallah. Tu deviendras un bon musulman.

Il me tend un livre enveloppé dans un tissu. À l'intérieur, un Coran à la couverture rouge – sa première partie avec les trente-cinq premières sourates.

– Je reviendrai quand tu l'auras lu, dit-il. Nous en parlerons.

Sa certitude me surprend. Pour lui, ma conversion semble déjà acquise, comme une évidence.

Samsung m'explique les règles : ne jamais poser le livre au sol, toujours le garder au-dessus de moi, me laver avant de le toucher. Je l'écoute attentivement. Ce livre, je vais le lire. Pour m'occuper certes, mais surtout pour comprendre. Comprendre ce qui motive leurs actes, si leurs actions trouvent vraiment leur justification dans ces pages ou si ce n'est que leur interprétation.

Avant de repartir, ils font monter Kassim dans leur pick-up. Nous les regardons disparaître dans un nuage de poussière, sans comprendre pourquoi ils l'emmènent.

Je commence à lire le Coran chaque jour, quelques pages à la fois. Ce qui me frappe d'abord, c'est le ton. J'ai l'impression que le prophète Mahomet semble constamment déplorer l'incrédulité des gens. Chaque sourate revient sur ce thème, comme une frustration permanente face à ceux qui ne croient pas. Les versets alternent entre promesses de paradis pour les croyants et menaces de châtiments pour les autres.

Le texte est direct, sans détour. Les descriptions du jugement dernier sont précises, imagées. Le paradis est décrit comme un jardin verdoyant avec des rivières qui coulent, une image qui doit particulièrement résonner chez des hommes vivant dans le désert.

Cette lecture m'absorbe plus que je ne l'aurais imaginé. Non pas que je sois convaincu, mais je commence à entrevoir leur dogme religieux, à comprendre ce qui guide leurs actes.

Kassim est revenu au camp. Deux jours d'absence, et le voilà de nouveau dans son abri. Je demande à Gert d'aller le voir cette nuit, de comprendre ce qui s'est passé pendant ces quarante-huit heures.

À la nuit, Gert se rend à l'abri de Kassim. À son retour, j'apprends que Kassim a été emmené dans un autre campement de jihadistes où il a été interrogé pendant deux jours. Il ne veut pas s'étendre sur ce qui s'est passé là-bas, ou peut-être Gert n'a-t-il pas tout compris. Une chose est sûre : Gert perçoit un changement chez lui. Kassim semble encore plus résigné qu'avant, comme si quelque chose s'était brisé pendant ces quarante-huit heures d'absence.

Un nouveau groupe de quatre moudjahidines arrive pour nous garder. Parmi eux, Abou Khalid et son jeune cousin Idriss, un adolescent qui ne doit pas avoir plus de quinze ans. Abou Khalid passe nous voir tous les matins, échange quelques mots avec Gert. Il me surprend un jour en train de lire le Coran. Son visage s'illumine. Il manipule le livre avec une infinie précaution, comme un objet précieux, me proposant de m'aider à comprendre certains passages.

Au fil des discussions, Abou Khalid nous parle de son passé. En 2012, il participait à l'insurrection touarègue. Mais l'année suivante, il a choisi de rejoindre le JNIM, considérant que les rebelles n'étaient pas « le camp de la vérité ». Il se dit cousin d'Ibrahim Ag Bahanga, un chef rebelle et leader touareg réputé, mort dans un accident de voiture dans le désert du Tamesna, en 2011.

– J'ai même pris l'avion pour l'Algérie avec lui et une personnalité politique algérienne, raconte-t-il avec une pointe de fierté.

Je suggère à Gert de lui poser des questions sur son transfert de Libye au Mali pour atterrir dans les mains d'Al-Qaïda. C'est ainsi que nous apprenons que Gert a « bien été vendu » par les membres de la mafia libyenne au JNIM.

Cette information sur la vente de Gert me perturbe. Je l'observe pendant qu'Abou Khalid parle. Son visage s'est fermé. Lui qui pensait avoir été simplement transféré d'un groupe à un autre découvre qu'il a fait l'objet d'une transaction, comme une marchandise.

– *They sold me like a piece of meat*[11], murmure-t-il plus tard dans la pénombre.

Les nuits de décembre sont glaciales. Chaque matin, notre première tâche est d'allumer un feu pour nous réchauffer. Malgré le froid mordant, je m'obstine à maintenir ma routine d'exercices physiques. C'est pendant une de ces séances matinales que je ressens une douleur sous l'aisselle. Je choisis de l'ignorer, de la ranger dans un coin de ma tête avec toutes les petites misères du quotidien.

La douleur persiste plusieurs jours, lancinante, jusqu'à devenir préoccupante. Je finis par céder et m'empare d'un morceau de miroir ébréché pour examiner ce que je pensais être un simple bouton. Ce que je découvre me sidère : la moitié du corps d'un insecte dépasse de ma peau, sous l'aisselle, ses pattes s'agitent dans l'air. La créature a foré à l'intérieur de ma chair et se nourrit de mon sang depuis des jours. Elle est profondément enfoncée.

Je n'ose pas l'extraire moi-même. Je montre ma découverte à Gert qui, en tant qu'ancien paramédic, a vu bien pire. Sans hésiter, d'un geste bref et sec qui m'arrache un cri de douleur, il extrait l'insecte. Par chance, la tête vient avec. Gert m'explique que si elle était restée à l'intérieur, elle aurait pourri et provoqué une infection.

Le froid change notre quotidien. Les douches, déjà espacées, deviennent une épreuve. Qui a envie de se déshabiller et s'asperger d'eau glacée ? Nous repoussons, une fois, deux fois… Pour finir par ne nous laver que tous les dix jours. Les rations sont plus maigres, les ravitaillements s'espacent. Malgré nos efforts en cuisine, nos tentatives d'improvisation avec le peu dont nous disposons, notre ordinaire reste spartiate : du riz, quelques morceaux de viande quand nous avons de la chance. Notre créativité

11. Ils m'ont vendu comme une vulgaire pièce de viande.

culinaire se heurte à la pauvreté des ingrédients. Nos corps accusent le coup.

Puis mon visage commence à se couvrir de boutons. Ils suppurent rapidement, refusent de cicatriser, laissant apparaître une chair rose à vif. Un liquide en suinte en permanence, qui durcit comme du caramel au contact de l'air. Je tente tout : du sel, du dentifrice, du savon, des rinçages à l'eau brûlante. Rien n'y fait. L'infection se propage inexorablement, me défigure peu à peu. Les moudjahidines me regardent avec un mélange de surprise et d'incompréhension. Gert, lui, est épargné. Je me demande si ce n'est pas ce tube de baume à lèvres déterré récemment qui est en cause. Le froid nous gerce les lèvres, les mains, la peau et les fend, j'ai voulu les hydrater… Peut-être était-il contaminé.

Mon moral décline avec mon état physique. Je commence à me demander si cette maladie ne va pas avoir raison de moi. Les moudjahidines finissent par appeler à la radio pour réclamer des médicaments – Gert en a aussi besoin, ses pilules pour le diabète s'épuisent. On nous promet des antibiotiques dans quatre jours. Il faudra en réalité quinze jours pour qu'ils arrivent et commencent, progressivement, à vaincre mon infection.

Entre nos séances près du feu et nos maigres repas, nous constatons que Failure One et Failure Two ont repris leurs échanges. Aux heures où la vigilance des moudjahidines faiblit, ils communiquent par signes. Depuis la gauche de notre abri, nous pouvons mieux les observer. Leurs conversations semblent avoir un but précis, mais impossible d'en saisir la teneur.

C'est dans cette atmosphère qu'un incident aussi absurde que révélateur survient. Un après-midi, alors que nous décidons avec Gert de nous offrir un petit luxe en préparant du caramel, un nouveau garde fait son apparition. Il fait partie d'un groupe arrivé depuis quelques jours, et s'est déjà illustré par sa… disons, sa singulière naïveté. Me voyant racler avec ma cuillère le caramel qui commence à coaguler, il s'approche, intrigué. D'un geste de tête, il m'interroge sur le contenu de la casserole. Par pure espièglerie, je lui réponds que c'est du caca et que je vais me régaler, persuadé qu'il saisira l'humour de la situation.

Mais son regard se charge d'un dégoût viscéral. Quelques minutes plus tard, il revient, flanqué de son chef. Ce dernier me fixe avec une répulsion non dissimulée, se tenant à distance respectueuse de ce *kāfir* manifestement dément. Il s'adresse à Gert, comme si j'étais devenu radioactif :

– Qu'est-ce qu'il y a dans sa casserole, au Français ?

– Du caramel, répond simplement Gert.

Le chef se dresse sur la pointe des pieds, tendant le cou pour vérifier le contenu du récipient, tout en maintenant une distance de sécurité prudente. Rassuré, il s'éloigne, suivi de son subordonné qui continue de gesticuler, tentant visiblement de le convaincre de l'immonde festin auquel il vient d'assister.

Gert et moi explosons de rire. L'idée que ce garde puisse croire les *kouffar* français capables de manger leurs propres excréments avec délectation en dit long sur l'image qu'ils se font de nous. Plus tard, quand Gert va chercher de l'eau, le même moudjahidine s'approche furtivement de lui et murmure :

– Le Français, c'est bien de la merde qu'il mangeait, n'est-ce pas ?

Avec ce froid j'intensifie mes entraînements. Je détourne les lourdes chaînes qui entravent Gert la nuit, les transformant en équipement de musculation. Attachées autour de mon cou et sous mes bras, comme un holster improvisé, elles alourdissent chaque mouvement, exigent plus d'endurance. Cette résistance supplémentaire me fait progresser rapidement. Mes séances d'entraînement attirent l'attention d'un certain Kamal. Il dirige le nouveau groupe de moudjahidines et passe beaucoup de temps à discuter avec Failure One, visiblement ils se connaissent. Kamal veut apprendre mes techniques de combat. Je refuse, mais cela ne l'empêche pas de venir chaque matin avec deux acolytes, et d'imiter mes mouvements à distance.

Parmi eux, Abou Rhissa nous offre un spectacle involontaire qui égaye nos journées. Il se rêve en combattant aguerri, collectionneur passionné d'équipement militaire. La réalité est moins flatteuse : son embonpoint se débat dans un boubou militaire manifestement trop étroit. Le vêtement, rafistolé avec des pièces de tissu camouflage dépareillées, donne l'impression d'une carte militaire improvisée sur son ventre proéminent. Difficile d'imaginer ce personnage tenant plus de cinq minutes un véritable entraînement militaire.

C'est pendant une de mes séances que je fais une découverte inattendue : l'écrou qui serre ma chaîne autour de mes chevilles s'est progressivement desserré. Je peux, comme Gert, me libérer le soir.

Depuis plusieurs jours, les signes sont évidents, une nouvelle tentative d'évasion se prépare, j'en suis certain. Failure One et Failure Two ont intensifié leurs communications discrètes. Maintenant que je peux me libérer de mes chaînes, je veux en avoir le cœur net. Nous faisons passer un message à Failure Two, pour son camarade : ce sera pour ce soir.

Cette nuit, pour la première fois ensemble, nous rendons visite à Failure One dans son nouvel abri éloigné. Nos chaussons des sables aux pieds, nous nous glissons hors de notre tente comme deux ombres. La Lune est à peine visible, une chance pour nous. Je suis Gert qui connaît déjà le chemin. Malgré le froid mordant, l'adrénaline nous rend insensibles aux éléments.

Gert s'arrête, lève la main. Par signes, il m'indique la position des gardes. Nous faisons un large détour, nous faufilant entre les dunes, puis à travers les hautes herbes. Arrive la partie la plus délicate : une longue portion de terrain découvert. Nous nous plaquons au sol, progressant en rampant presque, aussi bas que possible.

Failure One sursaute quand nous apparaissons devant son abri. Ses yeux s'écarquillent en découvrant nos chaussons artisanaux. Il en prend un dans ses mains, siffle doucement : « Ingénieux… »

Une quinte de toux l'interrompt. Il est manifestement malade, le froid l'a saisi. Dans l'obscurité, nous parlons à voix basse. Il nous raconte leur tentative d'évasion ratée, insiste sur le fait qu'ils n'ont croisé personne pendant leur fuite, personne à qui signaler notre présence.

– Dans quelques jours, on repart, affirme-t-il entre deux quintes de toux.

Je ne peux m'empêcher d'en douter.

*

* *

Les jeunes jihadistes discutent parfois de notre « valeur ». Pour moi, ils parient sur 10 millions d'euros. Gert vaudrait 5 millions. Au pire, selon eux, l'échange aura lieu contre certains de leurs prisonniers détenus dans les prisons sahéliennes.

Entre ces moments d'échanges singuliers, l'attente est interminable. Ma radio, ma seule porte vers le monde extérieur, est dans un état lamentable. Je dois la bricoler sans cesse pour qu'elle continue de fonctionner, avec une gymnastique quotidienne de plus en plus complexe. Un des jihadistes tente de la réparer, mais je vis dans la crainte de la perdre définitivement.

Pour rompre la monotonie, un matin, je décide de faire des donuts. Avec de la farine, de la levure, de l'huile et de la poudre de lait, je prépare la pâte. Un bouchon de bouteille me sert à faire le trou caractéristique. Nous en faisons une vingtaine avec Gert, saupoudrés de sucre et suspendus aux branches pour refroidir. Les jihadistes défilent, intrigués qu'on puisse produire ce genre de choses dans ce contexte. Certains, timidement ou en cachette, nous en demandent un. Idriss, le petit-cousin d'Abou Khalid, lui, n'hésite pas à goûter cette nourriture de *kouffar*. Nous le convainquons de distribuer notre surplus aux autres prisonniers, espérant secrètement que ce geste facilitera d'éventuels échanges d'informations.

Les nuits sont particulièrement éprouvantes. Lors d'un orage, alors que je réajuste ma couverture, une douleur fulgurante me traverse la main. Un scorpion ! La brûlure me glace lentement le bras, remontant progressivement jusqu'à mon épaule. Gert m'avait dit que si ça atteint le cœur, c'est la fin. Je reste éveillé jusqu'au matin, à suivre la progression du venin dans mon corps. Il ne va pas plus loin. La douleur mettra quatre jours à s'estomper complètement.

J'oublie le venin glacé qui me dévore le bras, allongé dans la nuit glaciale, en écoutant RFI. Après le journal du soir, j'entends l'annonce : l'émission Couleurs Tropicales, présentée par Claudy Siar, me sera consacrée, avec Déborah, des témoignages de mes proches, des musiques que j'aime. Emmitouflé, la radio serrée contre mes oreilles dans la vague de froid qui s'est abattue sur le *wadi*, cette émission réchauffe mon cœur et ravive mon espoir.

Quelques jours plus tard, au matin, un pick-up arrive. Abou Ridjana est là, sans son mode juke-box. Pour la première fois en sept mois, il retire la chaîne autour de ma cheville qui me relie à la jante de camion. Nous sommes le 2 février 2022. Après quatre mois dans cette prison dans les bois, nous partons avec Talha et un certain Abou Oubari vers une destination inconnue.

11

Tribulations d'otages

Son visage est réel, mais tout le reste semble dessiné à la main par un enfant. On le devine à genoux. Une fine moustache, une barbe courte sous le menton. Dans ses yeux cernés, la fatigue se mêle à une étrange sérénité tandis que sa voix tremblante confesse. Il parle de ses trahisons, de ce fardeau qui l'écrasait chaque jour un peu plus. La douleur de mentir à Allah, le poids insupportable de ses actes commis sous Son regard. Pas de larmes, juste le soulagement palpable de celui qui peut enfin avouer ses péchés, s'en libérer. Derrière lui, seul le pantalon treillis du bourreau est visible, et le long canon noir qui attend.

La détonation claque. Le corps s'affaisse dans le sable. Sur son visage, un dernier sourire semble flotter, comme si la mort l'avait enfin délivré. Je détourne le regard, la nausée me submerge. Ce qui me trouble le plus n'est pas tant la violence de la scène que cette acceptation presque sereine de la mort, cette conviction absolue qui transpire de ses dernières confessions. Pour la première fois, je sens mes repères vaciller. Et si Dieu était vraiment là ? Des questions dérangeantes m'assaillent. Cette foi inébranlable jusque dans la mort me perturbe plus que je ne voudrais l'admettre. Je me lève brusquement et m'éloigne.

– Zeitoun, Zeitoun, reviens ! Il y en a d'autres !

Mais je m'éloigne déjà vers mon abri, bouleversé par ce témoignage qui ébranle mes certitudes. Cette vidéo laissera en moi une trace plus profonde que toutes celles que je verrai pendant ma captivité.

Ces vidéos font partie de leur quotidien. Talha, Nourredine et Abdulwaha, les jeunes moudjahidines qui nous gardent dans cet espace dissimulé sous les arbres, sont comme tous les jeunes de leur âge : accrochés à leur téléphone, même s'il reste toujours en mode avion. Ils se les passent entre eux, les regardent en boucle, les commentent. Leur fascination pour ces images me glace. Ils n'ont aucun recul critique – comment pourraient-ils en avoir ? La plupart n'ont jamais été scolarisés, et ces vidéos constituent leur seule fenêtre sur le monde. Pour eux, c'est la vérité absolue.

Leur vision de l'histoire est tout aussi simpliste. Un jour, Nourredine et Talha regardent un documentaire sur la prise de Paris par les nazis. Je leur demande ce qu'ils en pensent.

– C'est vraiment très bon ! s'exclame Nourredine.

Étonné, je l'interroge sur les raisons de son enthousiasme.

– Parce que les Allemands, ils tuent les Français.

Sa réponse me laisse sans voix. Je m'apprête à lui expliquer qu'Hitler aurait fait subir le même sort aux Touaregs, mais je me tais. Le fossé est trop grand.

Après quatre heures de route vers l'ouest, le paysage a changé. Nous voici de retour dans la zone d'El-Mahmoud. Nous avons fait halte dans une poche arborée proche de grandes carrières, où d'immenses rochers arrondis surgissent du sol comme des géants de pierre. La végétation plus dense offre une meilleure protection. J'ai retrouvé ma liberté de mouvement, je ne suis plus enchaîné que le soir. Je me suis refait une réputation.

Leur chef est passé hier. Un homme grand, la cinquantaine, que j'ai d'abord pris pour l'émir du JNIM, Iyad Ag Ghaly lui-même. La ressemblance est frappante : même haute stature imposante, même longue barbe poivre et sel et – détail qui m'a fait sourire – un perfecto de cuir noir qui aurait fait pâlir de jalousie Elvis Presley en personne. Ils l'appellent Sidi Mohamed. En sa présence, les jeunes deviennent dociles, attentifs. Tout en lui respire l'autorité, une force tranquille qui n'a pas besoin d'élever la voix pour se faire respecter. Pour l'instant, il s'est montré correct avec nous. Il a apporté de l'eau, échangé quelques mots, puis est reparti dans son pick-up.

Le soir, j'ai désormais un rituel. Début janvier 2022, sur RFI, Déborah m'a donné rendez-vous chaque jour à 17 h 30, face au soleil couchant. À la même heure, nous pensons l'un à l'autre. Ces quelques minutes sont devenues mon refuge. Mes geôliers raillent cette habitude, mais peu m'importe. Je m'assieds face à l'horizon, la lumière déclinante réchauffant mon visage. À travers cette connexion solaire, je lui parle, lui raconte ma journée, les vicissitudes de la captivité, mes états d'âme, mes espoirs, mes peurs, avant d'être enchaîné pour la nuit. Parfois, je ferme les yeux et j'imagine son visage, son sourire, le son de sa voix. Je nous revois dans notre cuisine à Bamako, préparant le dîner pendant que les enfants jouent dans le salon. Le soleil est l'un des seuls traits d'union qui me relient encore au monde d'où je viens et à ceux que j'aime. Ces instants suspendus sont devenus vitaux, un point focal dans cette vie d'otage, un moment où je peux être pleinement moi-même et laisser tomber le masque que je porte face à mes geôliers.

J'ai reçu une réponse à ma lettre, mais Gert attend toujours la sienne. Nous ne comprenons pas ce silence. Je l'encourage à patienter tout en partageant son inquiétude.

Voilà des mois que je suis captif du JNIM et j'ai l'impression que ma vie d'avant s'efface progressivement, remplacée par cette existence en brousse. Parfois, j'ai du mal à me souvenir du prénom d'un cousin, d'un collègue. C'est comme si mon esprit avait rangé ce qui avait été ma vie dans une petite boîte pour me permettre de m'adapter à cette nouvelle donne. On s'habitue aux hommes, à leurs manières rustres, aux conditions de vie, aux armes, aux coups de feu, à la violence inhérente à ce type de situation. Mais ce qui fait toujours peur, la chose à laquelle on ne s'habitue pas, c'est l'inconnu. Ne pas savoir ce qui va se passer dans une heure, un jour, un mois. Ne pas savoir où on met les pieds. Ne pas savoir si ce jihadiste au regard noir qui vient vers vous n'a pas reçu l'ordre de vous tuer.

L'évasion n'est plus une option viable, j'y ai renoncé. L'échec d'Abdollah et Imran a eu sur moi un impact plus profond que je ne voulais l'admettre. Je n'ai plus de projets d'évasion, pour l'instant. Les chances sont trop minces et il me faudrait mieux connaître le terrain, mieux les connaître eux. Et alors seulement, je pourrais recommencer et réussir. En attendant, il me faut trouver une autre porte de sortie.

Un matin, le vrombissement d'un drone brise la quiétude de notre déjeuner. L'appareil est juste au-dessus de nous, invisible, mais omniprésent. Talha, qui était revenu au camp plus tôt dans la matinée pour relever un de ses compagnons, bondit vers la radio. Après un bref échange, il nous ordonne de ne prendre que le strict nécessaire. Nous devons partir sur-le-champ. Dans la précipitation, nous attrapons un peu de nourriture, une couverture, notre natte, nos bidons d'eau et la radio.

Les motos démarrent en trombe. Je grimpe derrière Talha, tandis que Gert part avec Abdulwaha. Nous filons à vive allure, Talha scrute le ciel avec anxiété tandis que nous traversons des taillis dont les branches nous lacèrent les bras et les jambes. À deux reprises, Talha s'arrête brutalement, m'ordonne de descendre, puis disparaît dans un nuage de poussière. Seul en pleine brousse, je fixe le chemin qui serpente entre les arbres, promesse de liberté tentatrice. Mais où fuir, dans cette immensité hostile ?

Il revient à chaque fois, zigzaguant entre les arbres pour semer la surveillance aérienne. Son visage s'est transformé. Le jeune homme aux manières décontractées a disparu, remplacé par un masque dur et inflexible. Nous ne repartons que lorsqu'il juge les cieux plus cléments.

Malgré l'urgence, il s'arrête encore soudainement sans explication. Au milieu de ce no man's land, il s'agenouille face à La Mecque pour sa prière.

– Guette les autres, me lance-t-il.

Dans le lointain, un nuage de poussière signale l'arrivée de cinq motos. Je reconnais de loin Sidi Mohamed, Housseyni, Trenchcoat, et plus loin, Nourredine avec Gert, suivi d'Abdulwaha chargé de notre équipement. Nous repartons à moto et les rejoignons.

Tout s'enchaîne alors à une vitesse vertigineuse. On nous fait changer de moto. Je me retrouve derrière Trenchcoat, Gert avec Housseyni. Les moteurs rugissent et nous démarrons en trombe, laissant derrière nous Talha, Nourredine et Sidi Mohamed engloutis dans un nuage de poussière.

La course est effrénée. Trenchcoat pilote comme s'il participait à un rallye, avalant les pistes cahoteuses à une vitesse folle. L'odeur âcre de l'essence se mêle à celle de la poussière qui s'infiltre partout, jusque dans ma bouche. À chaque virage, je m'imagine éjecté, mon corps désarticulé rebondissant comme un pantin dans les cailloux et le sable. Par trois fois, nous perdons de vue Gert et les autres dans les nuages ocre qui nous enveloppent. Mes mains sont crispées sous la selle de la moto jusqu'à en avoir les jointures blanches. Mon corps encaisse violemment chaque bosse, mes dents claquent sous les impacts. Le paysage défile dans un flou de terre et de végétation rase, tandis que le vent brûlant fouette mon visage.

Le soir tombe quand nous atteignons enfin une vallée sablonneuse. Le sable y est immaculé, il semble n'avoir jamais été foulé par l'homme. Fourbus et courbaturés, nous nous installons dans ce campement provisoire. Housseyni s'approche de nous. Il semble plus éduqué que les autres et engage la conversation. À ma grande surprise, il me parle de Michel Onfray, qu'il apprécie pour sa compréhension du jihad et qui leur reconnaît une certaine légitimité dans leur action.

– Chaque jihadiste apporte ce qu'il peut, m'explique-t-il quand je l'interroge sur leur organisation. Fort, faible, petit, grand, jeune, vieux… L'important n'est pas là. C'est de contribuer selon ses moyens au grand projet.

La nuit nous enveloppe quand un pick-up nous rejoint, transportant trois nouveaux jihadistes dont les visages restent dissimulés dans l'obscurité. Ils dînent tranquillement, la tension semble derrière nous. Cette nuit, nous dormons ici, dans ce lieu sans nom, en attendant de savoir ce que demain nous réserve.

*

* *

Brazimba a une lueur étrange dans le regard. Ce moudjahidine au teint basané et au physique noueux porte une longue chevelure bouclée noire, presque sauvage, couronnée d'un bonnet de laine qui lui donne un air excentrique, un peu fou. La première fois que je l'ai vu, je me suis demandé s'il était rasta. C'est un original, il dégage quelque chose d'indéfinissable. Il se débrouille en français. Au début, il a gardé ses distances. Puis, petit à petit, il commence à nous parler. Il est changeant, tantôt affable, tantôt glacial. Je m'en méfie. Un jour, il est venu confier à Gert à voix basse une de ses préoccupations : il a des problèmes d'érection et veut savoir ce qu'il peut faire. Nous sommes surpris.

Farouk et Abou Mossa, nos deux autres gardiens, appartiennent à la même famille. Ils sont corrects. Ils semblent très complices. Abou Moussa doit avoir 18 ou 19 ans. Il passe ses journées à étudier le Coran.

Nous avons installé notre campement dans le lit d'une ancienne rivière, sous des sortes de saules pleureurs du désert aux longues branches épineuses. J'ai aménagé un toit de hautes herbes pour nous protéger du soleil, car au début, nous devions bouger en fonction de sa position.

Le matin, alors que je m'entraîne sous le regard soupçonneux de Brazimba, les mouches deviennent insupportables. Elles s'infiltrent dans mes yeux, ma bouche, mon nez et mes oreilles, attirées par la chaleur de mon corps et ma transpiration. Finalement, je finis par m'enturbanner et me masquer avec mon chèche, tout en portant des lunettes de soleil.

Les jours passent, la routine s'installe à nouveau, je guette le 8 de chaque mois pour pouvoir enfin écouter les messages de mes proches à la radio, et je prends quotidiennement le pouls du monde. Les nouvelles scandent le temps, et sont des balises dans le jour sans fin de cette détention.

Le 24 février, la radio annonce le début de la guerre en Ukraine, la veille de l'anniversaire de ma petite sœur, Canèle.

Ce même jour, dans la soirée, un vieil homme décati est arrivé. Il vient renforcer le petit groupe de gardiens pour quelques jours. Il doit avoir une bonne soixantaine d'années.

– Papi vient faire de la garde, me souffle Gert ironiquement.

Un boulot qui devrait lui amener un complément d'argent substantiel. Tous ceux qui participent à la captivité des étrangers perçoivent une partie de la rançon. Pour l'instant, cette perspective nous semble bien lointaine.

Les visites régulières de Brazimba nous agacent. Un jour, il veut parler religion avec nous. Son regard devient fou quand nous sommes en désaccord. Il a une réaction puérile pour nous empêcher d'argumenter, tirant la langue et secouant la tête comme un gamin. Ce type a un grain. À un moment, il me demande d'aller camoufler la citerne d'eau de 1 000 litres avec des branches et des herbes pour qu'elle ne soit pas repérable. J'ai l'impression qu'il veut que je fasse son travail, mais je ne suis pas aussi désireux que lui de nous soustraire à la vue des drones. Je hoche la tête, mais je ne fais rien. Excédé, il tourne les talons sans un mot et je le vois, sous le soleil, suer en coupant des branches et des herbes à la hache. Je pense qu'il m'en veut de ne pas l'avoir aidé, et nos relations se tendent à partir de ce moment. Il cherche à me provoquer et me demande des nouvelles de ma fille, insinuant que je devrais la lui présenter, qu'elle doit être bonne à marier. Surtout rester calme, ne pas se laisser emporter.

Arrive enfin le 8 mars, mon rendez-vous mensuel. Je suis suspendu à la radio dès 5 heures du matin. La veille, j'ai été stupéfait d'entendre que mon portrait géant avait été projeté sur le Panthéon. J'ai déjà écouté les messages de mes proches, mais je tente de les réentendre à chaque édition du journal de RFI. Après mon entraînement, je rallume la radio tandis que Gert prépare le thé. La voix de mon père se détache dans l'air frais du matin :

« *Olivier, cela fait onze mois que ton calvaire se prolonge. Ce moyen unique de communication que j'ai m'apporte une certaine consolation. Je pense et je souhaite que tu te portes le mieux possible et que tu nous reviennes rapidement…* »

La voix forte, moqueuse, de Brazimba s'élève, couvrant le son du transistor. Il se met à singer la voix de mon père, à se moquer des messages qui me sont destinés. Il me cherche. Je l'ignore, mais je ne parviens plus à entendre, la voix insidieuse du moudjahidine et ses railleries couvrant le son de la radio. La colère monte en moi. Je décide de me lever et d'aller vers mon couchage, qui est un peu plus loin dans sa direction. Il est surpris que je m'approche. Mon regard se durcit à chacun de mes pas et n'augure rien de bon. Au lieu de m'arrêter devant ma natte comme prévu, je continue, comme téléguidé, et vais droit vers lui. Abou Mossa observe attentivement la scène.

La colère bouillonne en moi, exacerbée par des jours de provocations. Je le fixe dans les yeux :

– Qu'est-ce que tu as dit sur mon père ?

L'atmosphère est électrique, le genre de moment où tout ne tient qu'à un fil, où un rien peut tout faire basculer.

– Ton père, il n'est rien ! C'est un *kāfir*, il est comme toi, c'est un CON !

En disant ce dernier mot, il me regarde avec un intérêt sadique, guette ma réaction, comme s'il voulait me pousser à la faute. D'un geste dédaigneux, il m'ordonne de rebrousser chemin. Je ne bouge pas. Il réitère son ordre. Abou Mossa absorbe la scène en silence, hypnotisé. Je reste immobile. Il pousse un juron en tamacheq, se dirige vers son abri et en revient avec sa kalachnikov. Il arme sèchement le fusil et me braque.

– RECULE ! hurle-t-il.

Je tombe à genoux. Il est surpris.

– Tu veux me tuer ? Vas-y, vas-y, VAS-Y !

Le coup part. Tout semble se dérouler au ralenti. Je sens l'air vibrer à mes côtés tandis que la balle s'enfonce dans le sable à quelques centimètres de moi. Je suis paralysé. La détonation résonne encore dans mes oreilles, quand je comprends ce qu'il vient de se passer. Le son et la conscience de mon environnement s'abattent d'un coup sur moi.

– RECULE !

Hébété, je me lève. D'un pas titubant, je retourne lentement vers Gert et m'effondre à côté de lui, peinant à réaliser. La chair de poule recouvre ma peau. Je tremble, incapable de contrôler mon corps. L'imminence de la mort, le fait de l'avoir frôlée de si près me submerge. Gert garde le silence, il a tout vu, il doit aussi encaisser à sa façon. Nous restons un moment immobiles. Revenant petit à petit à moi, je tourne la tête vers Brazimba, qui semble content de ce qu'il a provoqué.

– Tu es fou ! je lui lance. T'es un taré ! je poursuis, la voix étranglée par les trémolos.

Gert me conseille de laisser tomber, et il a raison.

Une vingtaine de minutes plus tard, Trenchcoat déboule à moto, drapé dans son imper gris. Il s'entretient longuement avec Brazimba qui semble avoir beaucoup de choses à lui dire. Puis il se lève et repart en trombe. Brazimba, un sourire narquois aux lèvres, saisit mes chaînes et me lie par la cheville à un arbre. Il a dû lui dire que j'ai tenté de l'agresser. Je suis de nouveau enchaîné pour une durée indéterminée.

Le lendemain, Gert et moi sommes séparés. Cela inaugure le début des sanctions. Il est envoyé de l'autre côté du *wadi*, près de l'abri des jihadistes. Je ne le vois désormais que quand il vient demander de la nourriture ou autre chose à nos geôliers. Je refuse de manger, me contente de boire de l'eau et du lait. Je vois que cela les inquiète, mais Brazimba s'en moque. Il m'a interdit de m'entraîner le matin, il a compris que c'est important pour moi. Je reste assis ou allongé la plupart du temps, devisant avec moi-même, je ronge mon frein tout en m'évadant dans de multiples scénarios où la violence de mes réactions envers lui est sublimée.

Deux jours plus tard, Moussa, le jihadiste tunisien, arrive au camp à moto. Il est au courant. Il m'explique que Brazimba est un nerveux, qu'il est un peu dérangé. Il veut que nous nous réconciliions, que je lui serre la main. Je le fais de mauvaise grâce. Moussa sort alors des photos de mes enfants qu'il est venu m'apporter. En les regardant sur le papier glacé, malgré mes efforts, je craque et je pleure.

– Nous allons faire une vidéo qui te permettra de leur répondre et de parler aussi à ton gouvernement, dit-il d'une voix calme.

Je frémis. Les vidéos me renvoient à ce statut d'otage, elles ajoutent de l'angoisse et du stress à mes proches déjà bien plongés dans la tourmente.

– À quoi ça va servir ? Ce n'est pas parce que je fais des vidéos que la France va se précipiter pour vous payer.

Il s'anime d'un demi-sourire.

– Nous savons très bien comment ça se passe avec le gouvernement français, ce n'est pas la première fois. Ces messages sont pour ta famille. Ce sont eux qui mettront la pression sur ton gouvernement, répond-il avec certitude.

Nous tournons la vidéo à trois reprises à cause des mouches qui s'invitent durant le speech que je débite. Les photos de mes enfants sont comme un vent de fraîcheur dans cette période de tension. Une vraie vague d'émotions auxquelles je dois faire attention au vu de l'ambiance délétère qui a envahi le camp. Avant qu'il ne reparte, je demande à Moussa si je peux m'exercer le matin. Il accepte. Je décide, contrairement à mes habitudes et au prix d'un grand effort, de ne plus écouter la radio aujourd'hui, et donc les messages de mes proches. Je ne veux pas donner à Brazimba le loisir de me la supprimer juste parce qu'il sent qu'elle est importante pour moi. Le lendemain, quand je fais mine de me lever pour m'entraîner à longueur de chaîne, Brazimba s'y oppose.

– Mais Moussa a dit que je pouvais m'entraîner !

– Moussa, il n'est pas là, assieds-toi !

Je bous intérieurement. Puisque je ne peux pas me déplacer pour m'entraîner, je ferai des exercices sur ma natte. Il me l'interdit aussitôt avec un sourire mauvais. Qu'à cela ne tienne. Je ferai des exercices assis. C'est un jeu de dupes, à qui emmerdera le plus l'autre. Il est doué, mais moi aussi : quand il m'apporte une assiette de nourriture, je le laisse la déposer devant moi sur le sol, l'ignorant avec nonchalance, puis il retourne à son abri. Là, je me lève, saisis l'assiette, me dirige dans leur direction au maximum de la longueur de ma chaîne et lâche l'assiette sur le sable avant de m'en retourner et de m'allonger. Je ne mangerai rien qui vient d'eux.

Le 2 avril marque le début du ramadan et la relève de nos gardes. Brazimba s'en va, emportant avec lui son aura toxique. Une vague de soulagement me traverse, comme si l'air lui-même devenait plus léger. Les nouveaux gardiens arrivent avec le rythme particulier du mois sacré : jeûne le jour, repas la nuit. Sans Brazimba, l'atmosphère devient plus respirable, même si la captivité reste la captivité.

Nous apprendrons plus tard que Brazimba a la réputation d'être instable. Son véhicule aurait été attaqué par les forces françaises, et dans le choc, il aurait été éjecté et serait retombé sur la tête. Les séquelles de cet incident auraient laissé des traces profondes, amplifiant ses comportements erratiques.

Le répit provoqué par son départ n'efface néanmoins pas une réalité indubitable : ici, peu importe les geôliers, tout peut basculer en un instant.

*

* *

Nous sommes arrivés dans ce défilé de pierre monumental, brisé en son milieu par une rivière de sable, il y a moins d'une semaine. Nos nouveaux gardiens, Ramza, Bilal et Omar, ont la vingtaine, des dévots qui ne voient en nous que l'infinie crasse de nos errances spirituelles. Au début, leur chef, que nous n'avons vu qu'une fois, tenait à ce que j'occupe une cache au fin fond d'une cavité où j'avais à peine la place de rester assis, comme Saddam Hussein quand il était en fuite. J'ai simulé une crise de claustrophobie, leur expliquant que je ne supporterais pas cet enfermement. Ils m'ont cru.

Le silence ici est assourdissant, brisé seulement par les gestes du quotidien et le souffle du vent. L'immensité de ces monolithes millénaires qui nous écrasent de leur indifférence souligne l'étroitesse de notre périmètre de liberté. Gert a été placé avec eux dans les rochers, tandis que je suis enchaîné sous un arbre à large canopée dans le sable. La zone est infestée de scorpions. J'en ai déjà vu plusieurs rôder près de moi. Je suis toujours autant stupéfait par leur célérité ; il est très difficile de les écraser d'un coup, à la volée. La nuit, chaque bruissement devient une menace. Je peine à trouver le sommeil, tous mes sens en alerte, je sursaute au moindre frôlement. L'obscurité amplifie chaque son, transforme chaque ombre en prédateur potentiel. Ramza, qui a senti mon émoi, m'a lancé, goguenard, de ne pas m'inquiéter.

– Ils ne tuent que les non-musulmans.

J'ai un rayon de six mètres sur 180 degrés autour de l'arbre pour m'entraîner, et je le fais continuellement dans cette monotonie qui n'en finit pas de s'étirer.

Gert m'apporte régulièrement à manger. Nous n'avons pas le droit de rester trop longtemps ensemble. Je dois appeler pour tout, et la surveillance des gardiens, quand ils ne somnolent pas, éprouvés par le ramadan, m'est dédiée. Enchaîné toute la journée, je sens le poids de ma « mauvaise réputation » réactivée par l'incident avec Brazimba. Mes demandes et mes mouvements sont scrutés avec méfiance.

Un soir, lors d'une discussion avec Ramza sur le JNIM, je tempère son exaltation en lui rappelant que les personnes de bien n'enchaînent pas les autres à des arbres. Il me raconte alors qu'il a été arrêté par Barkhane à Abeibara il y a quelques années.

– Ils m'ont enchaîné dans une cour pendant toute une nuit, dit-il, la voix teintée de ressentiment.

Un matin, nous plions bagage pour un nouveau lieu, qui, je n'en doute pas, ne pourra pas être pire que celui-ci.

*

* *

Une première convulsion agite mon corps gisant sur le sol. Ma poitrine brûle. À la seconde convulsion, je suis rappelé. J'ouvre les yeux. Un flot d'images en stroboscope m'envahit. Que s'est-il passé ? Je suis fatigué, j'étais bien. Un embrouillamini de souvenirs émerge, progressivement plus précis. Il m'a étranglé ! J'ai le souffle court, la tête en feu, désorienté. Dans cette vision fragmentée de la réalité qui m'entoure, j'aperçois le visage de Talha, impassible. Une fugitive et faible lueur d'inquiétude a animé son regard quand, d'un coup d'œil, il a vérifié que j'étais toujours vivant. Le son revient. Il disparaît de mon champ de vision. C'est comme si ma respiration entrecoupée résonnait dans mon corps.

D'un coup, je me souviens : Talha a le bras tendu dans le vide. Nourredine s'est glissé derrière moi, silencieusement, le fusil en bandoulière. Il est l'instigateur de ce défi, de ce combat tout sauf amical. Je n'ai pas su comment interpréter cette étrange posture. Je m'attendais à autre chose, à une position agressive, à quelque chose auquel je puisse me raccrocher, à quelque chose auquel je sais répondre. Talha voulait peut-être que je place ma tête sur son bras, pour qu'il simule un étranglement et que je lui montre comment je peux m'en délivrer. Mais l'étau de son bras s'est resserré d'un coup, violemment. J'ai subitement manqué d'air. J'ai bien tenté de le faucher, mais en raison de l'asphyxie, mes forces ont décru, mes yeux sont devenus exorbités, puis j'ai basculé dans le noir : 4, 5 ou

6 secondes. Il me faut bien 10 minutes pour commencer à récupérer. C'est un affront. Je n'ai pas encore la force d'avoir la rage contre moi, mais elle est là, latente, je la sens. Je me relève avec peine, titubant, tentant d'aspirer le plus d'air possible, mais c'est comme si ma trachée était trop étroite.

Ma voix est saccadée, entrecoupée par les appels d'air.

– Attends…, c'est pas fini… c'est pas… fini…

Je reprends progressivement de l'air et me redresse. Il ne veut pas aller plus loin. J'insiste, mon amour-propre sans doute, l'amertume, la honte. Tous ces entraînements pour finir comme ça. Je me sens piétiné. Il finit par accepter. Je suis encore essoufflé. Nous commençons. Affaibli, je pénètre sa garde, il riposte, quelques secondes plus tard. Je lève les bras, j'arrête. Qu'y a-t-il d'autre à prouver ? À quoi ça rime ? La scène parle d'elle-même. Je me suis peut-être fait avoir par surprise, mais dans cette situation ils ne sont pas censés m'envoyer un message avant de passer à l'action. Je me sens vulnérable. J'ai échoué ! C'est dur à encaisser, mais ça vaut pour leçon. Je suis dépité et une période de doute commence.

Au début du ramadan, la relève – Talha, Nourredine et Termizi – adopte ce rythme particulier qui les fait dormir la journée et parler toute la nuit, nous privant de sommeil. Ils n'ont pas apprécié que Gert leur reproche leur tapage nocturne. Le problème vient surtout de Nourredine, qui a rallié les autres à sa cause, même Talha qui, en son absence, se montre plus accommodant. Termizi, lui, ne fait rien, mais n'interdit rien non plus.

Sidi Mohamed, leur chef, nous a apporté des provisions. Nourredine se sert dans nos vivres et cela a créé des tensions. On sent qu'il prend à cœur sa position de moudjahidine et le pouvoir qu'il a sur ses prisonniers. Il y en a toujours un comme ça, qui abuse, qui va trop loin – et c'est lui. Gert ne le supporte pas. C'est drôle de voir son gabarit d'armoire à glace tout en retenue quand Nourredine, plus petit et léger que lui, claque des doigts dédaigneusement pour l'appeler. Quand il fait ça avec moi, il se retrouve comme un con, sans réponse. C'est quand il prononce mon nom que je prends conscience qu'il existe. Son harcèlement constant nous ronge, et je sens que cette rage contenue pourrait tout faire basculer d'un instant à l'autre.

Notre camp est situé à côté du lit d'une grande rivière asséchée. L'endroit est ombragé, plus hospitalier que d'autres où nous avons séjourné. Je suis libre la journée, mais je traîne mes six mètres de chaîne où que j'aille, c'est devenu une habitude.

Nous avons besoin de mettre de la distance avec nos gardes, la journée, d'aller plus loin sous un arbre pour ne pas les subir. C'est une période tendue et difficile. La nuit, alors que je suis enchaîné à une dizaine de mètres d'eux, ma vieille radio Kchibo devient mon seul refuge. Elle ne fonctionne plus qu'avec un fil dénudé que je dois maintenir contre sa soudure détachée. Un élastique relié à la molette du tuner me permet de chercher tant bien que mal les stations. C'est sur cette radio bricolée, couverte par les discussions enjouées de mes bruyants geôliers, que j'apprends la réélection d'Emmanuel Macron à la présidence française. Une nouvelle importante dans ce monde lointain qui continue de tourner sans nous.

Nous mangeons dans le lit de la rivière. Une fin d'après-midi, alors que nous discutons Gert et moi, une jeune femme drapée d'un voile orange se dresse à une centaine de mètres, de l'autre côté de la rivière asséchée. Elle nous semble être un mirage dans cette réalité incongrue. Elle nous voit, mais ne paraît pas surprise. Elle tourne les talons et s'éloigne avec grâce, comme au ralenti. Nous restons interloqués pendant de longues secondes.

Et puis arrive cette lettre, comme une bouée de sauvetage, qui me redonne la force qui commençait à me manquer. Une lettre de Déborah que « Short Shit », ainsi surnommé parce que court sur pattes, vient me porter. Ses mots me transpercent :

« *Bonjour mon amour,*

J'espère que là où tu es, tu vas bien. J'essaie de m'inquiéter le moins possible de ton quotidien. Je sais que tu es un homme respectueux et respectable. Le soleil et la terre me connectent beaucoup à toi. Je ne sais pas si tu entends mes messages à la radio. Je t'ai donné rendez-vous tous les jours à 17 h 30 pour que nous regardions ensemble les dernières lueurs du soleil. Je suis là, je me bats pour tenir la vie et c'est toi ma force. Nos souvenirs, qui tu es, tout me sert pour tenir dans cette situation et je veux te remercier de tout ce que tu as fait pour nos enfants et moi. Ton amour est là, à la maison, tu ne nous quittes jamais. Les enfants vont bien, ils ne t'oublient pas, je te le jure, personne dans cette maison ne peut passer un instant sans que tu sois dans notre cœur. Tu nous manques… »

Le 20 mai, en milieu d'après-midi et une dizaine de minutes après avoir replié ma lettre, la première pluie de la saison s'abat sur nous. Une rincée qui détrempe tout, y compris nos maigres affaires. Sidi Mohamed surgit peu après, accompagné d'un vieillard soucieux de dissimuler son visage. C'est un médecin, venu s'assurer de notre santé. Il parle un français impeccable. Je vais bien, mais Gert a un taux de sel un peu élevé dans le sang, qu'il doit surveiller. Le toubib est algérien. Il nous confie avoir fait partie du GIA[12] qui ensanglantait l'Algérie dans les années 1990. Avant de partir, il nous souhaite bonne chance, nous rappelant que « la longueur de notre captivité n'est pas du fait des moudjahidines, mais plutôt de nos gouvernements respectifs ».

12. Organisation jihadiste algérienne active en Algérie et en France entre 1992 et 1999.

Sidi Mohamed a donné des ordres : nous devons partir dans les heures qui viennent. La pluie va ressusciter la rivière asséchée, et les locaux, invisibles jusqu'ici, viendront faire boire leurs bêtes. Ils chargent nos affaires dans le pick-up de leur chef. Pour nous, la route se fera à moto.

Nous roulons alors que le ciel s'assombrit et que l'orage menace. Des camions passent sur la piste pendant que nous attendons Talha, parti chercher de l'essence. Nourredine en fixe un qui peine à avancer dans les sables, puis se tourne vers moi :

– C'est un camion comme ça que tu voulais prendre pour t'évader ?

J'acquiesce.

– Et tu pensais qu'il allait accepter de te prendre comme ça ? Pourquoi t'aurait-il pris ? Qu'est-ce que ça lui aurait rapporté ?

– Je ne sais pas… fais-je agacé.

– Nous connaissons tous les camions qui roulent dans ces zones. S'ils peuvent circuler, c'est grâce à nous. Personne ne se serait arrêté pour toi.

J'opine du chef, esquissant un sourire compréhensif, alors que je me fous totalement de ce qu'il me dit.

*
* *

Je change mon nom de captif, car j'en ai ras le bol ! Quand ils me le demandent, je dis que je m'appelle « Flouze » – argent en arabe. Fric, grisbi, thunes, genlart. Je ne suis qu'un sac d'argent pour eux, c'est la véritable raison de ma présence ici. Dieu n'a rien à voir là-dedans. Gert, lui, se fait appeler « Money ». Ça nous amuse de les voir répéter nos nouveaux prénoms, incrédules. Les nouveaux gardiens qui arrivent ignorent tout de nous, de nos noms, de nos nationalités.

Désabusé, je balance souvent à ces jeunes qui utilisent la religion comme paravent une vérité qui pour moi fait sens :

– C'est vous qui avez besoin de moi pour vivre, pas moi qui ai besoin de vous. Tu me kidnappes pour de l'argent. Moi, je ne kidnappe pas un des tiens pour subsister. Il n'y a rien de religieux là-dedans, ce n'est pas pour Dieu, c'est pour toi !

Ça passe mal. Certainement parce que c'est vrai.

Au début de ma captivité, j'étais naïf, candide, désemparé. Au fil des mois, vous observez et vous commencez petit à petit à comprendre comment ça se passe. Vous comprenez qu'il existe une marge de manœuvre, mince, ténue, mais réelle. Si vous parvenez à la saisir et à savoir l'utiliser dans ses limites, vous pouvez commencer à jouer, à vous placer et à rentrer dans la partie.

Chaque matin, c'est le même rituel. Abou Ridjana arrive à moto avec le grand jerrycan de 50 litres rempli d'eau de pluie qui doit nous suffire pour boire, manger et nous laver durant 24 heures. L'eau est devenue un enjeu crucial : deux bidons de 5 litres par jour et par personne, pas plus. Nous avons négocié, en vain. Le problème, c'est que notre langue de sable devient rapidement une fournaise sous le soleil, un coin aux ombres rares. J'ai tout le temps soif et 10 litres ne me suffisent pas. Gert supporte mieux cette pénurie, il en a vu d'autres. Il a ralenti son activité pour compenser, passant de longues heures allongé sur sa natte. Les provisions qu'apporte Abou Ridjana sont aussi basiques que limitées. Le pire, c'est quand il les transporte dans le même sac que son bidon d'essence – l'odeur imprègne alors toute la nourriture. On mange, on fait avec, comme pour tout le reste. Je me suis mis en tête de créer de l'ombre et je travaille depuis quelques jours à la construction d'une cabane. Cette tâche pompe le peu d'énergie qu'il me reste.

On se lève le matin en espérant arriver au soir, et le soir pour voir le prochain matin. Tout est comme ça, étape par étape, parce qu'on ne sait pas de quoi demain sera fait.

Et il y a aussi le travail d'usure de nos gardiens, qui ne cessent de nous presser de nous convertir, nous vantant une vie meilleure. Leur art de vivre à la moudjahidine me fait sourire :

– Hey, Flouze !

– Ouais…

– Si tu te convertis, on te donnera une tente, une femme, des bêtes et une arme pour défendre tout ça. Ta vie sera…

D'un geste, il mime l'excellence du concept.

Pourtant, il vit dehors, dort dehors et se nourrit principalement de lait, de macaroni, de mouton et de *tajila*. Alors franchement j'en doute.

Un matin, alors que je m'entraîne, j'aperçois des chercheurs d'or avec leurs détecteurs. Ils me voient aussi. Cette rencontre fortuite semble précipiter les choses. Peu après, nous quittons cet enfer de sable.

Ramza, Bilal et Omar, que nous connaissons déjà, viennent nous chercher. C'est lors des préparatifs du départ qu'Abou Ridjana apprend nos véritables noms – enfin, ceux que nous utilisions avant « Flouze » et « Money ». Sa réaction est explosive. Il se sent trahi, ridiculisé d'avoir répété pendant des semaines ces surnoms que nous nous étions donnés. Même Ramza ne peut s'empêcher de sourire discrètement devant sa colère. Une tension s'instille insidieusement, générée par son ressentiment.

Le voyage se fait à moto, sous un soleil de plomb. L'atmosphère est électrique, alourdie par la rancœur d'Abou Ridjana. Nous roulons pendant des heures, le sable dans les yeux, le vent brûlant sur la peau jusque tard dans la nuit, laissant derrière nous ce lieu de poussière et de soif.

*
* *

Notre nouveau camp est établi sur un large plateau de sable cerné de rochers et parsemé d'arbustes, un étrange endroit pour se cacher. On entend souvent les bruits de motos, de véhicules aux alentours. Même Ramza ne semble pas très emballé, mais il ne dit rien.

Il est intrigant. Il vient souvent me voir en fredonnant des versets du Coran. C'est un fils de berger, intelligent et totalement dévoué au jihad, il a sans doute étudié, même s'il ne s'en vante pas. Il semble le leader naturel de ce petit groupe. Bilal, lui, est un colosse silencieux à la longue barbe noire toujours soignée. La trentaine passée, il serait de la famille de « Hamed Khali », un jihadiste libéré en 2014 avec sept autres dans l'échange contre Serge Lazarevic. Sidi Mohamed est de sa famille. Quant à Omar, malgré ses dix-neuf ans à peine, il se meut dans l'univers jihadiste avec une aisance déconcertante.

Ici encore, Gert et moi sommes séparés. Nous communiquons donc par signes et pouvons échanger brièvement deux fois par jour, quand je vais chercher de la nourriture.

Dans ce décor minéral, l'absence d'ombre nous force à la créativité. Je me lance dans la construction d'un abri. Le but : pouvoir y entrer et y tenir debout, comme dans une vraie maison. Ramza a bâti le sien dans les règles de l'art, y ajoutant même un drapeau noir d'Al-Qaïda fait main. Il me surnomme « l'ingénieur », et s'amuse de mon acharnement.

J'ai appris à construire des abris avec ce que la nature offre : damer le sol, récupérer des branches de plusieurs mètres, les enchâsser dans les arbres, ancrer leurs bases pour disparaître dans la nature.

L'important est de se lancer des défis, de se donner des objectifs et de les atteindre. Il faut obtenir des résultats rapides, que ce soit dans la recherche d'informations, l'amélioration du quotidien ou le sport. Quand vous allez vous coucher le soir, vous pensez à ces petites victoires arrachées à la captivité et cela vous renforce.

Un soir, la pluie s'abat avec une violence inouïe. Enveloppé dans ma bâche de nylon, je transpire à grosses gouttes dans la moiteur ambiante. Je tente de me protéger du déluge qui traverse mon abri de branches et de feuilles comme s'il n'existait pas. En quelques minutes, des cascades et des rigoles se forment le long des branchages et sur le sol. Le vent fait tout trembler. Ma couche, creusée dans la terre, se transforme peu à peu en piscine. Allongé dans cette mare, emmitouflé dans mon plastique qui claque au vent, je regarde les éclairs illuminer la nuit à travers les interstices de mon refuge précaire. Mon abri tient bon malgré tout. Après une nuit sans sommeil, au matin, la pluie s'est arrêtée et les moustiques prennent le relais. Les moudjahidines viennent constater les dégâts. J'apprends que Gert a eu moins de chance : son abri a été emporté par les flots.

Au fil des jours, je tente de questionner Ramza sur l'assassinat des deux journalistes de RFI. J'ai collecté au fil des mois plusieurs versions, je veux entendre la sienne.

– Mirage, dit-il en indiquant le ciel.

– Mirage?

Selon lui, l'exécution serait survenue pendant la fuite de Baye Ag Bakabo avec les otages, sous la pression d'une poursuite terrestre et aérienne.

Copter. Mirage. Copter. Mirage. Il y avait quelque chose dans le ciel selon eux. Une intervention aérienne ou terrestre, mais en tout cas française, qui a précipité ou qui a amené à l'exécution des journalistes. Les détails de cette tragique affaire me sont lointains. Tous chantent la même chanson, à peu de choses près, comme ils répètent et croient toutes les informations venues des talkies-walkies, et que j'ai du mal à retrouver à la radio. Informations, mais aussi désinformation et légendes se mêlent et se confondent.

L'activité inhabituelle autour du camp rend nos gardiens de plus en plus nerveux. Un matin, ils décident de m'enlever ma chaîne. Elle laisse des traces trop visibles dans le sable, une signature que les drones pourraient repérer. Ce retour à ma liberté de mouvement s'accompagne d'un assouplissement de notre régime de sanction : Gert et moi pouvons à présent nous voir plus longtemps et discuter. L'humidité et la pluie ont eu raison de ma vieille Kchibo qui a rendu l'âme. Grâce à sa radio, Gert me raconte le monde.

Un matin, alors que nous prenons notre petit déjeuner, une silhouette apparaît brusquement. Un cavalier juché sur un chameau se découpe dans la lumière du jour, il nous salue et nous apostrophe en tamacheq. L'apparition est si incongrue que nous restons figés quelques secondes. Les jihadistes réagissent et se portent, inquiets, au devant l'homme dont le troupeau commence à envahir les alentours.

Cette nuit-là, des cris déchirants nous tiennent éveillés. Bilal a capturé un bébé chameau afin d'attirer sa mère, il ne cesse de l'appeler, ses bêlements stridents résonnent toute la nuit. Une prise qui nous vaut au moins de boire du lait frais de chamelle au petit matin.

Quelques jours plus tard, l'ordre de départ tombe. La zone est devenue trop fréquentée. Nous partons dans la nuit noire, en convoi de motos. Omar ouvre la route, la moto de Ramza, sur laquelle j'ai pris place et dont le phare ne fonctionne pas, suit tant bien que mal. Nous quittons le camp et plongeons dans l'obscurité dans des pétarades désordonnées.

*
* *

Après chaque coucher du soleil, c'est le même rituel. Je noue les six coins du voile de tulle bleu à de hautes branches. La moustiquaire imprégnée, percée d'une multitude de petits trous, devient une tente éthérée. Après avoir vérifié ma natte, j'enfouis les bords du voile sous celle-ci et cale les coins avec de lourdes pierres. La dernière vient condamner l'entrée de ce dispositif anti-insectes. Ces moustiquaires ont changé nos conditions de captivité. Nous pouvons enfin dormir dans un espace sécurisé, à l'abri des créatures rampantes. Mon dos porte encore les stigmates d'une nuit horrible passée sur une fourmilière, avant d'arriver ici. Je me tordais, me recroquevillais, en proie aux centaines de pattes et de mandibules qui parcouraient, fouillaient, sectionnaient ma peau.

Cette bulle aux parois presque intangibles devient mon refuge après mon message au soleil. Un havre où je m'extrais de cette réalité, surtout quand j'écoute la radio, grâce à la nouvelle Kchibo plus moderne que m'a donnée Sidi Mohamed. Enfin, je me reconnecte au monde. J'ai baptisé cet espace, non sans ironie, le « Zeitounistan ». Ma petite république, mon chez-moi.

Sidi Mohamed nous a également apporté deux sacs à dos et une outre en peau touarègue. Toujours humide, suspendue à l'ombre, elle nous garantit de 5 à 6 litres d'eau fraîche.

En pleine saison des pluies, nous nous lançons dans d'importants travaux. Notre objectif : bâtir un abri qui nous permette de dormir tranquilles dans cette large plaine boisée, même sous la pluie. Nous creusons des tranchées pour guider l'eau loin de notre refuge. Le sol est damé, surélevé. Un treillage de grandes branches, parfois d'arbustes entiers, forme notre toit. Des morceaux de nylon glissés sous les branches tentent de l'imperméabiliser. Deux journées éprouvantes sont nécessaires pour tout finaliser. Épuisés, mais satisfaits, nous contemplons ce que nous considérons être la fine fleur du bâti végétal en zone désertique. Gert, par sa force et son pragmatisme, s'est révélé précieux. Une présence fiable, un repère. On n'est pas d'accord sur tout, on est différents sur bien des points. Il a son caractère et j'ai le mien, mais c'est quelqu'un sur qui on peut compter. Il peut tout traverser.

Deux orages plus tard, une tempête de sable violente met à l'épreuve notre conception architecturale. L'abri tient bon, l'eau suit nos tranchées. Pour la première fois de notre captivité, nous passons une nuit pluvieuse relativement au sec. Les jihadistes ont eu moins de chance…

Nous sommes le 15 août 2022, j'écoute le journal de RFI et j'apprends que le dernier contingent français quitte le Mali. La dernière base militaire française, à Gao, est transférée aux forces armées maliennes. Le reportage détaille ce déménagement titanesque : en quelques mois, une mission qui comptait jusqu'à 5 100 militaires français s'évapore. Un rideau se referme, me laissant du mauvais côté, face à un pan trop lourd pour que je puisse en sortir. Mes espoirs de libération se dissolvent dans la poussière des convois qui quittent le pays.

*

* *

– Quand j'ai vu ces hommes, porteurs de la vérité divine, envahir Kaboul, j'ai su que je voulais être l'un d'entre eux, m'explique Abou Taïeb avec emphase.

Je l'écoute en silence. J'apprécie ces rares moments où je peux échanger sans passer par des gestes ou des mots approximatifs pour me faire comprendre. Après des études universitaires dans une capitale sahélienne sous l'enseignement d'un grand professeur de théologie islamique, inspiré par les talibans, il a rejoint le jihad il y a huit ans. Ce n'est pas un simple garde, il les dirige. Je lui parle de la lettre que j'ai fait parvenir à leurs chefs. Il est au courant et laisse entendre, d'un air énigmatique, que les choses pourraient peut-être se faire. C'est un homme jovial, plutôt accessible, mais en même temps il dégage quelque chose d'inquiétant, une force brute à peine contenue. Sa présence ici est temporaire, il supervise. Nous attendons depuis trois heures, allongés dans l'herbe, le retour de Talha et Nourredine qui doivent prendre la relève pour quelques semaines. La perspective de passer du temps avec eux, après nos dernières expériences tendues, ne nous réjouit guère.

Nous sommes arrivés dans cette forêt, après avoir passé un peu plus d'un mois dans une vaste plaine de sable dur et compact où se dressaient d'immenses rochers, des colosses minéraux, certains criblés de balles. Là-bas, les douilles se mêlaient au sable. « Du 12.7 et des douilles de 9 mm », selon Gert. On entendait fréquemment des explosions au loin, en journée. Ce devait être une vaste zone d'entraînement dont nous occupions juste une portion. Dans ce décor monumental et singulier, nous avons appris la mort de la reine Élizabeth II et parfait notre culture sur la couronne royale britannique.

En fin d'après-midi, Talha et Nourredine arrivent enfin. Nous nous enfonçons dans la forêt pour y passer la nuit. En milieu de soirée, le son caractéristique d'un drone bourdonne aux alentours. Puis un autre. Toute la nuit, ils sillonnent le ciel. Les jihadistes ne dorment pas, je les entends chuchoter dans l'obscurité, nerveux. Au petit matin, l'activité aérienne s'intensifie encore. Abou Taïeb réapparaît, visiblement inquiet. Nous devons abandonner tout notre matériel, ne garder qu'une couverture et nos bidons d'eau. Je n'ai même pas le temps de récupérer mes notes cachées dans mon coussin.

– *Yalla !*

Le cri de Talha résonne tandis que les motos démarrent.

*
* *

Je reconnais à peine l'endroit que nous avions quitté en catastrophe trois mois plus tôt. La végétation a explosé, transformant le paysage. Talha et Nourredine sont là, accompagnés de deux nouveaux visages : Redouane, une tête que je ne connais pas. Il porte des lunettes aux verres colorés, il a une démarche claudicante. Il y a aussi un autre, à la peau étrangement blanche, aux traits simiesques, le crâne parsemé de touffes de cheveux éparses, dont la voix étrangement aiguë tranche avec l'apparence.

Le déjeuner est expédié dans un silence tendu. Ils fouillent méthodiquement nos affaires – je bénis le ciel d'avoir dû laisser mes notes au cours de notre fuite précédente. Soudain, ils ordonnent à Gert de se déshabiller. Ses affaires sont jetées en tas, il se retrouve nu comme un ver, on lui tend un nouveau boubou bleu. Il est placé à l'arrière d'une moto et disparaît avec Talha et Nourredine, en direction de l'est. Mon tour vient. Nos vêtements viennent alimenter un grand feu qu'ils ont allumé. Tout ce que nous possédions y passe. J'ai l'impression qu'ils redoutent un mouchard, certainement en rapport avec les drones. Je grimpe derrière le moudjahidine à la voix aiguë, et nous partons. Tout cela n'a duré qu'une dizaine de minutes.

Durant deux heures, nous roulons à vive allure, comme si notre vie en dépendait. Mon corps encaisse les chocs, les vibrations et la poussière. Je n'ai pas suffisamment dormi la veille et, malgré la vitesse, je somnole sur ma selle. Le pot d'échappement surchauffé brûle la chair de mon mollet lorsque ma jambe dérape du marchepied, m'arrachant un cri de souffrance balayé par le vent. La moto dévore les kilomètres jusqu'à une zone rocheuse dans les anfractuosités de laquelle nous nous glissons. De son étrange voix, le pilote m'intime de descendre et de me glisser sous un énorme piton rocheux. Je dois rester là et attendre. Redouane nous rejoint. En fin d'après-midi, un pick-up surgit de nulle part, ses occupants restent à bonne distance. Redouane, qui est allé discuter avec eux, revient avec un peu de viande, du lait, de l'eau et des biscuits. La nuit tombe, glaciale. Je grelotte blotti sur le sol, sans couverture. Le sable est mon seul matelas, le froid, les insectes et les lézards, mes compagnons.

L'aube me trouve transi, assommé et engourdi par une seconde nuit sans sommeil. Redouane surgit comme une ombre, son visage fermé derrière ses verres teintés.

– On bouge.

Pas le temps d'avaler quoi que ce soit, j'enfourche la moto, les muscles encore raidis par le froid. Il m'indique de baisser plus bas mon chèche sur mes sourcils, pour qu'on ne distingue plus que mes yeux. La course reprend, aussi rapide que la veille. Je perds la notion du temps, ensommeillé et hypnotisé par le paysage qui défile.

En fin de matinée, la moto ralentit enfin. Nous pénétrons dans une petite forêt dense où les herbes hautes, d'un vert éclatant, me fouettent les jambes. Redouane me désigne un arbre d'un geste sec :

– Là.

À peine ai-je le temps de m'asseoir que des pick-up émergent des taillis. Une dizaine d'hommes en descendent, s'activant comme une fourmilière dérangée. Je m'assieds sous un arbre et épuisé, je sombre dans le sommeil.

– Zeitoun, Zeit !

L'odeur du riz et de la viande. Un moudjahidine masqué me tend une assiette puis tourne les talons et s'éloigne. Je n'ai rien mangé depuis la veille. Nous devons être en milieu d'après-midi. Je dévore.

Après le repas, je tente de m'organiser un semblant d'abri, arrachant à la main des herbes denses et vivaces pour ménager un endroit où dormir. Les longues tiges que je tire lacèrent mes mains, mais au bout d'un moment je me parviens à me dégager un espace. Les nuages s'amoncellent, menaçants. Sans couverture, sans rien pour me protéger, je scrute le ciel avec inquiétude. Le sol déjà meuble va se transformer en bourbier.

Sidi Mohamed émerge des arbres et s'approche de moi. Il m'explique avec force gestes et quelques mots de français qu'il était parti pendant trois jours et que quand il est revenu dans la zone, il a été surpris de voir toute cette activité dans le ciel.

– Pourquoi tous ces drones ? me lance-t-il.

Je hausse les épaules :

– Je ne sais pas…

– C'est pour toi, fait-il sur un ton catégorique.

– C'est vous qu'ils cherchent, pas moi, dis-je avec un demi-sourire.

Il laisse échapper un rire bref. Ses yeux tombent sur mon dénuement total. Sans un mot, il disparaît vers son pick-up pour revenir avec du dentifrice, une brosse à dents et une natte circulaire en osier.

Quand les premières gouttes se mettent à tomber, Sidi Mohamed me fait signe de le suivre jusqu'à son véhicule. L'averse tambourine sur la carrosserie du pick-up formant un rideau sonore autour de nous. Il n'a que deux ou trois mots de français, mais il sait comment alimenter une conversation. J'éprouve une sorte de respect pour lui. Je l'ai vu évoluer depuis le début de ma captivité. Contrairement à d'autres, il ne nous a jamais traités avec mépris ni dégoût, malgré notre statut d'infidèles. Il y a chez lui une forme de droiture. Certes, c'est un chef jihadiste, un homme dangereux qui a fait des choix radicaux, mais il garde une forme d'humanité dans ses rapports avec nous. Il peut être sévère, mais jamais cruel. Il nous écoute quand nous avons des demandes, et y répond quand il le peut. Cette équité, aussi surprenante soit-elle venant d'un chef jihadiste, ne l'empêche pas d'être totalement dévoué à sa cause. C'est peut-être justement cette conviction profonde qui lui permet de ne pas avoir besoin de nous humilier pour affirmer sa supériorité.

La pluie redouble quand je retourne sous mon arbre. Le crépuscule arrive, et avec lui un crachin glacial qui traverse mes vêtements. Debout sous mon arbre, mes pieds s'enfonçant dans la boue qui se forme, je grelotte. Mes pensées vont vers Gert. Où est-il ? Dans quel état ? Les phares d'une moto percent soudain l'obscurité. Un jeune jihadiste que j'ai déjà croisé freine à mon niveau et, sans mot dire, me tend une radio numérique emballée dans un sac plastique, avant de disparaître dans la nuit sous la pluie battante. Je serre l'appareil contre moi, le protégeant tant bien que mal sous mon boubou trempé. Sidi Mohamed a dû l'envoyer.

– On déménage !

La voix de Redouane surgit de l'obscurité. Recroquevillé à la base d'un arbre, il braque sa torche sur moi. Il me guide hors de la forêt, vers les dunes. La pluie continue de tomber. Il s'arrête, tombe à genoux dans le sable et creuse profondément et largement à deux mains pour se faire une couche.

– Le sable en dessous est sec, creuse et dors dedans, lâche-t-il laconiquement.

Je l'imite, me fourre dans le trou ainsi creusé et m'enroule dans la natte en osier, seule protection contre les éléments. Mes vêtements sont trempés, le froid s'insinue partout. Je lutte pour ne pas claquer des dents, conscient qu'une nuit pareille pourrait bien me rendre malade. Durant des heures, la pluie s'abattra sur nous sans discontinuer.

Je ne rêve que de dormir, sans me soucier de la pluie ou de quoi que ce soit.

Dès l'aube, au premier rayon du soleil, je repousse la natte en osier détrempée. Je m'étire, accablé de fatigue. Je ne vais pas pouvoir supporter une nouvelle cavale. Je suis à bout de forces. Cotonneux, je m'assieds sur le sable et écoute d'une oreille absente les nouvelles du jour. Un pick-up arrive et s'arrête dans une embardée devant moi. Samsung, le moudjahidine qui m'avait donné mon premier Coran, est au volant. Il me fait signe de monter. Nous nous arrêtons pour prendre un autre prisonnier, un grand Touareg au teint basané, vêtu d'un bazin jaune. Son regard hostile croise le mien, je ne baisse pas les yeux, trop fatigué et excédé pour ça. Le trajet se poursuit dans une zone rocailleuse, Samsung et ses compagnons semblent avoir du mal à trouver leur chemin.

Nous finissons par déboucher dans une large cuvette sablonneuse très peu ombragée. Le soleil qui monte dans le ciel tape fort. Ma tête pulse, une migraine violente irradie jusqu'à mon oreille droite. Je n'ai plus envie de bouger. On me secoue, je me réveille : c'est Gert. Le soulagement de le retrouver vivant se mêle à l'épuisement. Nous échangeons un regard qui en dit long sur ces dernières quarante-huit heures.

12

Foi et paradoxes

Gert est enchaîné à un arbre depuis le début d'après-midi. Nous sommes en octobre 2022, et depuis quelques jours, les tensions avec Talha et Nourredine ont atteint leur paroxysme. Nourredine particulièrement, avec ses claquements de doigts incessants et son autorité mesquine, a rendu l'atmosphère du camp irrespirable. Tout est parti d'un robinet qui fuit à la citerne d'eau. La moindre goutte perdue les rend nerveux. Gert en a laissé couler inévitablement un peu trop. Nourredine s'est levé d'un bond, et s'est emporté. La réaction trop lente de mon compagnon lui a valu les chaînes.

Je suis resté silencieux pendant toute la scène. Nourredine guette le moindre signe de rébellion qui lui servirait d'excuse pour nous faire sentir son pouvoir.

– *Fuck it!* fulmine mon compagnon sud-africain, alternant dans sa colère entre l'anglais et l'afrikaans.

Nourredine, qui observe la scène, saisit son fusil et s'approche. En silence, il inspecte notre abri, pousse du pied quelques ustensiles métalliques avant de se tourner vers moi.

– Ça va Zeitoun ?

– Huh.

– La radio marche bien ?

Je repousse machinalement le poste en plastique noir derrière moi.

– Zeitoun ? murmure-t-il.

Il s'approche et jette un œil vers Gert qui nous tourne le dos.

– Lui, il répète souvent le même truc, tu sais ?

– Quoi ?!

– Le *foke*, c'est quoi le *foke* ?

Je retiens un éclat de rire. Si ma peau avait été plus claire, je serais devenu tout rouge.

Après une longue inspiration, j'explique calmement que c'est une expression de contrariété, de douleur ou de surprise, mimant chaque situation.

Deux jours plus tard, Abou Taïeb débarque au camp. Après un conciliabule avec ses frères d'armes, il fond sur notre abri.

– Il est où, ton camarade ?

– Je sais pas.

Gert revient, un bidon d'eau à la main.

– C'est la dernière fois que tu prononces ces obscénités ici ! tonne Abou Taïeb. Ces jeunes sont purs, leurs âmes doivent le rester. Pas de perversion ici ! crache-t-il avec dégoût.

Talha et Nourredine, à distance, savourent la scène.

Gert, stupéfait, tente de s'expliquer avant de se raviser. Il ravale sa colère. J'essaie d'intervenir, d'expliquer qu'il ne s'agit que d'un juron. Mais Abou Taïeb s'enflamme dans une diatribe sur la perversion occidentale opposée à la pureté de ses jeunes combattants. Il est exalté, son regard devient menaçant. Je m'incline.

– Ils veulent contrôler leurs pensées… Quand ils sont comme ça, vaut mieux ne rien dire. Tu as vu son regard ? souffle Gert tandis que nous ressassons l'incident.

Oui, j'ai déjà vu ces regards. Je les ai vus quand la tension monte, quand l'excitation et l'exaltation les gagnent. C'est ce même regard que devaient avoir les jeunes surexcités par les drones quand ils ont tiré sur Gert.

Cette nuit-là, allongé, je repense aux moudjahidines croisés pendant ma captivité. Certains étaient habités par une foi authentique, mais d'autres semblaient plus intéressés par l'argent. Cette dualité, cette réaction excessive à un simple juron immédiatement mal interprêté, leurs paroles, tout cela m'interroge sur la nature de la foi et sur ses dérives. Je n'ai lu qu'une partie de leur livre sacré. Il est temps que j'en demande un exemplaire pour en poursuivre la lecture, que je comprenne ce texte qu'ils vénèrent tant.

Début novembre 2022, je reçois une version complète du Coran, une édition reliée de 1973 traduite et commentée par Hamza Boubakeur, avec une biographie du prophète. Je m'immerge dans l'Arabie des Quraych, suivant le parcours de Mohamed, de sa vie de riche marchand aux guerres sanglantes pour unifier les tribus arabes autour de sa nouvelle foi. Chaque jour, je m'absorbe dans cette lecture, content de pouvoir me nourrir intellectuellement. Gert ne veut pas en entendre parler. Sa religion est le pilier central de sa résistance à la captivité, il ne veut pas en dévier. Je reconnais parfois chez lui ce même côté obtus que j'observe chez les autres. Avec mon agnosticisme, je suis comme un candide coincé entre deux familles. La lecture du Coran éveille en moi le désir de découvrir les autres révélations : la Torah et la Bible, pour confronter ces trois messages divins et les comprendre.

La sourate 47, dite « Mohamed », particulièrement son verset 4, semble parler de notre condition d'otage. Les sourates « At Tawbah » et « Al Anfal » sont certainement celles d'où ils tirent la légitimité de leurs actions.

Les moudjahidines m'encouragent dans ma lecture, cela aide à briser la glace plus facilement pour communiquer avec eux, car ils pensent que je vais me convertir, « comme Maryam ».

Omar, considéré comme un cadi[13], est passé me voir un matin de décembre. À peine ses amis salués, il est venu sous mon abri, s'est assis et a saisi le livre, puis nous avons parlé. Mes questions sont nombreuses, mais ses réponses, comme celles des autres, réponses sont souvent évasives. L'absence de description du paradis pour les femmes les embarrasse. Auront-elles, comme les hommes, des serviteurs aux regards chastes ? L'interdiction de la musique, que je ne trouve nulle part dans le texte, provoque une certaine fébrilité. Sidi Mohamed s'en est mêlé, mais même en retournant les pages, il n'a pas trouvé l'interdiction.

– Ça doit être dans les hadîths[14], a-t-il fini par m'expliquer.

Ils promettent de m'emmener voir un imam pour éclaircir ces points.

Dans notre forêt dense, Omar multiplie les visites. Malgré la barrière de la langue, il tient à guider ma découverte de l'islam. Il me montre des témoignages de convertis occidentaux et surtout les conférences du Dr Zakir Naik, prédicateur indien, qui proclame la suprématie de l'islam. Je passe des heures à regarder ces vidéos, je sens qu'il espère voir s'allumer en moi l'étincelle de la révélation.

– Tu vas te convertir, inchallah. Tu deviendras un bon musulman, répète-t-il, le sourire empreint de certitude.

Mon étude du Coran adoucit leur méfiance. Je ne suis plus seulement un *kāfir*, mais un possible converti sur le chemin de la vérité. Mon agnosticisme reste intact, mais j'observe avec intérêt leurs stratégies de conversion, leur façon d'amener l'autre à leur vérité.

---

13. Magistrat musulman remplissant des fonctions civiles, judiciaires et religieuses, dont celle de juger les différends entre particuliers.

14. Les hadîths sont les recueils de tous les dires, faits et gestes de Mahomet et constituent avec le Coran le socle théologique et législatif de l'islam.

Leurs tentatives portent en elles une contradiction fondamentale : comment espérer d'un homme enchaîné une conversion sincère ? Pensent-ils que de la contrainte peut naître une foi authentique ?

Je suis convaincu que la véritable spiritualité ne peut émerger que d'une démarche personnelle, libre de toute coercition. Leur erreur selon moi a été de figer le temps, de vouloir transposer des textes anciens dans notre monde moderne, oubliant que le contexte fait partie intégrante du message. Ils rêvent de revivre les guerres saintes d'antan, entremêlant la quête de Dieu et celle du pouvoir.

Mes lectures m'ont paradoxalement rapproché du questionnement spirituel. Je me demande pourquoi l'être humain a été créé. Pourquoi lui a-t-on conféré cette capacité à douter, à questionner, voire à nier l'existence divine. Est-ce un test ? Et si oui, quel en est le sens ? N'est-il pas étrange que la création puisse douter de son créateur ?

Mais ces longs mois de captivité n'ont pas ébranlé une de mes convictions profondes : la foi est une affaire intime. Si le Jugement dernier doit avoir lieu comme le proclament les religions du livre, pécheurs et vertueux prendront chacun leur route sans que des hommes armés imposent Sa loi ici-bas. Toute cette violence en Son nom est pour moi la plus grande des contradictions.

*

* *

Sidi Mohamed saisit le Coran de la main droite et sa kalachnikov de la main gauche. Il les place tous deux au même niveau.

– Contrairement aux autres musulmans, nous n'avons pas abandonné le jihad, nous avons décidé de suivre le Coran avec les armes, dit-il en me fixant du regard comme pour s'assurer que j'ai bien compris.

Je venais pourtant de lui expliquer que l'islam, fort de ses deux milliards de fidèles, n'avait plus besoin des armes pour convaincre. Je suis assis avec eux dans leur abri. Youssouf, le fils de Sidi Mohamed, s'applique à couper des bouts de viande dont les morceaux de gras blanc luisent au soleil dans un grand faitout posé sur le feu ; non loin Khalid entreprend de se laver les dents avec un stick de bois vert qu'il a arraché d'une jeune branche. Une question me trotte dans la tête, mais je ne sais pas quel moment choisir pour la poser. Je laisse passer un silence et décide de me lancer.

– Sidi Mohamed, j'aimerais rencontrer votre chef, échanger avec lui, faire une interview… Je lui ai écrit une lettre l'année dernière, mais je n'ai pas eu de réponse.

Il sourit de mon audace, puis m'explique sur un ton paternaliste, comme à un enfant trop ambitieux, que je dois me convertir à l'islam pour qu'une telle requête soit considérée. Il réfléchit, hoche la tête, et promet vaguement d'en parler. Sa réponse clôt la conversation. Je me lève et rejoins Gert.

Une dizaine de jours plus tard, Aboubacrine, dans son éternelle veste militaire, arrive dans la forêt. Comme d'habitude, il apporte des nouvelles pour nos gardes et quelques provisions. Après le thé avec nos geôliers, il m'attire à l'écart. De sa poche de poitrine, il sort une feuille pliée. Je peux la lire plusieurs fois, dit-il, mais pas la garder.

Le message manuscrit me stupéfie :

« *Nous avons eu des contacts avec les autorités françaises, peut-être que cela va aboutir. Il faut que tu sois patient et ça ira. Sache qu'avant ta libération, nous pourrons accéder à ta demande en termes de communication.* »

Deux informations massives : le JNIM dialogue avec les Français, et leur chef, Iyad Ag Ghaly, acceptera une interview avant ma libération. Je me souviens avoir entendu sur RFI, le 8 novembre dernier, que les autorités françaises avaient contacté ma famille pour les rassurer sur ma santé. Ma requête d'interview, formulée dès les premiers jours dans une lettre de trois pages au chef du JNIM et réitérée plusieurs fois, semble avoir été enfin entendue.

Je rends la feuille et me précipite vers mon abri pour transcrire ce message. Mes notes sur des papiers et des bouts de carton, cachées dans un sac à dos, ont été détrempées par quatorze jours de pluie lors de notre fuite face aux drones, trois mois plus tôt. Elles sont en piteux état. J'y recopie le message gravé dans ma mémoire, en m'appliquant.

Vers la fin novembre, j'entends à la radio qu'un prêtre allemand, le père Joachim Lohre, a été enlevé à Bamako. J'ai l'intuition que le JNIM est derrière ce kidnapping. Le vrombissement de deux cruisers quelques jours plus tard rompt la monotonie du camp. Il est un peu plus de quatorze heures quand ils se garent sous les arbres. Je reconnais Abou Oubari qui descend du premier véhicule, mais dans l'autre, les deux hommes me sont inconnus. Quand je le questionne sur le père Lohre, son visage s'illumine de fierté.

– C'est nous ! confirme-t-il, m'invitant à lui taper dans la main, comme si nous partagions une victoire.

Je sens vite qu'il n'est pas venu par hasard. Les deux inconnus me font signe d'approcher. L'un d'eux, grand de taille et vêtu de blanc des pieds à la tête, me tend un message sur un bout de papier. Je reconnais immédiatement cette écriture élégante, la même que celle qui évoquait l'interview. Il m'explique que je dois enregistrer une preuve de vie pour l'État français. Une incohérence me frappe : le 8 novembre dernier, les autorités françaises selon RFI avaient rassuré ma famille sur mon sort. Comment pouvaient-ils affirmer que j'allais bien, alors que cette preuve de vie ne va être tournée qu'aujourd'hui ? Dans l'ombre de mon abri, j'annonce mon nom, la date, et déclame un troisième message qui, je l'espère, déclenchera ma libération prochaine.

Au fil des jours, le froid s'intensifie, nous enflammons dès l'aube des fagots de bois placés à côté de nos couches pour nous réchauffer dans l'air glacial du matin. Notre routine hivernale de prisonniers se poursuit, entrecoupée de découvertes inquiétantes. Avec Gert, nous profitons de la relative liberté que nous accordent nos geôliers pour explorer les sous-bois. Nos pas nous mènent un jour vers un espace dégagé où s'empilent des caisses de munitions militaires. Gert s'approche, examine les inscriptions. Son passé dans l'armée sud-africaine lui permet d'identifier des missiles antichars russes, probablement des TM-62. Les caisses contenaient sûrement une vingtaine de mines. Ce lieu doit être l'endroit où ils les déballent et les préparent avant qu'elles n'aillent faucher des vies.

J'effectue également de longues marches solitaires. J'en arrive à un point où la captivité devient de plus en plus dure à supporter. Cela fait un peu plus d'un an que je suis le dernier otage français dans le monde, comme ils disent sur RFI. Je n'en vois pas le bout et ma résilience s'étiole. Je manque de perspectives, de solutions. Lors d'une de mes marches quotidiennes à ronger mon frein, j'aperçois au dernier moment à mes pieds une forme blanche sur le sol. Un serpent, que j'ai d'abord pris pour un bout de bois et sur lequel j'aurais pu marcher. D'un geste vif, je saisis un bâton et de plusieurs coups assénés, l'abats. Quand je rapporte sa dépouille au camp, Aboubacrine s'exclame :

– *Hamdoulilah !*

Son soulagement m'interpelle.

– Sa morsure est mortelle, m'explique-t-il, ajoutant que ces reptiles se cachent aussi dans les branches.

Depuis, chaque pas est un exercice de vigilance.

Les pas justement, ils deviennent critiques depuis quelques jours, avec mes nuits qui sont devenues un calvaire. Des crampes d'estomac me torturent, de véritables lames de rasoir balayent mes entrailles et m'obligent à quitter précipitamment mon couchage. À six pas maximum de ma natte, je m'accroupis dans le froid glacial, armé du manche en acier d'une cuillère pour creuser frénétiquement le sol afin d'y soulager mon ventre. Je me lave à l'eau glacée, dans le vent mordant, avant de reboucher le trou de mes mains frigorifiées et de regagner chancelant mon abri. Gert et moi soupçonnons le mouton d'être la cause de nos maux. Trop gras, suspendu aux branches encore humides, parfois grouillant de vers blancs, son odeur seule suffit maintenant à nous soulever le cœur.

Fin décembre, Sidi Mohamed arrive au camp avec Housseyni, un moudjahidine francophone que nous connaissons. Après les salutations et le thé, la conversation dérive sur le Coran, en français cette fois. La discussion s'attarde sur la notion d'infidèle dans le livre sacré. Pour eux, juifs et chrétiens ne sont pas des *kouffar* mais « Les gens du livre ». Il n'en faut pas moins les ramener à Allah, tout comme imposer la Sunna[15] face à toutes les autres branches de l'Islam qu'ils jugent déviantes.

Je saisis l'occasion pour évoquer le message de novembre concernant l'interview. Derrière ma question se cache un espoir : celui d'obtenir avec l'émir d'Al-Qaïda au Mali l'entretien qui effacerait l'échec cuisant de celui manqué avec Abdoulaye Ag Albaka – celui-là même qui m'a conduit ici. La réaction de Sidi Mohamed me surprend. Ce n'est pas lui l'auteur du message, mais l'émir Iyad Ag Ghaly en personne.

– S'il a dit que ta demande sera acceptée, elle le sera, affirme-t-il simplement.

Cette perspective d'interviewer le chef du JNIM prend soudain corps : un juste retour des choses après plus d'une année et demie de captivité.

15. La Sunna, « conduite », seconde source canonique établie plus tardivement, comprend l'ensemble des traditions se rapportant au Prophète, à ses compagnons et à sa famille.

*
* *

Chaque soir, penchés sur la radio, Gert et moi parcourons les ondes, passant du français à l'anglais, espérant chacun entendre notre nom. Cinq années se sont écoulées depuis sa capture, et le silence médiatique reste total. Les dernières nouvelles de sa famille datent de la veille de son enlèvement. À l'aube d'une sixième année de captivité, je sens que son moral est impacté et qu'il n'y croit plus beaucoup.

– Et si on forçait un peu le destin ?

Gert lève les yeux, intrigué.

– Cela fait cinq ans que tu es avec eux. S'ils n'arrivent pas à te vendre, propose-leur ton aide.

Il doit se demander si je vais bien. Je développe mon idée :

– Il faudrait écrire deux lettres stratégiques. La première adressée à l'ambassadeur sud-africain à Alger, le représentant le plus proche de ton pays. La seconde à Audrey Brown de BBC Africa. On l'écoute presque tous les soirs, elle est sud-africaine comme toi. Elle est écoutée par des millions d'auditeurs, et pourrait faire bouger les choses.

Je marque une pause.

– Et une fois les lettres acceptées, tu demandes à passer un coup de fil à ta famille.

Gert réfléchit quelques secondes.

– Je ne suis pas sûr qu'ils soient d'accord, dit-il en pointant du menton l'abri des jihadistes qu'on aperçoit à quelques centaines de mètres, dans les broussailles.

– On se fout de leur accord, tu proposes, tu tentes. Je ne vois pas pourquoi ils refuseraient quelque chose qui peut leur ramener de l'argent. C'est ce qu'ils veulent, au bout du compte.

Dans ses yeux bleus, je vois poindre un intérêt nouveau.

– Continue.

– S'ils acceptent – et après tant de temps, pourquoi pas –, tu y gagneras la possibilité d'envoyer un message, et ensuite tu leur diras que tu dois passer un coup de fil pour donner des instructions à ta famille.

Il triture sa longue barbe poivre et sel. L'idée fait son chemin, après tout il n'a rien à perdre.

Nous passons l'après-midi à peaufiner les lettres, je l'aide à structurer ses messages, à trouver les mots justes.

Le lendemain, Sidi Mohamed arrive au camp en fin de matinée. Je le regarde s'approcher de notre abri, un sac plastique à la main. Il écoute notre proposition avec attention, son visage impassible ne trahissant aucune émotion. Après un long silence, il prend les lettres, les glisse dans son sac. Il va les transmettre au-dessus. Un moudjahidine nous a sommairement expliqué l'organigramme du JNIM dans la région : Iyad Ag Ghaly, le chef du JNIM, Sedane Ag Hita, son bras droit et responsable du JNIM pour la région de Kidal, et Sidi Mohamed. El Mahmoud, celui qui sature les radios de nos hôtes, serait en charge des informations.

Je regarde Sidi Mohamed, porteur des deux précieux documents. Gert reste silencieux, mais je sens qu'un espoir nouveau vient de naître. De mon côté, j'espère que ma stratégie va fonctionner : au minimum, des nouvelles de ses proches qui le croient peut-être mort, une couverture médiatique de son cas, et avec un peu de chance, quelque chose qui pourrait mener à sa libération.

Quelques jours plus tard, Sidi Mohamed nous apporte leur réponse : s'ils n'ont pas réussi à trouver le contact de l'ambassadeur, ils acceptent que Gert envoie un message à sa famille. Mieux encore, il pourra faire une nouvelle vidéo et passer un appel. De mon côté, on m'annonce une rencontre à venir. C'est plus que ce que nous espérions.

Les choses s'accélèrent fin décembre. Talha passe un matin pour annoncer à Gert son départ imminent vers un endroit d'où il pourra téléphoner à la personne de son choix. Je vois mon compagnon partagé entre anxiété et impatience. Ces quelques minutes au téléphone seront ses premières nouvelles directes avec sa famille depuis plus de cinq ans.

Durant trois jours, nous répétons comme pour une pièce de théâtre. Je le coache sur chaque détail : les mots à utiliser, les informations essentielles à transmettre, comment structurer ce temps si précieux. Par des jeux de rôles, nous travaillons son discours jusqu'à ce qu'il soit fluide et efficace. Il aura à dire l'essentiel en peu de temps.

Au petit matin, Talha arrive à moto. Gert ajuste une dernière fois son chèche contre le froid. Nos regards se croisent, pas besoin de mots. Je le regarde disparaître à l'horizon.

La solitude gagne peu à peu notre abri après son départ. Youssouf vient apporter le thé de l'après-midi. D'habitude je refuse cette boisson trop sucrée, mais là, j'accepte. Du haut de ses dix-huit ans, le fils aîné de Sidi Mohamed a déjà les gestes assurés d'un ancien. Il verse le liquide ambré d'un geste ample, fredonnant un *nachîd*[16] dont le refrain parle de victoire et de paradis.

– Ton ami sera bientôt de retour, lance-t-il en me tendant le verre. Il s'assied sur ses talons, jouant avec le bout de son chèche. J'avise sur son avant-bras une petite cicatrice qui court le long de son poignet.

– Comment t'es-tu fait ça ?

Il esquisse un sourire et lève un pan de son tee-shirt pour me montrer une cicatrice plus grande, qu'on dirait faite par une balle.

16. Chant religieux musulman.

– Talataye[17], contre Daesh.
– Ton père aussi va à la guerre ?
Il secoue la tête.
– Non, les chefs n'y vont pas, ils organisent, ils planifient.
– Et les armes pour combattre Daesh, vous les trouvez où ?
La question semble le faire hésiter un instant, puis il hausse les épaules comme si c'était un secret de polichinelle.
– La Libye… les Libyens nous vendent tout ce qu'on veut.
Je l'observe parler avec cet étrange mélange d'innocence et de dureté. J'imagine mon fils à sa place, j'en frémis. À son âge, il devrait être à la fac, à l'université. Au lieu de ça, seul garçon et aîné de dix enfants, son avenir est tracé, déjà vétéran à 18 ans d'une guerre dont il parle comme d'un match de football. Gert revient au camp en début de matinée, le visage rougi par l'air glacial du désert. Il attend que Youssouf s'éloigne pour me raconter. Il s'effondre sur sa natte, épuisé, mais les yeux brillants.
– Alors ?
Je n'arrive pas à contenir mon impatience.
– Ils m'ont emmené près d'un pylône, à plusieurs heures d'ici. Un type masqué nous a rejoints, Talatash qu'il s'appelait. Il parlait un peu anglais.
Gert s'interrompt pour boire une gorgée d'eau.
– On a dû refaire la vidéo deux fois. La première, j'avais oublié la date et ma voix était trop basse.
– Tu as pu parler à ta famille ?
– Deux minutes et trente secondes exactement.

17. La ville de Talataye dans le nord du pays a été victime d'une attaque de l'État Islamique au Grand Sahara (EIGS), qui a affronté ses rivaux djihadistes du Groupe de soutien à l'islam et aux musulmans (GSIM) et du Mouvement pour le salut de l'Azawad (MSA), à dominante touarègue.

Il fouille dans sa poche et en sort deux recharges Malitel. Son visage s'illumine en évoquant son coup de fil.

– Sherin… si tu avais entendu sa voix. Elle a reçu mes lettres. Toute la famille est mobilisée, ils travaillent avec l'antiterrorisme sud-africain. Et ils sont en contact avec Steven MacGown, un ancien otage qui les conseille.

– Et où avez-vous dormi ?

– En brousse. Talha ne voulait même pas décharger sa moto. Comme s'il s'attendait à devoir partir en vitesse.

Il marque une pause.

– Sur le retour, on a traversé un village… Tu aurais vu ça. Des traces de combats partout. Il était encore un peu habité. Dans la cour d'une caserne, il y avait même un tank russe vert, couché sur le flanc.

Je l'écoute en silence, et partage avec lui un peu de la joie que lui ont laissé ces dernières 24 heures, observant ce changement positif et subtil dans son attitude. Ces quelques minutes au téléphone, ce bref contact avec sa famille, ont ravivé quelque chose en lui que cinq années de captivité n'avaient pas réussi à éteindre complètement.

*

* *

Le froid mordant du désert me réveille bien avant l'aube ce 8 février. Comme chaque matin, j'alimente un petit feu que nous avons le droit d'entretenir, Gert et moi, pour nous réchauffer. Les braises rougeoyantes découpent des ombres dansantes dans les branches enchevêtrées de notre abri de fortune. Mon compagnon dort encore, sa respiration régulière à peine audible dans l'obscurité.

À 5 h 30, je cale la radio contre mon oreille, cherchant la meilleure réception possible pour RFI. Les titres s'égrènent, puis viennent le rappel de mon enlèvement, 22 mois plus tôt jour pour jour, et les messages de ma famille. Ma mère d'abord, sa voix légèrement chargée d'émotion :

« *Je ne t'oublie pas, mon fils. Chaque jour, je pense et j'espère que c'est demain qu'on m'annoncera ta libération que nous attendons tous pour enfin te serrer dans nos bras. Canèle et Benjamin se remuent beaucoup pour toi. Ils font un travail magnifique de soutien, de sensibilisation en France. Continue d'être fort.* » Puis ma grande sœur : « *Je reste confiante, car tout va prendre un sens, et je m'accroche à l'espoir de te prendre dans mes bras. Je pense fort à toi.* » Déborah s'accroche à une pensée : « *Toi qui es libéré et qui passes le pas de notre maison. C'est mon rêve et celui des enfants. On t'aime.* » Mon père, avec les mots justes qui me touchent au cœur : « *Nous gardons espoir d'avoir bientôt le plaisir de fêter ton retour. Fais comme nous et reste positif malgré la situation. Il faut croire en la victoire pour avoir la victoire.* »

À 6 h 15, je pars faire mes exercices, la radio reste allumée en sourdine. Je ne veux rater aucune rediffusion. Ces voix qui me sont chères rythment ma journée, comme des points d'ancrage dans le temps. Je les réécoute à chaque édition du matin, jusqu'à 11 heures. J'ai appris que les journaux en bambara[18] et en haoussa[19] rediffusent aussi ces messages. Une aubaine : des écoutes supplémentaires. Chaque rediffusion est une nouvelle occasion de puiser dans leur force et leur espoir pour continuer à supporter tout ça.

Trois jours après, le 11 février, la force de ces messages ne s'est pas estompée. Je veux croire que l'année 2023 marque un changement, même si je n'entrevois pas vraiment lequel. Je termine ma séance de sport matinale

---

18. Le Bambara est une des langues nationales du Mali. Elle est la principale langue maternelle du pays et la plus parlée.
19. Le haoussa est une des principales langues apprises et parlées au Nigeria, avec l'anglais, le pidgin nigérian, l'yoruba et l'igbo.

quand Khalid arrive à moto. Une visite inhabituelle à cette heure.

– Va te changer, mets des vêtements propres, m'ordonne-t-il. Tu pars avec moi maintenant.

Vais-je rencontrer l'imam dont les moudjahidines parlent depuis quelques semaines ? Je me prépare rapidement, sans poser de questions.

Nous quittons le camp à moto, traçant un itinéraire sinueux dans le désert. D'abord vers le nord-ouest, puis l'ouest, et finalement le sud. Après vingt minutes de route, nous nous arrêtons dans un espace désertique parsemé de rochers. Deux pick-up nous y attendent. Je reconnais Sidi Mohamed au volant du premier, et dans le second, l'homme qui était venu filmer ma troisième vidéo en novembre.

Je monte dans le pick-up de Sidi Mohamed. Le convoi s'ébranle dans un nuage de poussière. Pendant le trajet, je me demande si le rendez-vous promis par l'émir du JNIM ne surviendrait pas aujourd'hui, au bout de cette destination dont personne ne me dit rien.

Vers dix heures, nous faisons halte dans un petit campement. Sidi Mohamed disparaît pendant vingt-six minutes – je garde l'œil sur l'horloge – pour s'entretenir avec un Touareg dans la force de l'âge.

La route reprend. Le soleil est au zénith quand nous atteignons ce qui semble être notre destination finale : une vaste étendue désertique où les *taborak*, ces arbustes épineux, dessinent des ombres mouvantes sur le sable beige. Un troisième pick-up est déjà là, dissimulé derrière les arbres. Un moudjahidine nous guide vers l'endroit où nous devons nous garer.

On m'installe sur une couverture posée sur le sol. Quelques fruits et une bouteille d'eau sont disposés devant moi. Je suis surpris par l'attention. De faibles bourrasques font danser la poussière sur la couverture. Je bois une gorgée, ne sachant pas combien va durer cette attente au cœur du Grand Erg.

Une silhouette émerge alors de derrière les véhicules. Un homme de taille moyenne, plutôt potelé, drapé dans un grand bazin bleu ciel. Son chèche gris encadre des lunettes de soleil type aviator qui masquent son regard. Il porte à la main un smartphone et un téléphone satellitaire Thuraya. Il s'assied face à moi avec une certaine prestance.

– Es-tu prêt à te convertir à l'islam ? me demande-t-il d'entrée de jeu dans un français légèrement rouillé.

Je remarque ses dents supérieures marquées de tartre marron. Son regard impénétrable derrière les verres fumés. Sans attendre ma réponse, il poursuit :

– Ici, ou avant de mourir, il est important que tu deviennes musulman pour sauver ton âme.

Le préambule me surprend, ça doit être l'imam.

– Je lis le Coran, mais j'ai beaucoup de questions.

Il sourit, il balaye ma réponse

– Il faut laisser les questions, il faut croire.

Nous parlons du Livre pendant quinze bonnes minutes. Je ne me sens pas plus éclairé. Au bout d'un moment, il laisse passer un silence, puis fouille dans la poche de son bazin.

– J'ai des photos pour toi, dit-il. Des photos de ton fils envoyées par Déborah via un intermédiaire. Tu pourras y répondre par une vidéo destinée uniquement à ta famille.

Je saisis les photos avec une avidité contenue. Mon fils… Les images sont récentes. Je prends le temps de les examiner une à une, de noter chaque détail, chaque changement sur son visage. Ces transformations physiques que j'ai ratées, ces fragments de réalité qui les entourent.

– Peut-être as-tu déjà entendu parler de moi ? demande-t-il, un demi-sourire vissé aux lèvres, après m'avoir laissé un moment avec les photos.

– Non… je ne crois pas.

– Je t'ai vu au début de ta captivité. Mais tu n'as pas su que j'étais là ?

– Comment vous appelez-vous ?

– Sedane Ag Hita.

Je reste un instant interdit. Ce nom, ce personnage, j'en ai parlé dans mes articles. Je lui tends la main, qu'il serre.

– Je mets un visage sur un nom connu, dis-je, conscient de me trouver face au numéro deux du JNIM, le bras droit d'Iyad Ag Ghaly.

Il ajuste sa position sur la couverture. Le vent fait doucement claquer son bazin.

– Nous avons mené une enquête en interne te concernant, commence-t-il. Notamment auprès d'Abdoulaye Ag Albaka, que tu voulais interviewer.

Je suis suspendu à ses lèvres.

– Il n'a jamais reçu de message de ta part.

La confirmation tombe comme un couperet. La trahison de Souleymane devient une évidence brutale. Sedane me laisse digérer l'information, mi-amusé, avant de poursuivre :

– Tu te souviens d'Al-Hassan ?

Le visage du jihadiste qui m'avait gardé les deux premières semaines de ma captivité me revient immédiatement.

– Il a été tué par l'armée française à Aguel'hoc, quelques semaines après t'avoir laissé.

Je sens une légère amertume dans sa voix. Il marque une pause.

– Tu le connaissais sous le nom d'Al-Hassan, mais son vrai nom était Baye Ag Bakabo.

Je suis abasourdi. Pendant quinze jours, j'ai partagé la vie de Baye Ag Bakabo, l'homme qui a tué les deux journalistes de RFI, je l'ai interviewé sans savoir qui il était, je cherchais loin et ailleurs celui qui était l'auteur du crime, le détenteur des réponses aux questions qui m'obsédaient.

– Bahidou aussi est mort, ajoute-t-il. Il y a une semaine, tué par les Français.

Je reste silencieux, goûtant au poids de ces révélations. Il se sert du smartphone posé sur la couverture non loin de lui et fait signe à un des Touaregs qui nous rejoint et donne à son chef une carte SD que Sedane Ag Hita insère dans le téléphone.

Il me fait signe que la caméra tourne. Je saisis les photos reçues quelques minutes plus tôt et les montre à l'objectif. Décrivant la joie énorme qu'elles m'ont procurée, je remercie Déborah de m'avoir touché en me les envoyant. Je lui réaffirme garder espoir, rester fort et continuer à croire à une fin heureuse.

Le vent souffle entre les rideaux de branches du grand *taborak*. Sedane extrait la carte SD qu'il confie à un séide[20]. Je regarde à nouveau les photos de mes enfants, puis relève les yeux vers Sedane. Cette rencontre avec le numéro deux du JNIM peut être aussi ma chance d'en savoir plus.

– J'ai reçu un message écrit de…

Je laisse ma phrase en suspens, cherchant la meilleure façon de formuler ma question. Sedane m'observe à travers ses lunettes aviator.

– Je voulais savoir si ma demande d'interview à votre chef a été acceptée, si ça va être possible.

Je sais que ma question peut sembler présomptueuse – un otage qui négocie une interview avec l'émir du JNIM.

– Ta demande d'interview avec notre émir est acceptée, dit-il enfin.

Une vague de soulagement me submerge. Ce pour quoi j'étais venu à Gao il y a presque deux ans va enfin se réaliser. Pas comme je l'avais imaginé, certes. Mais cette captivité, tout ce temps volé pourrait enfin prendre un sens.

Le bras droit d'Iyad Ag Ghaly fait mine de se lever. Je le retiens d'un geste :

– Et pour Gert et moi ? Vous avez des nouvelles ?

– Pour toi, rien pour le moment, mais ça viendra.

---

20. Fanatique aveuglément dévoué à un chef, une cause ou un parti.

Il fait une pause, son regard toujours aussi impassible derrière ses lunettes aviator.

– Pour Gert, des petites choses, mais rien d'officiel.

Le chef jihadiste se lève, réajuste son bazin et fait signe à ses hommes. Ses gardes du corps et lui s'éloignent vers leurs véhicules, me laissant seul.

Nous franchissons l'orée de la forêt aux alentours de 15 h 30. Talha et Youssouf s'approchent, intrigués par mon retour et curieux de savoir où je suis allé, qui j'ai rencontré. Lorsque je mentionne Sedane Ag Hita, je perçois dans leurs regards un mélange de surprise et de respect. Même Gert, depuis sa cellule, semble impressionné par cette visite.

Plus tard, alors que Talha me demande de lui montrer les photos de mes enfants, dont j'ignore par quel canal elles me sont parvenues, il me fait une révélation surprenante :

– Un homme est venu voir notre chef Iyad Ag Ghaly, dit-il. Un sympathisant de notre cause, mais qui ne fait pas partie du mouvement. Il est aussi proche du Gatia[21] et du gouvernement de Bamako : Mohamed Ag Intalla. Il est député du CNT.

Devant mon étonnement, Talha ajoute avec un sourire énigmatique :

– Il y a les affaires de Bamako, et il y a les nôtres. Ça n'est pas la même chose.

Je reste songeur. Ces photos qui me sont parvenues… Seraient-elles passées par l'aménôkal[22] de Kidal ; cette zone grise où se côtoient jihadistes, ex-rebelles, politiciens ou chefs traditionnels n'en finit pas de m'intriguer.

---

21. Le Groupe autodéfense touarg Imghad et alliés est un groupe armé créé le 14 août 2014 pendant la guerre du Mali.
22. Chef traditionnel touareg.

13

L'annonce

« *La balle est désormais dans le camp des autorités françaises.* »

Cette phrase résonne dans mon transistor alors que le journal du soir de RFI diffuse son bulletin d'informations. C'est la voix d'Abou Obeida Youssef al-Annabi, le chef suprême d'AQMI, qui répond aux questions du journaliste Wassim Nasr, de France 24. L'émir confirme ma détention tout en balayant d'un revers de main l'idée d'une quelconque « invitation » de leur part.

Allongé sur ma natte, je contemple le ciel à travers le toit de tulle de ma moustiquaire. Les étoiles percent l'obscurité magnifique, constellations de petits joyaux étincelants dans le velours noir de la nuit sahélienne. Les paroles d'al-Annabi tournent dans ma tête comme une sentence. Pour moi, le message est limpide : les négociations sont soit inexistantes, soit au point mort. L'horizon d'une libération proche s'évanouit comme un mirage du désert.

Le lendemain matin, alors que la sueur de mon entraînement matinal n'a pas encore séché, le pick-up de Sidi Mohamed pénètre dans le camp. Il n'est pas seul, Omar et Abou Oubari l'accompagnent.

Nous échangeons quelques mots sur l'actualité, notamment sur l'interview d'al-Annabi. Sidi Mohamed semble un peu différent, sérieux ou fermé, il me fait signe de le suivre à l'écart. Omar nous emboîte le pas. Je m'attends à un énième sermon sur la religion, une tentative de plus pour me convaincre d'embrasser leur foi.

D'un geste, Sidi Mohamed désigne Gert puis les autres jihadistes, avant de porter son doigt à ses lèvres. Le message est clair : ce qui va suivre doit rester confidentiel. Intrigué, je le regarde fouiller dans la poche de son bazin. Il en sort un téléphone portable. Je pense immédiatement à des nouvelles de ma famille ou un message de l'extérieur. Il manipule l'appareil et soudain, dans l'air frais du matin, une voix s'élève :

« *Salam aleikoum Olivier.* » La voix de Sedane Ag Hita se fait entendre. « *Si tout va bien, dans 14 jours tu vas sortir, inchallah. Nous allons préparer ce que nous avons convenu avant que tu nous quittes. Il faut préparer tes questions, mais elles ne doivent pas être trop longues, il faut faire des questions courtes. Et n'oublie pas, avant d'être libéré ou avant ta mort, il faut te convertir à l'islam.* »

Le message s'arrête. Je reste figé, incapable d'assimiler ce que je viens d'entendre. Je dois avoir mal compris.

– Je peux réécouter ?

Sidi Mohamed me tend à nouveau le téléphone. Les mêmes mots résonnent, confirmant l'incroyable nouvelle.

Un vertige me saisit. Depuis des mois, j'avais construit des défenses mentales, préparé mon esprit au temps long, à la survie, peut-être même à la mort. Cette annonce inattendue fait vaciller cet édifice. Une joie immense se mêle à une crainte sourde. Les récits d'autres otages me reviennent en mémoire, ces moments où on leur avait annoncé leur libération imminente, avant que le désert ne se referme sur eux pour des mois ou des années supplémentaires. Je redoute de me laisser aller à un espoir qui pourrait s'avérer aussi trompeur que destructeur.

– Zeitoun, tu as compris ?

La voix d'Omar me tire de mes réflexions.

Il me fixe du regard.

– *Islam accagne*[23] ?

Cette question me ramène brutalement à la réalité. Sidi Mohamed n'a pas prononcé un mot depuis la fin du message. Son téléphone a disparu dans les plis de son bazin, et il attend visiblement ma réponse. La conversion à l'islam, cette demande qui revient sans cesse, prend soudain une autre dimension. Est-ce une condition à ma libération ?

– *Maccagne*[24]... Je continue à lire, c'est un cheminement, je réponds prudemment.

Je lis du scepticisme et de la désapprobation dans leur regard. Je sens le poids de ma réponse.

Nous nous relevons. Je demande à Sidi Mohamed un stylo et du papier pour préparer mes questions. L'idée d'écrire au grand jour me paraît presque irréelle, moi qui ai passé tant de temps à griffonner en cachette. Une cinquantaine de questions attendent déjà dans mes notes, fruit de ces derniers mois de captivité. Il me faudra les trier, les raccourcir.

L'ironie de la situation me frappe. Hier encore, l'interview d'al-Annabi me faisait craindre une captivité interminable. Et maintenant, cette promesse de liberté, aussi fragile soit-elle, bouleverse tout.

– Ne dis rien à ton ami ni à eux, insiste une dernière fois Sidi Mohamed avant de rejoindre son pick-up avec Omar et Oubari, me laissant seul avec ce secret vertigineux.

23. Es-tu prêt à te convertir à l'islam.

24. Non, je ne suis pas prêt...

14

Libération

La radio reste silencieuse sur le sort de Gert, plus de nouvelles après les lettres, les messages, le coup de fil. Nous continuons notre routine sur le camp. J'ai envie de lui parler du message audio de Sedane Ag Hita, de ma possible libération sous quinze jours, mais les mots ne sortent pas. Plusieurs fois, je suis à deux doigts de lui dire. Puis je me ravise. Comment partager avec lui cet espoir qui pourrait n'être qu'une illusion ? Comment lui annoncer que je pourrais partir avant lui, alors qu'il croupit ici depuis plus longtemps que moi ? Je l'imagine encaisser la nouvelle, alors qu'il guette depuis des années un signe de sa propre libération. Non, je ne peux pas lui infliger ça, pas maintenant. Cette annonce pourrait affaiblir son moral, alors qu'il reste et qu'il devra continuer à affronter tout ça.

Un compte à rebours invisible noue ma poitrine malgré moi. Je ne veux pas trop y croire, je veux pouvoir freiner avant d'atteindre le précipice d'espoir qui pourrait m'engloutir et me faire dégringoler quelques secondes après. Le temps s'étire inlassablement. Je m'occupe comme je peux, marche beaucoup, pense trop. Je me retiens de regarder la montre qu'ils nous ont apportée il y a quelques mois. Je préfère suivre la course du soleil, ces repères naturels qui font passer la journée. J'attends la nuit, puis j'attends qu'elle passe. Un jour de plus.

Dans l'après-midi, Aboubacrine arrive à moto. Il se dirige droit sur l'abri de Gert.

– *Bedoon, takut, yalla, yalla!*

Gert parlemente quelques secondes avec lui puis prend son bidon d'eau, son sac et une couverture. Je me redresse sur ma natte.

– Ça a bougé? Il y a une réponse?

– Je ne sais pas… Il m'a juste dit que je devais partir avec lui…

Il chausse ses lunettes de soleil. Je me lève, nous nous serrons la main. Il va revenir, mais si ce qu'ils m'ont dit est vrai, c'est peut-être la dernière fois que nous nous voyons.

– Bonne chance!

Il me répond d'un sourire en levant la main et s'éloigne vers la moto d'Aboubacrine dont le moteur tourne au ralenti.

*
* *

Le doute me ronge depuis le départ de Gert. Un jour est passé et il n'est pas revenu. Je suis toujours là, seul avec mes questions. Se seraient-ils trompés? M'auraient-ils annoncé ce qui était destiné à Gert? L'incertitude me pousse à bouger, à m'occuper l'esprit. Je tourne dans le camp comme un lion en cage, m'occupe l'esprit en répétant dans ma tête les questions que je poserai au chef du JNIM si l'occasion se présente. Je marche dans la forêt, comptant mes pas, observant les arbres que je connais maintenant par cœur, tuant l'ennui dans cette attente qui n'en finit pas.

Le jour suivant, Aboubacrine arrive tôt à moto. Il m'ordonne à mon tour de prendre une couverture légère, un boubou propre et mon bidon d'eau. Je comprends que je bouge, c'est peut-être le moment de ma libération.

Je prends mes notes avec moi. Elles contiennent mes observations, sont la mémoire de toute cette captivité, un trésor miraculeusement préservé pendant ces longs mois. Vais-je pouvoir les emporter, les dissimuler à leur surveillance ? Aboubacrine a été clair, je ne dois rien emporter d'autre. J'hésite. Dans ma poche, ils les repéreraient facilement. Je saisis mon sac à dos, y glisse mes notes enveloppées dans un sachet de lait argenté et ajoute ma couverture. Je le balance sur mon épaule, puis me dirige d'un bon pas vers la moto.

Aboubacrine me lance un regard exaspéré, pointant mon sac du doigt. Il le prend, l'ouvre et répand son contenu sur le sol. Je frémis.

– Ci quoi, ci quoi ?!

Il pose ma couverture et mon bidon sur le sol, et me fait comprendre que je ne dois emporter que ça.

Je décide de prendre l'initiative. Je saisis mes notes et les brandis devant lui en lui disant que ce sont mes lettres et les photos de mes enfants. Je suis tendu par le stress. Il réfléchit et finit par lâcher :

– *Tamam, tamam, yalla*[25] !

Je refrène un long soupir de soulagement. Je roule ma couverture, drape mon chèche bien serré autour de ma tête et enfourche la moto qui s'élance hors de cette forêt où j'aurai passé ces quatre derniers mois.

Trente minutes plus tard, la moto ralentit. Un pick-up nous attend, Abou Oubari au volant. Aboubacrine me salue et disparaît progressivement, avalé par le désert. Je monte à bord et nous repartons. Le paysage défile, aride et sauvage. Des dunes de sable clair s'étendent à perte de vue, ponctuées de touffes d'herbes jaunies par le soleil. Je reste silencieux. Je ne sais pas où ils m'emmènent.

Derrière une dune surgit le plus grand campement que j'ai vu depuis le début de ma captivité. Un homme en

25. D'accord, d'accord, allons-y !

bazin bleu, fusil à la main, gravit la pente sablonneuse vers notre véhicule. Son chèche vert contraste avec le bleu azur de son boubou. Une ceinture de munitions barre sa poitrine. Je reconnais Sidi Mohamed en tenue de combat. Il prend le volant.

Nous roulons trois heures dans ce désert aux couleurs changeantes. J'apprends que Gert a simplement été déplacé, pas libéré. Dans la forêt, les moudjahidines ont tout remballé et ont levé le camp. Je connais cette routine : il va passer quelques jours avec le strict minimum avant qu'on lui apporte ses affaires et les miennes, un nouveau trésor, un nouvel équipement. Dans l'habitacle secoué par les cahots, Sidi Mohamed brandit quatre doigts et mime un départ. Le vacarme du moteur couvre nos voix.

– Dans quatre jours, je pars. Paris ?

– Inchallah ! répond-il, retournant son attention sur la piste.

Le pick-up s'arrête dans une prairie sablonneuse. Des arbres épars projettent leurs ombres sur les hautes herbes dorées. À l'est, quatre bâtisses en terre crue se découpent sur l'horizon. Trois autres pick-up sont déjà là. Je dénombre une dizaine de moudjahidines. Je mets pied à terre, on m'indique un grand arbre où m'installer. L'attente commence. Iyad Ag Ghaly va-t-il venir ? D'autres véhicules nous rejoignent, huit pick-up au total, une vraie petite armée. Mais le chef n'est pas là.

Autour de moi, l'immensité du Sahel se déploie. Le ciel est d'un bleu intense, presque irréel. Une caravane de chameaux traverse l'horizon, comme une image sortie d'un autre temps. Je peine à réaliser ce qui m'arrive.

En fin d'après-midi, un 4×4 Toyota fend la poussière. Les moudjahidines s'agitent autour des véhicules, rajustant leurs armes et leurs chèches. L'atmosphère change.

Sedane Ag Hita descend du Toyota précédé d'un géant barbu en treillis militaire et gilet pare-balles, certainement un de ses gardes du corps. Le responsable du JNIM échange quelques mots avec les hommes présents avant de se diriger vers moi, accompagné d'un homme plus mince. Tous deux portent des vestes de camouflage militaire. Sedane s'approche de moi, me salue et me fixe un instant. Il tourne la tête vers son compagnon.

– Voici Abdoulaye Ag Albaka. Je crois que tu voulais le rencontrer, dit-il avec ce sourire dont je ne sais jamais s'il est narquois. Je l'ai amené pour te prouver que cette invitation ne venait pas de nous.

Je salue mécaniquement Abdoulaye Ag Albaka, sonné par cette révélation. Il m'aura fallu finalement être kidnappé et passer deux ans dans le désert pour enfin le rencontrer. Ma tête bourdonne de questions.

– Et pour votre chef ?

– Il ne viendra pas, lâche Sedane, mais nous allons répondre à tes questions. Nous parlons avec son autorisation.

Je suis déçu. Après tant de temps à espérer cette interview, j'étais si proche du but. Est-ce en raison de mon refus de me convertir ? Mais ses deux remplaçants sont tout de même intéressants.

Sedane m'explique qu'il ne parle pas bien français. Il propose un arrangement : je pose les questions en français, il les traduit en arabe à Ag Albaka qui les note. Ils répondront par écrit et placeront leur réponse dans un fichier PDF sur une carte SD qu'ils me remettront. Le procédé ne m'emballe pas. Impossible de rebondir, de creuser les réponses. Mais je comprends que c'est à prendre ou à laisser.

– Dans ce cas, passons ensemble en revue toutes mes questions. Vous me donnez une idée de vos réponses, comme ça je saurai ce que vous comptez écrire.

Sedane acquiesce. Je demande en préambule si je peux interroger Abdoulaye sur cette fameuse interview qui n'a jamais eu lieu. Il n'y voit pas d'inconvénient.

– Pourquoi m'avoir invité puis kidnappé ?

Sedane traduit, puis Ag Albaka lui répond.

– Il ne t'a pas invité. Il ne savait pas qui tu étais avant que nous te récupérions.

– Mais alors, dans ce cas, comment se fait-il que ce soit vous qui m'ayez kidnappé ?

La question crée un malaise palpable. Sedane Ag Hita semble légèrement embarrassé. Il finit par lâcher :

– Nous avons su qui tu étais quand ça a été annoncé à la radio.

Soit un mois environ après mon enlèvement, quand j'étais avec Baye Ag Bakabo. Cette réponse n'est pas satisfaisante. J'y reviendrai plus tard.

– Connaît-il Souleymane, mon fixeur ?

La traduction s'opère. D'une voix légèrement aiguë, Ag Alkaka s'explique en arabe, à voix basse.

– Il le connaît parce qu'il avait son centre de santé à Talataye, traduit Sedane. Mais il ne l'a jamais vu. Il l'a fait venir une fois chez lui pour soigner un proche quand il n'était pas là. Et ensuite, il a entendu une seconde fois parler de lui, quand Souleymane a eu son problème avec son centre de santé.

Je me souviens que Souleymane m'avait parlé d'un incendie criminel contre son centre de santé fin 2019. Les raisons m'avaient paru troubles.

– Êtes-vous diabétique ?

À la traduction, Ag Albaka s'esclaffe et secoue la tête.

– Il est en bonne santé, traduit Sedane dans un sourire.

Une vague de ressentiment me monte au nez. Je la refoule, ce n'est pas le moment.

Je décide de passer aux questions que j'avais préparées à l'intention de leur chef et que je vais aborder avec eux.

– Mon interview sera en quatre parties. La première sur votre mouvement, le JNIM. La deuxième sur la situation politico-sécuritaire au Mali. La troisième sur votre guerre contre Daesh. Et la quatrième sur l'assassinat des deux journalistes de RFI…

– Nous ne souhaitons pas répondre à des questions là-dessus, coupe Sedane Ag Hita.

– Pourquoi ? fais-je, étonné.

Le dignitaire du JNIM se borne à répéter la même réponse.

– La plupart des gens pensent qu'ils ont été tués en représailles, parce qu'une katiba n'avait pas reçu une partie de la rançon des otages d'Arlit.

Je le ferre avec cet argument qui, pour l'avoir testé, provoque généralement une réaction.

– C'est complètement faux ! réagit Sedane. Celui qui a raconté ça, nous le connaissons, c'est notre ennemi. Il a dit n'importe quoi.

– Très bien, mais si vous refusez de répondre à cette question, c'est cette version que tout le monde gardera.

Le haut cadre du JNIM réfléchit.

– Une seule question sur ce sujet, concède-t-il. Je pourrai répondre sur ce qu'il s'est passé lors de l'enlèvement.

J'accepte.

Nous convenons qu'Abdoulaye Ag Albaka répondra aux questions concernant les affrontements avec Daesh. Dans cette fin d'après-midi, en pleine brousse, nous échangeons sur les réponses qu'ils comptent apporter à mes questions. Elles ont été finalement réduites de moitié, à une quinzaine. Ces échanges à bâtons rompus me permettent d'obtenir des informations qu'ils ne mettront pas forcément par écrit.

Sur l'accusation des autorités maliennes de collusion avec la France, Sedane glousse :

– Les Maliens ont menti ! Nous n'avons pas de lien avec les Français qui sont nos ennemis.

Sur un dialogue avec l'État malien :

– Il ne peut plus y avoir de négociation, car les Français sont certes partis, mais les Maliens ont fait venir les Russes.

Sur les événements qui ont précipité la mort des deux journalistes de RFI, Sedane devient plus précis :

– Les deux journalistes de RFI ont été enlevés parce qu'ils sont venus sur notre territoire à Kidal. Deux journalistes français, en période de guerre. Ils étaient venus une première fois à Kidal pour couvrir les élections présidentielles. Puis ils sont revenus. Ils travaillent pour la France qui est notre ennemie, donc nous les avons kidnappés. Si des gens qui sont nos ennemis viennent en Azawad, nous les kidnappons.

– Mais vous avez aussi kidnappé des ressortissants de pays qui ne sont pas en guerre contre vous, comme l'Afrique du Sud par exemple.

Il balaie ma question d'un revers de la main :

– Nous kidnappons ceux qui sont issus des pays qui nous font la guerre.

– Les moudjahidines à qui j'ai parlé font globalement le même récit des événements qui ont précipité la mort des deux journalistes, quelle est votre version ?

– Si les Français n'étaient pas intervenus, ils ne seraient pas morts. Les Français nous ont poursuivis avec des avions de chasse et des hélicoptères.

Il marque une pause puis poursuit, comme pour lâcher quelque chose :

– Tout le monde dit que c'est moi qui ai ordonné qu'on les tue, c'est faux. C'est bien moi qui ai commandité et demandé qu'on emmène les deux journalistes, mais je n'avais aucun moyen de contacter le commando pendant l'opération.

– C'est donc Baya Ag Bakabo qui a pris cette décision ?

Il se mure dans le silence

– Baye Ag Bakabo était-il un informateur des Français ?

Il éclate de rire :

– Suprême Allah ! Bien sûr que non, c'est faux. Il n'a pas rencontré les Français !

– On parle du dernier membre du commando, Ahmedou Ag Mohamedi, je crois, est-il toujours vivant et dans vos rangs ?

Il esquisse un bref sourire :

– Nous n'avons personne de ce nom chez nous.

Sur les conditions de ma libération, il se fait catégorique :

– Je ne dirai rien à ce sujet.

En début de soirée, nous nous séparons. Ils me promettent de revenir le lendemain matin avec les réponses. Avant qu'ils s'en retournent vers leur camp, je formule une dernière requête :

– Serait-il possible d'avoir aussi vos deux photos ?

– Pourquoi veux-tu nos photos ? s'étonne Sedane Ag Hita.

– Pour illustrer l'interview. Ça prouve aussi que vous y avez répondu.

Il acquiesce. Ils s'éloignent alors que la nuit s'est installée sur le camp.

Sedane et Ag Albaka reviennent au petit matin comme promis. Ils me font passer la carte SD. Les photos sont dedans, me confirment-ils.

Je passe la journée pratiquement seul sous mon arbre. Elle est rythmée par l'agitation du camp de la petite armée de moudjahidines qui veille sur nous. Les bêlements des chèvres, les soupirs des chameaux et le souffle du vent se propagent dans une atmosphère étrange. J'ai l'impression d'être dans un sas, comme si cette vaste aire semi-désertique devait me préparer à laissé ce monde de silence pour retrouver celui que j'ai quitté il y a deux ans.

Au matin du deuxième jour, un jeune jihadiste dépose une natte sous mon arbre sans même me regarder. Il revient quelques minutes plus tard, guidant un vieil homme à la barbe et à la moustache blanches. Ses vêtements élimés pendent sur son corps amaigri, il avance péniblement, comme si chaque pas lui coûtait. Le jeune l'aide à s'asseoir sur la natte et nous laisse seuls.

Le silence s'installe. Je ne comprends pas pourquoi ils l'ont amené ici, alors que l'espace ne manque pas.

– Vous parlez français ? dis-je me retournant vers lui.

Il répond dans un français parfait, teinté d'un léger accent anglophone. Je lui demande son nom.

– Jeff Woodke.

Mon cœur fait un bond. L'otage américain enlevé il y a des années. Celui que j'appelais ici Steven Woodke dans mes discussions avec Gert. Je me présente à mon tour. À l'énoncé de mon nom, son visage devient cramoisi. Les larmes lui montent aux yeux et il se jette sur moi et me serre fort dans ses bras. Je crois d'abord avoir affaire à un fou. Entre deux sanglots, il m'explique qu'il entendait les messages de ma famille chaque mois sur RFI, qu'il priait des heures durant pour moi. Je suis bouche bée.

Son histoire glace le sang. Six ans de captivité. Beaucoup de maltraitances. Pour résister, il priait, plus encore que ses geôliers. Ces derniers n'ont pas apprécié qu'un infidèle prie avec tant de ferveur. Il a été battu pour le forcer à se convertir.

– Au bout d'un moment, je ne souhaitais qu'une chose : qu'ils me tuent, murmure-t-il.

Je tente de le rassurer, sa présence ici n'est peut-être pas un hasard. Il en doute, il est au bout du rouleau. Sa jambe le fait souffrir. Je mesure combien sa captivité n'a pas seulement été plus longue que la mienne, elle a aussi été infiniment plus violente.

Nous passons la journée à échanger. Il menace de grève de la faim les moudjahidines qui n'acceptent pas ce qu'il demande. Il est là, il résiste encore, mais toutes ces années l'ont brisé. Je le convaincs de renoncer à sa grève de la faim. Nous partageons un repas, imaginant les premiers plats et les boissons que nous aimerions déguster si nous étions libres.

Au petit matin, nous levons le camp. La colonne de véhicules s'ébranle. Une dizaine de pick-up progressent lentement dans le désert, s'arrêtant régulièrement. Je voyage dans celui de Sidi Mohamed. À plusieurs reprises, je le vois consulter son téléphone. L'écran affiche une carte parsemée de points GPS rouges. On dirait qu'ils attendent des instructions.

En fin d'après-midi, nous faisons halte dans une petite vallée encaissée où s'alignent des puits asséchés. Je m'installe en hauteur, surplombant le paysage. Le véhicule tout-terrain de Sedane Ag Hita, maculé de boue séchée, est garé en contrebas. Il me rejoint et nous parlons pendant une demi-heure de nos « mondes » respectifs.

– Regarde l'Arabie saoudite, lance-t-il avec mépris. Ils construisent des gratte-ciel, des centres commerciaux climatisés, pendant que leur peuple s'éloigne d'Allah. Ils veulent ressembler à New York.

– Mais le développement n'est pas incompatible avec la foi, ça améliore la vie des gens, je réponds.

– Améliorer ? Il laisse échapper un rire. Ces pays trahissent l'islam pour quelques dollars. Ils copient l'Occident, adoptent vos lois, votre système bancaire, pendant que la charia est oubliée. Pour moi, ce n'est pas une amélioration.

– Mais alors comment on fait pour vivre ensemble ? On vit séparés, chacun de notre côté ?

– L'islam doit triompher, répond-il calmement. En attendant, oui, chacun doit vivre selon ses lois. Les vôtres chez vous, les nôtres ici.

Mon regard se porte sur les moudjahidines en contrebas qui tentent de trouver de l'eau dans l'obscurité des grands puits. Il s'éloigne, mettant fin à une discussion qui n'a fait que souligner l'abîme qui sépare nos deux mondes.

Le lendemain, nous roulons toute la journée à travers des étendues désertiques désolées. Parfois, au milieu de nulle part, surgissent, sous la morsure du soleil, un petit regroupement de tentes faites de tapis, de couvertures et de bâches.

Quand la nuit s'installe, une tension discrète se met à flotter dans l'air. Les moudjahidines, inhabituellement silencieux, semblent sur le qui-vive. Sidi Mohamed vient nous voir, il laisse tomber devant nous des boubous neufs sous cellophane, puis se détourne sans un mot. Je transfère immédiatement mes notes dans l'une des poches de ma nouvelle tenue, la plie et en fait mon oreiller.

Jeffrey, assis à mes côtés, semble aussi nerveux que nos gardiens.

– Demain, murmure-t-il si bas que je dois me pencher pour l'entendre.

Cette nuit-là, je ne parviens pas à dormir. Je fixe les étoiles, repensant en boucle aux grands événements de ces 711 jours de captivité. *Demain*. Le mot résonne dans ma tête comme une promesse encore irréelle.

*
* *

Quand j'ouvre les yeux, je suis groggy, mais l'adrénaline pulse déjà dans mes veines. On nous a réveillés à l'aube, nous devons nous tenir prêts. Jeffrey et moi enfilons nos vêtements en silence. Dans la lumière qui monte et baigne tout le camp, j'adopte une posture de profil, pour cacher autant que possible la poche enflée de mon boubou. Aux alentours de 9 heures, le convoi démarre dans la chaleur matinale. Après une trentaine de minutes, les véhicules s'immobilisent sous des arbres, orientés vers l'est. Jeffrey, à mes côtés, ne cesse de s'inquiéter, il ne comprend pas cette attente, il veut en finir. Je scrute les gestes des moudjahidines, tentant d'anticiper le moment de l'échange. Sedane Ag Hita, vêtu d'un boubou blanc, sort d'un véhicule avec une grande enveloppe à la main.

– Au signal, vous changerez de voiture, nous annonce-t-on.

Le temps s'égrène lentement. Soudain, un ordre bref. On nous pousse dans un autre pick-up qui démarre en trombe. Le chauffeur accélère brutalement, ses mains crispées sur le volant. Au loin, des silhouettes en uniforme militaire se détachent près d'une structure métallique. Le véhicule fait une violente embardée.

– Maintenant ! Sortez ! hurle le chauffeur.

Nous nous précipitons hors du pick-up qui repart aussitôt et disparaît dans un nuage de poussière.

Désorientés, nous avançons dans la fournaise. C'est fait. Les militaires français sont là, devant nous. Je les pointe du doigt pour Jeff. Alors que nous approchons, l'un d'eux met ses mains en porte-voix et nous ordonne de nous arrêter. Il nous désigne une plateforme étrange, déployée en plein désert, légèrement sur notre gauche.

– Vous allez passer là-bas, lance le plus grand des deux. Déshabillage complet. Mettez toutes vos affaires dans le sac vide qui est devant vous. Dans le second, vous trouverez des vêtements neufs. Une fois changés, vous pourrez nous rejoindre.

Nous gagnons docilement les box improvisés où nous attendent deux sacs-poubelle noirs, l'un d'eux rempli de vêtements. Une pancarte plastifiée répète les instructions.

Je me déshabille mécaniquement, glisse mes affaires dans le premier sac, mais hésite devant mes notes. Les nouveaux vêtements sont ridiculement petits : le pantalon s'arrête au milieu du pubis, impossible à fermer, le tee-shirt me comprime la poitrine. Jeff et moi échangeons un regard amusé malgré la tension.

Je brandis mon paquet de feuilles.

– Il y a ça que je veux garder avec moi.

– C'est quoi ? demande l'un des militaires.

– Des photos de mes enfants et des lettres de mes proches.

Il hésite un instant, puis hoche la tête en signe d'accord.

Nous approchons enfin, les deux militaires nous accueillent chaleureusement. Ils nous expliquent la suite des événements. Nous allons passer une rapide visite médicale. Puis un avion va venir nous chercher.

– Un avion ! Mais il va atterrir comme ça, dans le désert ?

Le soldat sourit et hoche la tête :

– Et vous serez aux premières loges.

Le médecin militaire nous ausculte rapidement à l'ombre de leur jeep. Tension, pouls, pupilles. Ses gestes sont précis, professionnels. Il pose quelques questions brèves sur notre état de santé, note nos réponses sur un calepin. Je remarque quatre Toyota tout-terrain, immobiles, stratégiquement positionnés autour de nous. Ils semblent quadriller la zone comme des sentinelles silencieuses.

Jeffrey sursaute au moindre bruit de moteur au loin. Son regard anxieux balaie sans cesse le désert, comme s'il s'attendait à voir surgir nos geôliers. Je voudrais le rassurer, lui dire que c'est fini, mais les mots me manquent. La liberté doit lui sembler encore irréelle, comme un mirage qui pourrait se dissiper d'un instant à l'autre.

Quarante minutes plus tard, un grondement sourd monte depuis l'horizon. D'abord à peine perceptible, il enfle progressivement jusqu'à faire vibrer l'air autour de nous. La silhouette massive d'un avion de transport militaire se dessine dans le ciel, ses hélices brassant la chaleur du désert. L'appareil descend de plus en plus bas, soulevant des tourbillons de sable.

À quelques mètres du sol, comme suspendus dans les airs, les trains d'atterrissage touchent le sable, créant d'immenses nuages ocre. La carlingue grise avale les derniers mètres et ralentit progressivement sa course folle. Les moteurs rugissent une dernière fois avant de se stabiliser.

La trappe ventrale s'ouvre dans un grincement métallique. Des silhouettes émergent de la soute, armées et équipées, elles semblent constituer une équipe de relève. L'un d'eux, qui porte un masque à visière, s'arrête devant moi et me tend sa main que je serre.

– Bon retour à la maison, me crie-t-il en souriant pour couvrir le vacarme.

Un jeune homme en polo, pantalon et chaussures de ville s'approche de nous. Il détonne dans le décor ambiant. Son apparence discrète mais soignée contraste étrangement avec nos vêtements trop petits et le ballet des soldats autour de nous. Il hurle presque pour couvrir le raffut ambiant.

– Bienvenue, Olivier. Je suis là pour vous accompagner jusqu'à Paris. Il salue Jeff et nous invite à monter dans l'appareil.

Les moteurs ronronnent toujours quand nous grimpons la rampe métallique. Dans la soute, des rangées de sièges sont fixées le long des parois. On nous guide vers des places, on nous aide à boucler les harnais de sécurité.

Jeffrey s'installe à ma gauche, silencieux. La rampe se referme lentement, plongeant la soute dans une semi-pénombre percée par quelques voyants rouges et verts.

Les turbopropulseurs montent en régime. L'avion s'ébranle, prend de la vitesse. À travers un petit hublot, je vois le désert filer de plus en plus vite, jusqu'à ce que la carlingue s'élève doucement. Nous quittons enfin le sol.

L'avion prend de l'altitude. Sous nos pieds, le désert s'étend comme une immense carte aux teintes fauves. Jeffrey, à bout de nerfs, réalise soudain que tout est vraiment fini, il éclate en sanglots. Notre accompagnateur me tend le livre qu'il est en train de lire, *Le Mirage sahélien* de Rémi Carayol. Je m'absorbe un moment dans sa lecture. Je referme finalement le livre et me tourne vers le hublot. Le désert défile toujours, indifférent. Il s'efface peu à peu derrière les nuages, emportant avec lui les derniers échos de ma captivité.

Annexe

Mouvements jihadistes :

AQMI : Fondée en Algérie en 1998 d'une scission du Groupe Islamiste Armé (GIA) ; son chef historique était Abdelmalek Droukdel, tué par l'armée française en juin 2020. Son chef actuel est Abou Obeida Youssef al-Annabi.

JNIM : Fondé en mars 2017 par la fusion des plusieurs groupes jihadistes : AQMI, Ansar Dine, la Katiba Macina et la Katiba Al-Mourabitoune.

EIGS : Fondé en mai 2015 d'une scission du groupe jihadiste Al-Mourabitoune. Son fondateur et chef Adnane Abou Walid al-Sahraoui a été tué par l'armée française en août 2021. Son chef actuel est Abou al-Bara al-Sahraoui.

Organigramme du JNIM

IYAD AG GHALY
Émir du JNIM pour tout le Sahel

Deux adjoints au Mali :

SEDANE AG HITA
Responsable du JNIM pour la région de Kidal et pour les cinq régions du nord malien

AMADOUN KOUFA
Responsable pour le Macina, centre et régions sud du Mali

Conseillers spéciaux, parmi eux :

ABDOULAYE AG ALBAKAYE
(Conseiller spécial diplomatie Responsable pour la cercle de Talataye, responsable communautaire (Daoussak*)

*Pasteurs nomades de la région de Ménaka.

Composition
PRESS·PROD

Imprimé en France par
CPI Brodard & Taupin
en janvier 2025

Dépôt légal : janvier 2025
N° d'impression : 3059308
ISBN : 978-2-7499-5935-1
LAF : 3534